重庆市职业院校教育教学质量监测评估考试系列真题

单片机技术及应用题库

主　编　杨清德　周永平　鲁世金

副主编　杨卓伟　高　岭　刘晓书　胡立山　倪元兵

主　审　辜小兵

電子工業出版社

Publishing House of Electronics Industry

北京 • BEIJING

内 容 简 介

本书依据《重庆市单片机技术应用课程标准》《重庆市单片机技术应用教学质量监测评估要点》的要求，结合职业院校学生的教育教学特点编写而成，包括课程准备、LED 灯控制操作、按键控制操作、数码管控制操作、继电器及其设备控制操作、单片机控制显示操作、实现数据转换和串行通信操作、综合控制操作实例等内容。本书包含 8 个模块，共收录试题 2000 道左右，每道题后均注明了试题的类别、难度与考点，每个模块前均有二维码，扫描可查看答案。

本书是单片机技术应用课程的配套用书，可作为重庆市中职学校电子专业学生的学习与考试题库，也可作为中职电类专业三年级升学班学生、中职 3+2 学生、中高职五年一贯制学生的学习与考试题库，还可作为中职学校工科其他专业同类课程的学习参考书，以及全国其他省市教育教学研究机构及职业院校师生的参考书。

图书在版编目（CIP）数据

单片机技术及应用题库/杨清德，周永平，鲁世金主编. —北京：电子工业出版社，2018.8

重庆市职业院校教育教学质量监测评估考试系列真题

ISBN 978-7-121-34806-8

Ⅰ. ①单…　Ⅱ. ①杨…　②周…　③鲁…　Ⅲ. ①单片微型计算机－中等专业学校－习题集　Ⅳ. ①TP368.1-44

中国版本图书馆 CIP 数据核字（2018）第 171201 号

策划编辑：蒲　玥　郑　华

责任编辑：蒲　玥　　　　特约编辑：王　纲

印　　刷：北京七彩京通数码快印有限公司

装　　订：北京七彩京通数码快印有限公司

出版发行：电子工业出版社

　　　　　北京市海淀区万寿路 173 信箱　邮编 100036

开　　本：787×1 092　1/8　印张：17.5　字数：448 千字

版　　次：2018 年 8 月第 1 版

印　　次：2018 年 8 月第 1 次印刷

定　　价：39.50 元

凡所购买电子工业出版社图书有缺损问题，请向购买书店调换。若书店售缺，请与本社发行部联系，联系及邮购电话：（010）88254888，88258888。

质量投诉请发邮件至 zlts@phei.com.cn，盗版侵权举报请发邮件至 dbqq@phei.com.cn。

本书咨询联系方式：010-88254485，3253685715@qq.com。

前言

共享型专业教学资源库建设项目是推动职业教育信息化教学改革、提高教学质量的重要抓手，是职业教育内涵建设和持续发展的必然要求。为了推进优质教学资源共建共享，重庆市教育科学研究院决定用三年左右的时间建设代表重庆水平、具有中等职业教育特色的标志性、共享型专业教学资源库。2016 年 1 月，由重庆市教育科学研究院、重庆市中等职业技术教育教学改革创新工作指导委员会牵头，组织一大批国家级示范校、重庆市级示范校，启动了重庆市中职电类专业教学资源库共建共享项目，围绕课程标准、指导方案、核心教材、网络教学资源、质量跟踪评价等开展资源建设工作，目前已取得阶段性成果。试题库建设是全市电类专业“六统一工程”之一，是保证全市教学质量监测考试、考核统一的有效举措。

虽然许多职业院校都有自主开发的试题库，但是各校试题库建设标准不一且自我封闭，形成资源孤岛，互连困难，导致无法进行全市教学质量的统一检测与评估。创建符合重庆市职业院校电类专业教学实际的高质量、高水平的试题库，是教学资源共建共享工作的重点和难点之一。我们依托“教研员主导、骨干教师参与、教育技术支撑、专家把关”的模式，调各方资源，集众人之力，完成了重庆市中职电类专业系列题库的开发，核心课程的首批题库有 8 个：电工技术基础与技能题库、电子技术基础与技能题库、电子测量仪器及应用题库、电子 CAD 题库、单片机技术及应用题库、PLC 技术应用题库、电工电子技术基础题库、传感器和传感网技术应用题库。

本书依据《重庆市单片机技术应用课程标准》《重庆市单片机技术应用教学质量监测评估要点》的要求，结合教材一纲多本的实际情况，基于多数教材共有的知识点、技能点编写而成，涉及课程准备、LED 灯控制操作、按键控制操作、数码管控制操作、继电器及其设备控制操作、单片机控制显示操作、实现数据转换和串行通信操作、综合控制操作实例等内容，共包含 8 个模块。为便于计算机组卷，题型仅限于判断题、选择题和填空题。试题难易程度与近年来多数区（县）、校期末统考试题相近，力求不出现偏题和怪题。重庆市教学质量统一检测试题从本书中抽取。

本书中不同能力层次的试题所占比例如下：识记题占 15%，理解题占 45%，应用题占 40%；不同难度的试题所占比例如下：较容易题占 30%，容易题占 60%，较难题占 10%；理论题与实训题所占的比例如下：理论题占 60%，实训题占 40%。

本书由杨清德、周永平、鲁世金担任主编，杨卓伟、高岭、刘晓书、胡立山、倪元兵担任副主编，辜小兵研究员担任主审。模块 1 由张露、谢利华、吴吉芳、钟晓霞等编写，模块 2 由王函、胡立山、李安波、杨波等编写，模块 3 由石波、方瑜、杨卓荣、罗丽等编写，模块 4 由张正健、袁野、陈刚、谭定轩等编写，模块 5 由李晓宁、刘宪宇、魏达军、闫环等编写，模块 6 由向军、姚声阳、张秀坚、甘小林等编写，模块 7 由吴围、方志兵、陈勇、张恒等编写，模块 8 由韩光勇、刘玉根、刘伟、廖选戎等编写。全书由杨清德负责统稿。辜小兵研究员对本书进行了认真而严格的审核，并提出了许多宝贵意见。

本书在编写过程中，得到了重庆市教育科学研究院领导及各参编学校领导的高度重视和大力支持，重庆工商学校韩光勇提供了教材的 PDF 文档等宝贵资料，在此一并表示感谢。

本书内容较多，由于编者水平有限，书中难免有错误和不妥之处，敬请广大读者批评指正。

题库编委会

目 录

模块1

课程准备

组卷代码说明

● 试题类别

　1—理论、2—技能

● 试题难度系数

　1—较容易、2—容易、3—较难

● 考点代码：四位数字

　第一位数字：模块名称代码，模块 1~8 分别为 1、2、3、4、5、6、7、8

　第二位和第三位数字：任务代码

　第四位数字：题型代码，1—判断题、2—选择题、3—填空题

答案解析说明

● 请扫描二维码查阅本模块试题答案

● 试题解析请登录华信教育资源网（www.hxedu.com.cn）下载查阅

1.1 判断题

题号	试题	答案	组卷代码		
			类别	难度	考点
1.	十进制数 89 转换成二进制数为 10001001。（　　）		1	1	1111
2.	十进制数 89 的 BCD 码可以记为 89H。（　　）		1	1	1111
3.	在 Keil 中，单击编译按钮后就不需要另外单击保存按钮了。（　　）		2	1	1111
4.	将二进制数 11010111 转换成十六进制数是 D7。（　　）		1	1	1111
5.	在 C 语言编译中，出现警告也能生成 HEX 文件。（　　）		1	1	1111
6.	如下图所示，在下载过程中，选中"使能 6T（双倍速）模式"可以使单片机速度提高为原来的两倍。（ 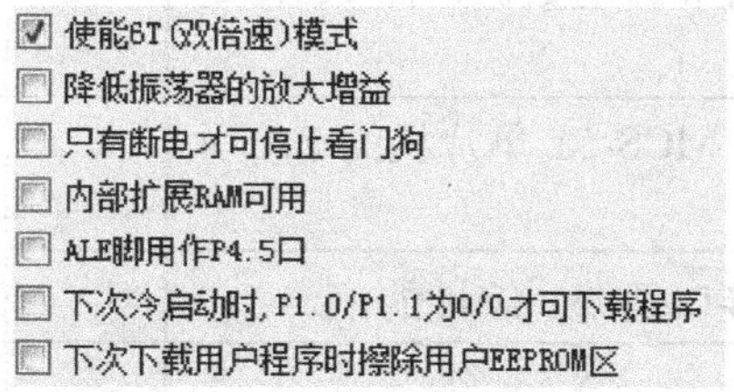　　） 		2	1	1111
7.	单片机的复位有上电自动复位和按钮手动复位两种，当单片机运行出错或进入死循环时，可按复位键重新启动。（　　）		1	1	1111
8.	单片机的指令周期是执行一条指令所需要的时间，一般由若干个机器周期组成。（　　）		1	1	1111
9.	SBUF 是用于串口传递数据的存储器。（　　）		1	1	1111
10.	CPU 对内部 RAM 和外部 RAM 的读写速度一样快。（　　）		1	1	1111
11.	外加晶振频率越高，系统运算速度就越快，系统性能也就越好。（　　）		1	1	1111
12.	当 8051 单片机的 EA 引脚接低电平时，CPU 只能访问片外 ROM，而不管片内是否有程序存储器。（　　）		1	1	1111
13.	特殊功能寄存器可以当作普通的 RAM 单元来使用。（　　）		1	1	1111
14.	单片机系统上电后，其内部 RAM 的值是不确定的。（　　）		1	1	1111
15.	Keil 在保存文件时自动保存为 C 语言文件。（　　）		1	1	1111
16.	单片机既能处理数字信号，也能处理模拟信号。（　　）		1	1	1111
17.	在 A/D 变换时，抽样频率越高越好。（　　）		1	1	1111
18.	微机控制系统的抗干扰问题是关系到微机应用成败的大问题。（　　）		1	1	1111

题号	试题	答案	组卷代码		
			类别	难度	考点
19.	通常所说的计算机实质上是计算机的硬件系统与软件系统的总称。（　　）		1	1	1111
20.	MCS-51 单片机上电复位时，SBUF=00H。（　　）		1	1	1111
21.	MCS-51 系统可以没有复位电路。（　　）		1	1	1111
22.	在 MCS-51 系统中，一个机器周期等于 1.5μs。（　　）		1	1	1111
23.	MCS-51 单片机的程序存储器只是用来存放程序的。（　　）		1	1	1111
24.	MCS-51 单片机的时钟最高频率是 18MHz。（　　）		1	1	1111
25.	AT89S51 是一种高性能的 16 位单片机。（　　）		1	1	1111
26.	有符号正数的符号位是用 1 表示的。（　　）		1	1	1111
27.	MCS-51 系列单片机具有 4 个并行输入/输出端口，其中 P0 口可分时输出外部存储器的低 8 位地址和传送数据，而 P1 口是 I/O 口，常用于第二功能的是 P3 口。（　　）		1	1	1111
28.	若希望程序从片内存储器开始执行，MCS-51 单片机的 EA 引脚应接低电平。（　　）		1	1	1111
29.	89S51 单片机中，外部 RAM 与 I/O 接口是统一编址的。（　　）		1	1	1111
30.	51 单片机内部寄存器都是 8 位的。（　　）		1	1	1111
31.	在 MCS-51 系统中，一个机器周期等于 1μs。（　　）		1	1	1111
32.	当 AT89C51 单片机的 EA 引脚接低电平时，CPU 只能访问片外 ROM，而不管片内是否有程序存储器。（　　）		1	1	1111

33.	以下子程序不需要返回值。（　　）
	`void tu2()`
	`{`
	`unsigned char i;`
	`  for(i=0;i<8;i++)`
	`  {`
	`  }`
	`}`
			2	2	1111

34.	单片机复位后不影响片内 RAM 单元的数据，仅影响特殊功能寄存器中的内容。（　　）		1	1	1111
35.	程序计数器 PC 不能在用户编程时直接使用，因为它没有地址。（　　）		1	1	1111
36.	8051 单片机必须使用内部 ROM。（　　）		1	1	1111
37.	8051 是一种 8 位单片机。（　　）		1	1	1111
38.	MCS-51 单片机的 CPU 能同时处理 8 位二进制数据。（　　）		1	1	1111
39.	AT89S51 单片机共有 4 个 8 位并行 I/O 口，其中 P2 口既可用作地址/数据口，又可用作一般的 I/O 口。（　　）		1	1	1111

题号	试题	答案	组卷代码		
			类别	难度	考点
40.	80C51 单片机中，程序存储器和数据存储器扩展的最大范围是一样的。（　　）		1	1	1111
41.	一个项目工程文件里可以添加多个程序文件。（　　）		1	1	1111
42.	在 51 系列单片机系统中，机器周期是固定的。（　　）		1	1	1111
43.	8155 是一种 8 位单片机。（　　）		1	1	1111
44.	按“逢十进一”的原则进行计数，称为二进制。（　　）		1	1	1111
45.	字节是计算机中所能表示的最小单位。（　　）		1	1	1111
46.	P1 口既能作为输出口，又能作为输入口。（　　）		1	1	1111
47.	8 位构成 1 字节，1 字节所能表达的无符号数的范围是 0～255。（　　）		1	1	1111
48.	十六进制中的 F 表示十进制中的 16。（　　）		1	1	1111
49.	在 C 语言编程中，i++表示在 i 的基础上每次加 1。（　　）		1	1	1111
50.	在 C 语言编程中，i--表示在 i 的基础上每次减 1。（　　）		1	1	1111
51.	ROM 断电后数据会消失。（　　）		1	1	1111
52.	TR0 是定时器 T0 的运行控制位。（　　）		1	1	1111
53.	当 EA 引脚接高电平时，对 ROM 的读操作只访问片外程序存储器。（　　）		1	1	1111
54.	串行通信方式分为单工方式和双工方式。（　　）		1	1	1111
55.	A/D 转换器的作用是将模拟量转换为数字量。（　　）		1	1	1111
56.	D/A 转换器的作用是将数字量转换为模拟量。（　　）		1	1	1111
57.	D/A 转换器的作用是将模拟量转换为数字量。（　　）		1	1	1111
58.	A/D 转换器的作用是将数字量转换为模拟量。（　　）		1	1	1111
59.	8051 单片机复位是高电平有效。（　　）		1	1	1111
60.	在 A/D 变换时，采样频率越高越好。（　　）		1	1	1111
61.	一般情况下，8051 单片机允许同级中断嵌套。（　　）		1	1	1111
62.	#include <reg52.h> 是单片机的头文件。（　　）		1	1	1111
63.	#define u18 100 表示在 C 语言编程中只要是 u18 就代表值为 100。（　　）		1	1	1111
64.	for(i=0;i<10;i++)表明 i 的值的范围为 0～10。（　　）		1	2	1111
65.	for(i=0;i<10;i++)表明 i 的值的范围为 0～9。（　　）		1	2	1111
66.	for(i=0;i<10;i+=1)表明 i 的值的范围为 0～10。（　　）		1	2	1111

题号	试题	答案	组卷代码		
			类别	难度	考点
67.	for(i=0;i<10;i+=1)表明 i 的值的范围为 0～9。（ ）		1	2	1111
68.	for(i=0;i<10;i+=2)表明 i 的值的范围是 0、2、4、6、8、10。（ ）		1	2	1111
69.	for(i=0;i<10;i+=2)表明 i 的值的范围为 0、2、4、6、8。（ ）		1	2	1111
70.	for(i=0;i<10;i+=2)表明 i 的值的范围为 0～9。（ ）		1	2	1111
71.	s=(s+1)%8 表示 s 的范围是 0～7。（ ）		1	2	1111
72.	s=(s+1)%8 表示 s 的范围是 0～8。（ ）		1	2	1111
73.	在 C 语言编程中，符号"%"表示取余数。（ ）		1	2	1111
74.	在 C 语言编程中，符号"/"表示取余数。（ ）		1	2	1111
75.	在 C 语言编程中，符号"%"表示取商。（ ）		1	2	1111
76.	在 C 语言编程中，符号"/"表示取商。（ ）		1	1	1111
77.	在 C 语言编程中，子程序可以有很多个，但主程序只能有一个。（ ）		1	2	1111
78.	在 C 语言编程中，子程序和主程序都可以有很多个。（ ）		1	2	1111
79.	D1=1 表示将 1 赋值给 D1 这个变量。（ ）		1	2	1111
80.	D1=!D1 表示将 D1 的值取反后再赋值给 D1。（ ）		1	2	1111
81.	i=i-1 与 i-- 两者的功能不一样。（ ）		1	2	1111
82.	在单片机 C 语言编程中，#define uchar unsigned char 表示用 uchar 代替无符号的整型变量。（ ）		1	2	1111
83.	在单片机 C 语言编程中，#define uint unsigned char 表示用 uint 代替无符号的整型变量。（ ）		1	2	1111
84.	在单片机 C 语言编程中，#define uint unsigned char 表示用 uint 代替无符号的字符型变量。（ ）		1	2	1111
85.	在单片机 C 语言编程中，#define uchar unsigned char 表示用 uchar 代替无符号的字符型变量。（ ）		1	1	1111
86.	unsigned char 无符号字符变量的范围为 0～256。（ ）		1	1	1111
87.	unsigned char 无符号字符变量的范围为 0～255。（ ）		1	1	1111
88.	unsigned int 无符号字符变量的范围为 0～65536。（ ）		1	1	1111
89.	unsigned int 无符号字符变量的范围为 0～65535。（ ）		1	1	1111
90.	unsigned char *p 表示定义一个指针变量。（ ）		1	2	1111

1.2 选择题

题号	试题	答案	组卷代码		
			类别	难度	考点
1.	将十进制数 15 转换成对应的二进制数是（ ）。 A. 1111　　B. 1110　　C. 1001　　D. 1010		1	1	1112
2.	将二进制数 1100010 转换成对应的十六进制数是（ ）。 A. 0x32　　B. 0x42　　C. 0x52　　D. 0x62		1	1	1112
3.	P1=0xfe 表示将 P1 口的（ ）引脚置为低电平。 A. P1.0　　B. P1.1　　C. P1.2　　D. P1.3		1	1	1112
4.	P1=0x00 表示将 P1 口的引脚置为（ ）。 A. 高电平　　　　　B. 低电平 C. 一半高一半低　　D. 不能确定		1	1	1112
5.	P1=0xff 表示将 P1 口的引脚置为（ ）。 A. 高电平　　　　　B. 低电平 C. 一半高一半低　　D. 不能确定		1	1	1112
6.	在 C 语言编程中"A"用（ ）来表示。 A. BCD 码　　　　　B. 十进制 C. 余三码　　　　　D. ASCII 码		1	1	1112
7.	如下图所示，新建项目单击（ ）菜单。 　A. File　　B. Edit　　C. View　　D. Project 		2	1	1112
8.	单片机最小系统分别由电源、接地、单片机、复位电路和（ ）组成。 A. 开关电路　　　　B. 模拟电路 C. 数字电路　　　　D. 晶体振荡电路		1	1	1112
9.	如下图所示，单片机 C 语言在 Keil 中进入调试界面单击（ ）菜单。 A. File　　B. Flash　　　C. Debug　　D. View 		2	1	1112
10.	单片机能直接运行的程序称为（ ）。 A. 源程序　　　　　B. 汇编程序 C. 目标程序　　　　D. 编译程序		1	1	1112
11.	P0 口用作数据线和低 8 位地址线时（ ）。		1	1	1112

题号	试题	答案	类别	难度	考点
	A．应外接上拉电阻　　　　　B．不能用作 I/O 口 C．能用作 I/O 口　　　　　　D．应外接高电平				
12.	下图中，用于单片机启动的文件为（　　）。 A．STARTUP.A51　　　　B．1.c C．reg51.h　　　　　　　　D．intrins.h Project 　Target 1 　　Source Group 1 　　　STARTUP.A51 　　　1.c 　　　　reg51.h 　　　　intrins.h 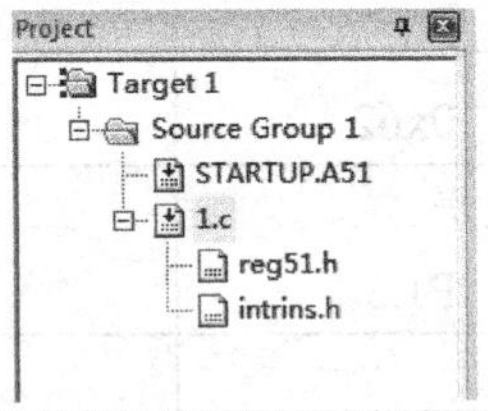		2	3	1112
13.	若单片机晶振频率为 10MHz，则一个机器周期等于（　　）μs。 A．1/10　　B．1/2　　　　C．1　　　D．2		1	1	1112
14.	在 C 语言中，用符号"*"表示（　　）。 A．加　　B．减　　　C．乘　　　D．除		1	1	1112
15.	在 C 语言中，用符号"/"表示（　　）。 A．加　　B．减　　　C．乘　　　D．除		1	1	1112
16.	8051 单片机的 XTAL1 和 XTAL2 引脚是（　　）引脚。 A．外接定时器　　　　　　　B．外接串行口 C．外接中断　　　　　　　　D．外接晶振		1	1	1112
17.	单片机的 VSS（20）引脚是（　　）引脚。 A．主电源+5V　　　　　　　B．接地 C．备用电源　　　　　　　　D．访问片外存储器		1	1	1112
18.	单片机的 VCC（40）引脚是（　　）引脚。 A．主电源+5V　　　　　　　B．接地 C．备用电源　　　　　　　　D．访问片外存储器		1	1	1112
19.	单片机（　　）口是一个 8 位漏极型开路双向 I/O 端口。 A．P0　　B．P1　　　C．P2　　　D．P3		1	1	1112
20.	单片机的输入/输出端口中用于专门的第二功能的端口是（　　）。 A．P0　　B．P1　　　C．P2　　　D．P3		1	1	1112
21.	单片机 P1 口的功能是（　　）。 A．可用作通用双向 I/O 口　B．可用作一般 I/O 口 C．可用作地址/数据总线　　D．可用作通用 I/O 口		1	1	1112
22.	单片机的应用程序存放在（　　）中。 A．RAM　　B．ROM　　C．寄存器　　D．CPU		1	1	1112
23.	单片机的主要组成部件为（　　）。 A．CPU、存储器、I/O 口　B．CPU、键盘、显示器 C．主机、外部设备　　　　　D．以上都是		1	1	1112
24.	AT89C51 单片机的 CPU 是（　　）位字长的单片机。 A．16　　　B．4　　　　C．8　　　　D．准 16		1	1	1112
25.	提高单片机的晶振频率，则机器周期（　　）。 A．不变　　B．变长　　　C、变短　　　D．不定		1	1	1112
26.	以下（　　）不是构成单片机的部件。 A．微处理器（CPU）　　　　　　　B．存储器 C．接口适配器（I/O 接口电路）　D．打印机		1	1	1112
27.	#define LED P2 定义之后，LED 代表（　　）端口。 A．P0　　B．P1　　　C．P2　　　D．P3		1	1	1112
28.	单片机在同一级别里除 INT0 外，优先级最高的中断源是（　　）。 A．外部中断 1　　　　　　　B．定时器 T0 C．定时器 T1　　　　　　　D．外部中断 0		1	3	1112
29.	中断是一种（　　）。 A．资源共享技术　　　　　　B．数据转换技术 C．数据共享技术　　　　　　D．并行处理技术		1	1	1112
30.	用单片机中的定时器，设置 TMOD=0x01，定时器 T0 定时 50ms，初值为（　　）。 A．TH0=65536/256 TL0=65536/256 B．TH0=(65536-50000)/256 TL0=(65536-50000)/256 C．TH0=50000/256 TL0=50000/256 D．TH0=(65536-5000)/256 TL0=(65536-5000)/256		1	2	1112
31.	波特的单位是（　　）。 A．字符/秒　　　　　　　　B．位/秒 C．帧/秒　　　　　　　　　D．字节/秒		1	1	1112
32.	中断查询的是（　　）。 A．中断请求信号　　　　　　B．中断标志位 C．外中断方式控制位　　　　D．中断允许控制位		1	1	1112
33.	C51 语言提供的合法的数据类型关键字是（　　）。 A．Float　　B．int　　　C．integer　　　D．Char		1	2	1112
34.	可以将 P1 口的低 4 位全部置高电平的表达式是（　　）。 A．P1&=0x0f　　　　　　　B．P1|=0x0f C．P1^=0x0f　　　　　　　D．P1=~P1		1	2	1112

题号	试题	答案	组卷代码			题号	试题	答案	组卷代码		
			类别	难度	考点				类别	难度	考点
35.	C51 程序中, 函数参数通过寄存器传递时速度快, 参数的个数不能超过（ ）。 A. 1　　 B. 2　　 C. 3　　 D. 4		1	3	1112		D. main()中没有死循环部分, 要在最后加while(1);或 for(;;);进入死循环				
36.	如果执行 IP=0x0A, 则优先级最高的是（ ）。IP 的定义: ×,×,×,PS,PT1,PX1,PT0,PX0。 A. 外部中断 1　　　　　 B. 外部中断 0 C. 定时/计数器 1　　　 D. 定时/计数器 0		1	3	1112	43.	编写外部 0 中断程序时要在函数说明部分写（ ）。 A. interrupt 0　　　　　 B. interrupt 1 C. interrupt 2　　　　　 D. interrupt 3		1	2	1112
37.	51 系列的单片机至少有 5 个中断, Keil C51 软件支持最多（ ）个中断。 A. 8　　 B. 16　　 C. 32　　 D. 64		1	1	1112	44.	编写定时器 0 中断程序时要在函数说明部分写（ ）。 A. interrupt 0　　　　　 B. interrupt 1 C. interrupt 2　　　　　 D. interrupt 3		1	2	1112
38.	C51 中通用指针变量占用（ ）字节存储。 A. 1　　 B. 2　　 C. 3　　 D. 4		1	2	1112	45.	编写外部 1 中断程序时要在函数说明部分写（ ）。 A. interrupt 0　　　　　 B. interrupt 1 C. interrupt 2　　　　　 D. interrupt 3		1	2	1112
39.	关于 C51 支持的指针, 说法正确的是（ ）。 A. 只支持一般指针, 或称通用指针, 即标准 C 语言的指针 B. 只支持存储器指针 C. 和标准 C 语言一样, 同时支持一般指针和存储器指针 D. C51 同时支持一般指针和存储器指针, 但标准 C 语言不支持存储器指针		1	2	1112	46.	编写定时器 1 中断程序时要在函数说明部分写（ ）。 A. interrupt 0　　　　　 B. interrupt 1 C. interrupt 2　　　　　 D. interrupt 3		1	2	1112
						47.	编写串口中断程序时要在函数说明部分写（ ）。 A. interrupt 1　　　　　 B. interrupt 2 C. interrupt 3　　　　　 D. interrupt 4		1	2	1112
40.	对于 51 系列单片机, 常用两种语言支持程序设计, 它们是（ ）。 A. 机器语言和汇编语言 B. 汇编语言和 C 语言 C. BASIC 语言和 C 语言 D. VC++语言和汇编语言		1	1	1112	48.	在 C51 的所有数据类型中, 可以直接支持机器指令的是（ ）。 A. bit 和 unsigned int　　 B. bit 和 unsigned char C. sbit 和 unsigned short　 D. 指针和 int		1	2	1112
41.	单片机程序设计中需要在主程序中设计死循环来防止程序跑飞, 在 C51 中实现死循环采用语句（ ）。 A. while(1); B. for(;;); C. while(1);和 for(;;); 都可以 D. 上述语句都不行		1	2	1112	49.	不大适合用汇编语言编程, 更适合用 C 语言编程的情况是（ ）。 A. 对时序要求较严格的产品 B. 对程序代码空间有严格要求的产品 C. 对软件开发的进度有所要求 D. 对实时性要求较高的应用场合		1	1	1112
						50.	单片机 C51 语言程序设计中, 定义单片机的 I/O 端口可用关键字（ ）。 A. sbit　　　　　　　　 B. bit C. unsigned char　　　　 D. unsigned int		1	1	1112
42.	单片机程序设计中, 关于 C51 程序说法错误的是（ ）。 A. 程序总是从 main()开始 B. 程序总是在 main()中的死循环中结束 C. 程序总是从 main()开始, 可以在任何合适的子程序中结束		1	2	1112	51.	单片机 C51 程序中改变寄存器组用关键字（ ）。 A. interrupt　　　　　　 B. unsigned C. using　　　　　　　 D. define		1	2	1112
						52.	下列语句中, 用于设置定时器 0 的中断并使能的是（ ）。 A. EX0=1;　　　　　　 B. ET0=1;		1	2	1112

题号	试题	答案	组卷代码		
			类别	难度	考点
	C. ES=1;　　　　　　　D. EX1=1;				
53.	与开启定时器1中断无关的是（　　）。 A. TR1=1;　　B. ET1=1;　C. EX1=1;　D. EA=1;		1	3	1112
54.	C51 函数声明中扩展了标准 C 格式，下列选项中不正确的是（　　）。 A. small/compact/large　定义函数模式选择 B. reentrant　定义函数是否可以重入 C. interrupt n　定义函数中断序号 D. using n　变量 n 是可用的		1	3	1112
55.	启动定时器1开始定时的指令是（　　）。 A. TR0=0;　　B. TR1=0;　C. TR0=1;　D. TR1=1;		1	1	1112
56.	计算机能识别的语言是（　　）。 A. 汇编语言　　　　　　B. 自然语言 C. 机器语言　　　　　　D. 高级语言		1	1	1112
57.	MCS-51 单片机外扩存储器芯片时，4 个 I/O 口中用作数据总线的是（　　）。 A. P0 和 P2 口　　　　　　B. P0 口 C. P2 和 P3 口　　　　　　D. P2 口		1	1	1112
58.	使用定时器 T1 时，有（　　）工作模式。 A. 1 种　　B. 2 种　C. 3 种　　D. 4 种		1	1	1112
59.	在 MCS-51 系统中，若晶振频率为 8MHz，则一个机器周期等于（　　）μs。 A. 1.5　　B. 3　　C. 1　　D. 0.5		1	1	1112
60.	MCS-51 单片机的时钟最高频率是（　　）。 A. 12MHz　　B. 6 MHz　C. 8 MHz　D. 10 MHz		1	1	1112
61.	在 C 语言中，定义 bit x，x 的值为（　　）。 A. 0 或 1　　B. 0　　C. 1　　D. 0～255		1	1	1112
62.	在 C 语言编程中，要使 x 能够实现位操作，则分配单片机存储区域为（　　）。 A. code　B. idata　C. xdata　D. bdata		1	1	1112
63.	在下列选项中，不正确的赋值语句是（　　）。 A. ++t;　　　　　　B. n1=(n2=(n3=0)); C. k=i=j;　　　　　D. a=b+c=1;		1	1	1112
64.	表达式 10!=9 的值是（　　）。 A. true　　B. 非零值　C. 0　　D. 1		1	1	1112
65.	C 语言程序的基本单位是（　　）。 A. 程序行　B. 语句　　C. 函数　　D. 字符		1	1	1112
66.	一个 C 语言程序的执行从（　　）。 A. 本程序的主函数开始，到本程序的主函数结束 B. 本程序的第一个函数开始，到本程序的最后一个函数结束 C. 本程序的主函数开始，到本程序的最后一个函数结束 D. 本程序的第一个函数开始，到本程序的主函数结束		1	1	1112
67.	下列选项中不正确的是（　　）。 A. 一个 C 语言源程序可由一个或多个函数组成 B. 一个 C 语言源程序必须包含一个 main()函数 C. C 语言程序的基本组成单位是函数 D. 在 C 语言程序中，注释说明要参与编译		1	1	1112
68.	C 语言规定：在一个源程序中，main()函数的位置（　　）。 A. 必须在最开始 B. 必须在系统调用的库函数的后面 C. 可以任意 D. 必须在最后		1	1	1112
69.	C 语言规定：else 子句总是与（　　）配对。 A. 位置相同的 if　　　　B. 之前最近的 if C. 之后最近的 if　　　　D. 同一行上的 if		1	2	1112

70.	关于以下程序段的说法中正确的是（　　）。
	
	x= -1;
	do
	{x=x*x;}
	while(!x);
	
	A. 是死循环　　　　　　B. 循环执行两次
	C. 循环执行一次　　　　D. 有语法错误
			1	3	1112

71.	以下描述中正确的是（　　）。 A. 由于 do-while 循环中循环体语句只能是一条可执行语句，所以循环体内不能使用复合语句 B. do-while 循环由 do 开始，用 while 结束，在 while（表达式）后面不能写分号 C. 在 do-while 循环体中，一定要有能使 while 后表达式值变为零（"假"）的操作 D. do-while 循环中，根据情况可以省略 while		1	3	1112

题号	试题	答案	组卷代码			题号	试题	答案	组卷代码		
			类别	难度	考点				类别	难度	考点
72.	下面有关 for 循环的正确描述是（　　）。 A．for 循环只能用于循环次数已经确定的情况 B．for 循环是先执行循环体语句，后判断表达式 C．在 for 循环中，不能用 break 语句跳出循环体 D．for 循环的循环体语句中可以包含多条语句，但必须用花括号括起来		1	3	1112	79.	在 C 语言程序中，正确的描述是（　　）。 A．函数的定义可以嵌套，但函数的调用不可以嵌套 B．函数的定义不可以嵌套，但函数的调用可以嵌套 C．函数的定义和函数的调用均不可以嵌套 D．函数的定义和函数的调用均可以嵌套		1	2	1112
73.	for(表达式 1;;表达式 3)可理解为（　　）。 A．for(表达式 1;0;表达式 3) B．for(表达式 1;1;表达式 3) C．for(表达式 1;表达式 1;表达式 3) D．for(表达式 1;表达式 3;表达式 3)		1	3	1112	80.	80C51 单片机的（　　）口还具有外中断、串行通信等第二功能。 A．P0　　　B．P1　　　C．P2　　　D．P3		1	1	1112
						81.	单片机应用程序一般存放在（　　）中。 A．RAM　　　B．ROM　　　C．寄存器　　D．CPU		1	1	1112
74.	以下描述中正确的是（　　）。 A．continue 语句的作用是结束整个循环的执行 B．只能在循环体内和 switch 语句体内使用 break 语句 C．在循环体内使用 break 语句或 continue 语句的作用相同 D．从多层循环嵌套中退出时，只能使用 goto 语句		1	2	1112	82.	CPU 的主要组成部分为（　　）。 A．运算器、控制器　　　　B．加法器、寄存器 C．运算器、寄存器　　　　D．运算器、指令译码器		1	1	1112
						83.	1101 表示的是（　　）。 A．二进制数　　　　　　　B．八进制数 C．十进制数　　　　　　　D．十六进制数		1	1	1112
75.	在 C 语言中引用数组元素时，其数组下标的数据类型允许是（　　）。 A．整型常量　　　　　B．整型表达式 C．整型常量或整型表达式　　　D．任何类型的表达式		1	2	1112	84.	在计算机的存储设备中，ROM 中存储的信息在计算机关机后（　　）。 A．完全丢失　　　　　　　B．部分丢失 C．可能丢失、也可能不丢失　　D．不会丢失		1	1	1112
76.	下列描述中正确的是（　　）。 A．两个字符串所包含的字符个数相同时，才能比较字符串 B．字符个数多的字符串比字符个数少的字符串大 C．字符串"STOP-"与"STOP"相等(-表示空格) D．字符串"That"小于字符串"the"		1	3	1112	85.	4×4 矩阵键盘需要用到 AT89S51 单片机端口的（　　）个引脚。 A．4　　　B．8　　　C．16　　　D．32		1	1	1112
						86.	下列语言中，CPU 能直接识别的是（　　）。 A．自然语言　　　　　　　B．高级语言 C．汇编语言　　　　　　　D．机器语言		1	1	1112
77.	下列对 C 语言字符数组的描述中错误的是（　　）。 A．字符数组可以存放字符串 B．字符数组的字符串可以整体输入、输出 C．可以在赋值语句中通过赋值运算符"="对字符数组整体赋值 D．不可用关系运算符对字符数组中的字符串进行比较		1	3	1112	87.	AT89C51 基本型单片机内部程序存储器容量为（　　）。 A．16KB　　　B．8KB　　　C．4KB　　　D．2KB		1	1	1112
						88.	当使用外部存储器时，AT89S51 单片机的 P0 口是一个（　　）。 A．传输低 8 位地址/数据总线口 B．传输低 8 位地址口 C．传输高 8 位地址/数据总线口 D．传输高 8 位地址口		1	1	1112
78.	建立函数的目的之一是（　　）。 A．提高程序的执行效率 B．提高程序的可读性 C．减少程序的篇幅 D．减少程序文件所占内存		1	1	1112	89.	在 AT8951 单片机的 4 个并口中，需要外接上拉电阻的是（　　）。		1	1	1112

题号	试题	答案	组卷代码		
			类别	难度	考点
	A．P0 口　B．P1 口　C．P2 口　D．P3 口				
90.	计算机在使用中断方式与外界交换信息时，保护现场的工作应该（　　）。 A．由 CPU 自动完成　B．由中断服务子程序完成 C．在中断响应中完成　D．在主程序中完成		1	2	1112
91.	AT89C51 单片机中片内 RAM 的大小可能是（　　）。 A．128MB　B．128KB C．256KB　D．64KB		1	1	1112
92.	MCS-51 系列单片机属于（　　）体系结构。 A．冯・诺依曼　B．普林斯顿 C．哈佛　D．图灵		1	1	1112
93.	AT8951 单片机的 4 个 I/O 口中，内部不带上拉电阻，在应用时要求外加上拉电阻的是（　　）。 A．P0 口　B．P1 口　C．P2 口　D．P3 口		1	1	1112

94.	以下程序中延时子函数大概延时（　　）。
	A．100μs　B．1000μs
	C．1500μs　D．2000μs
	void Delay1000us()　　//@11.0592MHz
	{
	unsigned char i，　j;
	
	nop();
	i = 2;
	j = 199;
	do
	{
	while (--j);
	} while (--i);
	}}}
			1	1	1112

95.	在 C 语言中，unsigned char rom[9]={'a', 'b'};中 rom[2]的字符值为（　　）。 A．'a'　B．'b'　C．"ab"　D．0		2	1	1112
96.	如下图所示，单击“打开程序文件”按钮，那么装入的程序文件是（　　）。 A．C 语言文件　B．汇编语言文件 C．HEX 文件　D．二进制文件		2	1	1112
97.	如下图所示，单片机波特率为 4800，那么该软件中波特率应设置为（　　）。 A．2400　B．4800　C．9600　D．19200 		2	1	1112
98.	如下图所示，编译软件为 Keil 4，那么添加头文件时应添加到（　　）文件夹中。 A．Program Files　B．Users C．Windows　D．UV4 		2	2	1112
99.	如下图所示，在保存该程序为 C 语言文件时，扩展名应为（　　）。 A．h　B．c　C．asm　D．inc 		2	1	1112
100.	如下图所示，冷启动下载程序时，单击“下载/编程”按钮后，再（　　）才能下载程序到单片机中。 A．单击“重复编程”按钮		2	1	1112

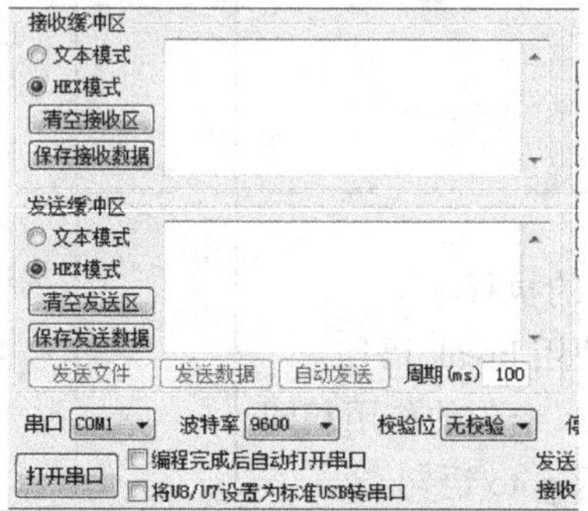

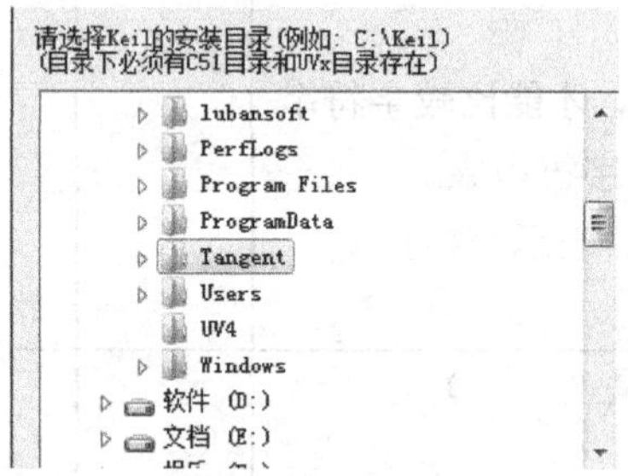

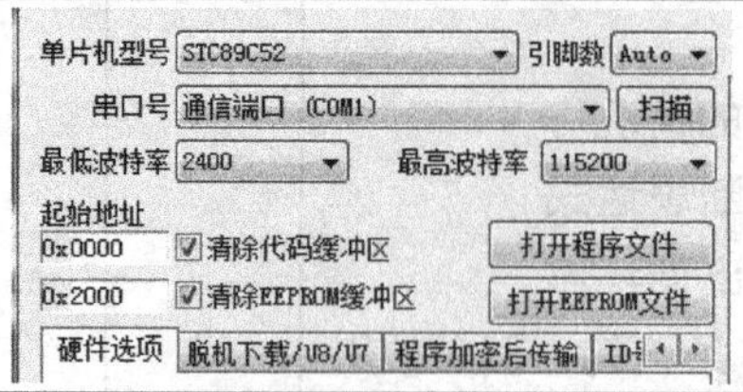

题号	试题	答案	组卷代码		
			类别	难度	考点
	B. 单击"检测 MCU 选项"按钮 C. 按主模块电源 D. 无须其他操作 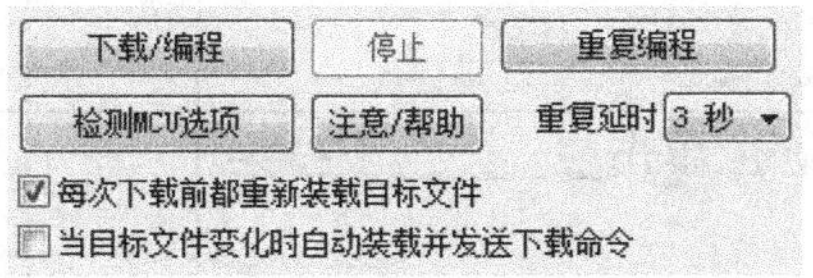 下载/编程　停止　重复编程 检测MCU选项　注意/帮助　重复延时 3 秒 ☑每次下载前都重新装载目标文件 ☐当目标文件变化时自动装载并发送下载命令				

1.3 填空题

题号	试题	答案	组卷代码		
			类别	难度	考点
1.	MCS-51 系列单片机中 AT89S52 单片机的电源(VCC)是_____引脚。		1	1	1113
2.	MCS-51 系列单片机中 AT89S52 单片机的地（GND）是_____引脚。		1	1	1113
3.	对于 12MHz 时钟频率，其机器周期为_____。		1	2	1113
4.	LED 数码管有静态显示和_____显示两种显示方式。		1	1	1113
5.	中央处理器（CPU）是单片机的核心，它完成_____和控制功能。		1	1	1113
6.	MCS-51 系列单片机中 AT89S52 单片机的复位（RST）是_____引脚。		1	2	1113
7.	P2 口通常用作_____地址线，也可用作通用 I/O 口。		1	2	1113
8.	十进制转换为二进制用的是_____方法。		1	1	1113
9.	单片微型计算机由 CPU、存储器和_____三部分组成。		1	1	1113
10.	51 系列单片机 P0 口作为普通 I/O 口使用时，需要加上_____电阻，以保证其能正常工作。		1	1	1113
11.	计算机的系统总线有地址总线、控制总线和_____总线。		1	1	1113
12.	要使程序跳出死循环，可以用_____指令。		1	1	1113
13.	MCS-51 单片机有 5 个中断源，可分为_____个中断优先级。		1	2	1113
14.	MCS-51 单片机上电复位时，中断源的外部中断_____中断级别最高。		1	2	1113
15.	十进制数 29 转换为二进制数是_____。		1	1	1113
16.	_____设备是计算机与外部世界交换信息的载体。		1	1	1113
17.	学习 51 系列单片机时，常用的调试软件为_____，该软件支持 C 语言和汇编语言。		1	1	1113
18.	根据以下程序，P0 的值为_____。 char tab[5]={0x00,0x01,0x02, 0x03,0x04}; P0=tab[5];		1	1	1113
19.	根据以下程序，P0 的值为_____。 char tab[5]={0x00,0x01,0x02, 0x03,0x04}; i=2;P0=tab[i];		1	1	1113
20.	单片机用_____作为输入设备。		1	1	1113
21.	单片机键盘分为独立键盘和_____键盘。		1	1	1113

题号	试题	答案	组卷代码		
			类别	难度	考点
22.	AT89S51 单片机共有________个 8 位并行 I/O 口，其中既可用作地址/数据口，又可用作一般 I/O 口的是 P0 口。		1	1	1113
23.	AT89S51 是字长为 8 位的单片机，有________个引脚。		1	1	1113
24.	AT89S51 单片机是 8 位单片机，其 PC 计数器是________位。		1	1	1113
25.	AT89S51 单片机采用________V 电源供电。		1	1	1113
26.	80C51 中断系统中，EA=________，表明 CPU 关闭总中断。		1	1	1113
27.	80C51 中断系统中，EA=________，表明 CPU 开放总中断。		1	1	1113
28.	当单片机系统需要外部扩展存储器时，P2 和________作为地址总线。		1	1	1113
29.	进行单片机硬件设计时，31（EA）脚一般要接________，用于读取单片机内部存储器。		1	1	1113
30.	在 AT89S51 单片机中，RAM 是数据存储器，ROM 为________存储器。		1	1	1113
31.	单片机的复位方式主要有________和按键复位两种。		1	1	1113
32.	如下图所示，添加程序文件到工程中，应双击________。		2	1	1113
33.	如下图所示，在 Keil 中设置晶振频率，应在________中进行添加。		2	1	1113
34.	如下图所示，要生成 HEX 文件，应选择________。		2	2	1113

题号	试题	答案	组卷代码		
			类别	难度	考点
35.	如下图所示，在软件中调试程序时，应选择________。		2	1	1113
36.	如下图所示，要使用 Keil 自带的小系统，应单击________下拉菜单。		2	3	1113
37.	如下图所示，要选择芯片 AT89C52，应从______公司进行选择。		2	1	1113
38.	如下图所示，单击________按钮，程序会复位到初始状态。		2	2	1113
39.	编译出现以下错误，会到 386 行和________行去查找错误。 Build Output Rebuild target 'Target 1' assembling STARTUP.A51... compiling 1.c... 1.c(386): error C141: syntax error near 'init' 1.c(391): error C141: syntax error near 'sha' Target not created		2	2	1113

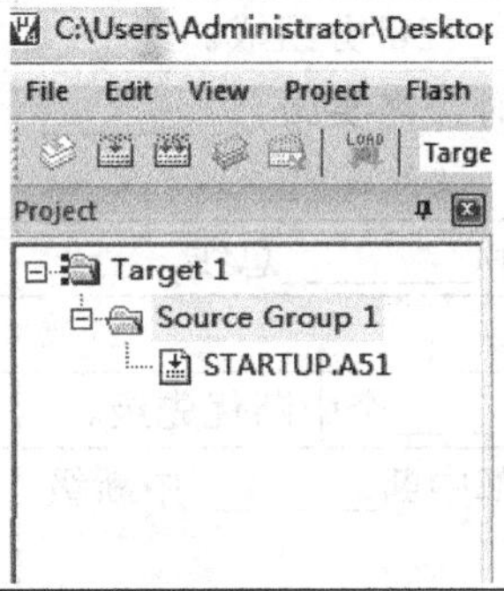

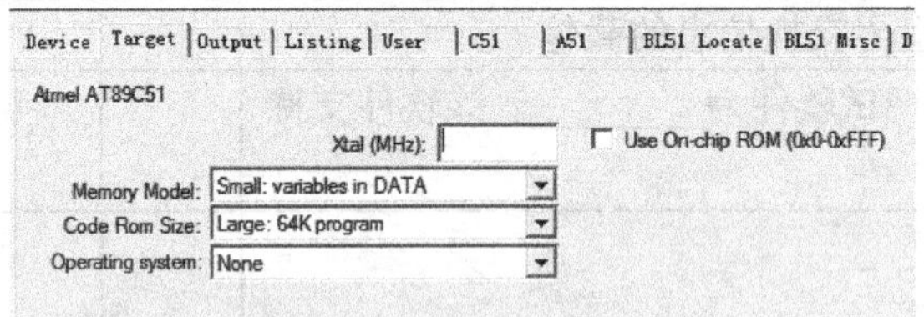

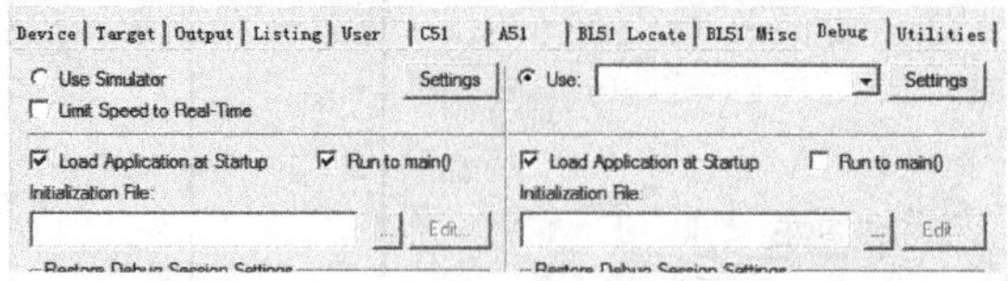

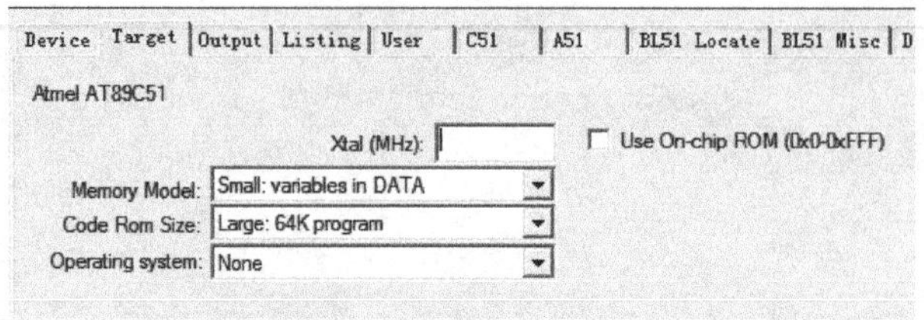

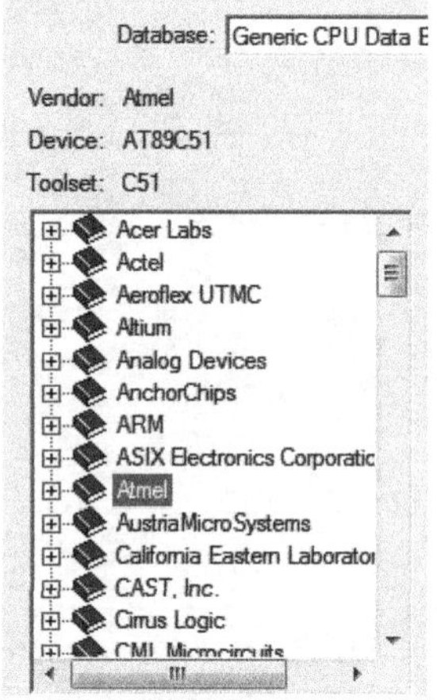

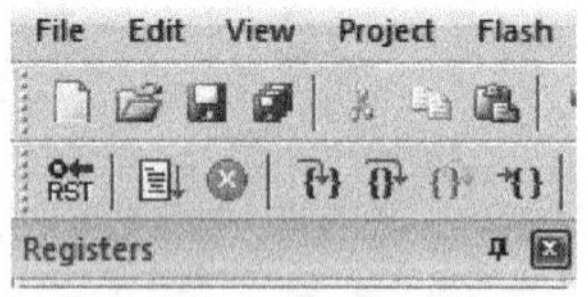

模块2

LED灯控制操作

组卷代码说明

- 试题类别

  1—理论、2—技能
- 试题难度系数

  1—较容易、2—容易、3—较难
- 考点代码：四位数字

  第一位数字：模块名称代码，模块1～8分别为1、2、3、4、5、6、7、8

  第二位和第三位数字：任务代码

  第四位数字：题型代码，1—判断题、2—选择题、3—填空题

答案解析说明

- 请扫描二维码查阅本模块试题答案
- 试题解析请登录华信教育资源网（www.hxedu.com.cn）下载查阅

2.1 判断题

题号	试题	答案	组卷代码		
			类别	难度	考点
1.	光电耦合器输入侧等效的基本电子元件是电阻。（ ）		2	1	2111
2.	编程控制LED灯的亮度，可以通过改变频率来实现。（ ）		2	1	2111
3.	定时/计数器T1初值自动重装的8位计数器是方式2。（ ）		1	2	2111
4.	若采用定时/计数器 T0 方式 1，则需要设置寄存器 TMOD。（ ）		1	2	2111
5.	循环移位指令_cror_()包含的头文件为intrins.h。（ ）		2	1	2111
6.	用定时器方式控制寄存器，若采用 T1 方式 0 计数方式，则TMOD设置为TMOD=0×00。（ ）		1	2	2111
7.	TCON既可采用位操作，也可采用字节操作，若设置TR0=0，可以启动T0计数。（ ）		1	2	2111
8.	TF1的功能是T1溢出中断请求。（ ）		1	2	2111
9.	使用单片机开发系统调试程序时，对源程序进行汇编的目的是将源程序转换成目标语言。（ ）		2	1	2111
10.	使用AT89S52单片机定时/计数器T0方式0，定时时间最长约为65536μs。（ ）		1	2	2111
11.	使用AT89S52单片机定时/计数器T1方式1，定时时间最长约为65536μs。（ ）		1	2	2111
12.	可以用两个继电器来控制直流电动机正反转。（ ）		2	1	2111
13.	MCS-51单片机的复位信号是高电平有效。（ ）		1	2	2111
14.	串行口的控制寄存器SCON中，REN的作用是允许串行口接收。（ ）		1	2	2111
15.	AT89S52单片机中断允许寄存器是TMOD。（ ）		1	2	2111
16.	AT89S52单片机定时/计数器T1中断编号为1。（ ）		1	3	2111
17.	LM358是具有数模转换功能的芯片。（ ）		2	1	2111
18.	如果将中断优先级寄存器IP设置为0x02，则优先级最高的是定时/计数器0。（ ）		1	2	2111
19.	Java不属于51单片机开发语言。（ ）		2	1	2111
20.	用于控制定时器T1启停的寄存器是TR0。（ ）		1	2	2111
21.	在Keil软件编译输出窗口中，下图所示方框中的提示为1处错误、9处警告。（ ）		2	1	2111

题号	试题	答案	组卷代码		
			类别	难度	考点
	Build Output compiling main1.c... compiling display.c... linking... Program Size: data=22.3 xdata=0 code=449 creating hex file from "test121"... "test121" - 1 Error(s), 9 Warning(s).				
22.	while 语句中条件判断表达式必须用小括号括起来，语句之间可以用逗号，最后一个语句必须用分号。（　）		1	2	2111
23.	在 C 语言编程中，定义变量为无符号整型的类型说明符是 unsigned long。（　）		1	2	2111
24.	在 C 语言编程中，定义变量 X 为 int 类型，则 X 的数据范围为 0～65536。（　）		1	2	2111
25.	在 C 语言编程中，2 字节用 16 位二进制表示。（　）		1	2	2111
26.	AT89S52 单片机 I/O 口内部结构中，有内部上拉电阻的是 P1、P2、P3 口。（　）		2	1	2111
27.	a=5，b=9，执行 k=a>b?1:0，结果为 0。（　）		1	2	2111
28.	C 语言编程可以用“！”实现 LED 灯闪烁。（　）		2	1	2111
29.	若 P1 口接 8 个 LED 灯，则程序 P1=~P1 是实现 8 个 LED 灯闪烁。（　）		2	1	2111
30.	在 Proteus 仿真软件中，下图中方框所标记的是仿真运行按钮。（　） 		2	1	2111
31.	将中断优先级寄存器 IP 设置为 0x04，则优先级最高的是外部中断 0。（　）		1	2	2111
32.	下列程序为定义数组，其中有 6 个元素，code 的作用是将数据保存在单片机的 ROM 中。（　） unsigned char <u>code</u> led[6]={0x7e,0xbd,0xdb,0xe7,0xdb,0xbd};		2	2	2111
33.	在 C 语言程序中“#define　LED　P1”的作用是进行宏定义，用 LED 代替 P1。（　）		2	1	2111
34.	下图为 YL-236 单片机实训考核装置的光电耦合器模块，图中 10k 电阻的作用是限流。（　） 		2	2	2111
35.	在 C 语言程序中执行 i=(i+1)%6，则 i 的取值为 0～5。（　）		1		2111
36.	下图为共阳极数码管，若要使 dp 亮，则 dp=1。（　） 		2	1	2111
37.	在 AT89S52 单片机中，TI 和 RI 是串行中断标志，中断时会自动清 0。（　）		1	2	2111
38.	下图是步进电动机模块实物图，方框所标记的 RL 功能是右限位检测。（　） 		2	2	2111

39.	编程实现 D1 亮 0.5s、灭 0.5s，下列程序中横线处应填写“10”。（　）
	sbit D1=P1^0;
	unsigned char t;
	main()
	{
	TL1=(65536-50000)%256;
	TH1=(65536-50000)/256;
	TMOD=0x01;
	EA=ET0=TR0=1;
	while(1);
	}
	time0()interrupt 1
	{
	TL0=(65536-50000)%256;
	TH0=(65536-50000)/256;
	t++;
	if(t==20)t=0;
	if(t<__)D1=0;
	else D1=1;
	}
			2	2	2111

40.	编程实现 D1 亮 0.6s、灭 0.4s，下列程序中横线处应填写“if(t<6)D1=0;else D1=1;”。（　）		2	3	2111

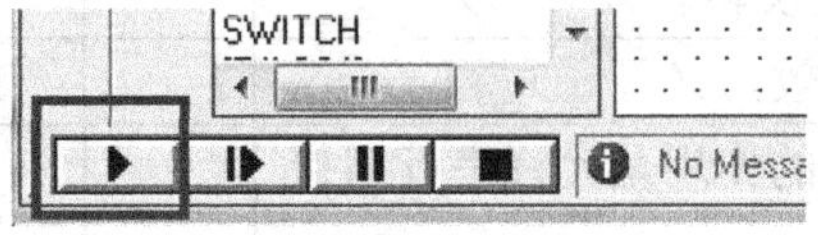

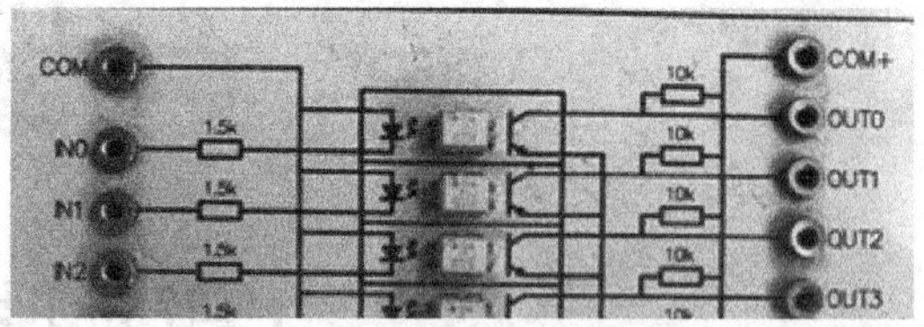

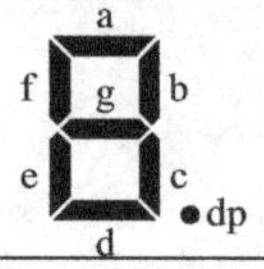

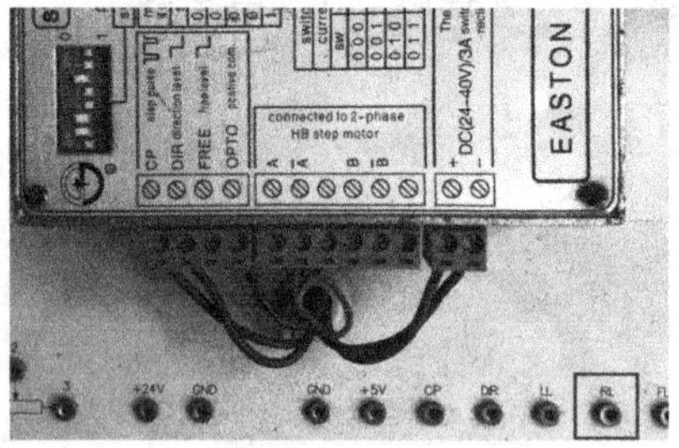

题号	试题	答案	组卷代码		
			类别	难度	考点

	sbit D1=P1^0;
	unsigned char t;
	main()
	{
	TL1=(65536-50000)%256;
	TH1=(65536-50000)/256;
	TMOD=0x01;
	EA=ET0=TR0=1;
	while(1);
	}
	time0()interrupt 1
	{
	TL0=(65536-50000)%256;
	TH0=(65536-50000)/256;
	t++;
	if(t==20)t=0;
	____________
	____________
	}				

41.	使用 AT89S52 单片机的定时/计数器 T2，20ms 中断一次，定时器初值为“RCAP2L=(65536-20000)%256; RCAP2H=(65536-20000)/256;”。（　　）		2	1	2111
42.	下图为定时器控制寄存器 TCON，TR0 的功能是启动/停止定时/计数器 T0。（　　） TCON：7 TF1；6 TR1；5 TF0；4 TR0；3 IE1；2 IT1；1 IE0；0 IT0		1	2	2111
43.	下图为定时器控制寄存器 TCON，TF0 是中断允许标志。（　　） TCON：7 TF1；6 TR1；5 TF0；4 TR0；3 IE1；2 IT1；1 IE0；0 IT0		1	2	2111
44.	定时器控制寄存器 TCON 既可以采用位操作，也可以采用字节操作。（　　）		1	2	2111
45.	定时器控制寄存器 TCON 中 IT1=1 的作用是控制外部中断 1 的触发类型。（　　）		1	3	2111

46.	YL-236 单片机实训考核装置中单片机 P0.0～P0.7 口依次接 LED0～LED7，利用移位指令实现从右至左依次点亮 LED 灯，程序如下所示。（　　）
	unsigned char m= 0xfe;
	delay(unsigned int t)
	{ while(t--);}
	void main(){
	while(1)
	{
	for(i=0;i<8;i++)
	{
	P0=_cror_(m, i);
	delay(50000);
	}
	}
	}
			2	2	2111

47.	YL-236 单片机实训考核装置中单片机 P0.0～P0.7 口依次接 LED0～LED7，利用移位指令实现从左至右依次点亮 LED 灯，程序如下所示。（　　）
	unsigned char m= 0x7f;
	delay(unsigned int t)
	{ while(t--);}
	void main(){
	while(1)
	{
	for(i=0;i<=8;i++)
	{
	P0=_cror_(m, i);
	delay(50000);
	}
	}
	}
			2	2	2111

48.	如下图所示，YL-236 单片机实训考核装置中单片机 P0.0～P0.7 口依次接 LED0～LED7，利用循环移位指令实现从右至左依次点亮 LED 灯，C 语言控制程序中横线处应填写“i<8”。（　　）
	
	unsigned char m= 0xfe ;
	delay(unsigned int t){ while(t--);}
	void main(){
	while(1)
	{
	for(i=0;____;i++)
	{
	P0=_crol_(m, i);delay(50000);
	}
	}
	}
			2	2	2111

49.	下列程序实现的功能为从右至左依次点亮 LED 灯。（　　）
	unsigned char n= 0xfe;
	delay(unsigned int t){ while(t--);}
	void main(){
	while(1)
	{
	P0=_crol_(m, 0);delay(50000);
	P0=_crol_(m, 1);delay(50000);
	P0=_crol_(m, 2);delay(50000);
	P0=_crol_(m, 3);delay(50000);
	P0=_crol_(m, 4);delay(50000);
	P0=_crol_(m, 5);delay(50000);
	P0=_crol_(m, 6);delay(50000);
	P0=_crol_(m, 7);delay(50000);
	}
	}
			2	2	2111

50.	YL-236 单片机实训考核装置中单片机 P0.0～P0.7 口依次接 LED0～LED7，实现从左至右依次点亮 LED 灯，下列 C 语言控制程序中横线处应填写“P0=0xfc;delay(50000);”。（　　）		2	2	2111

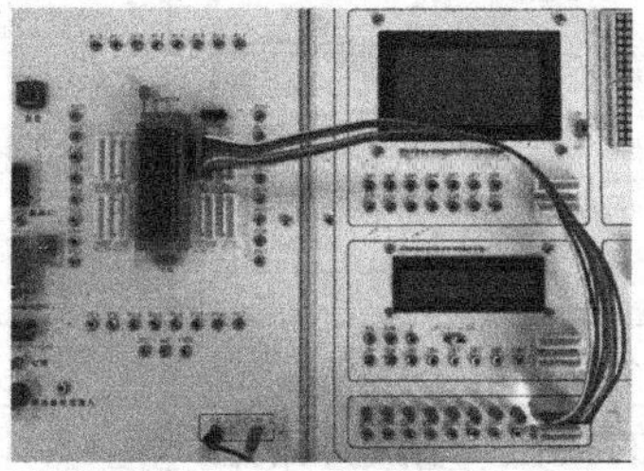

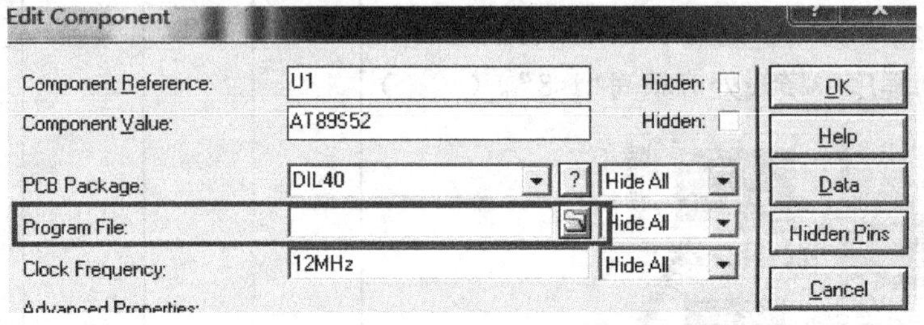

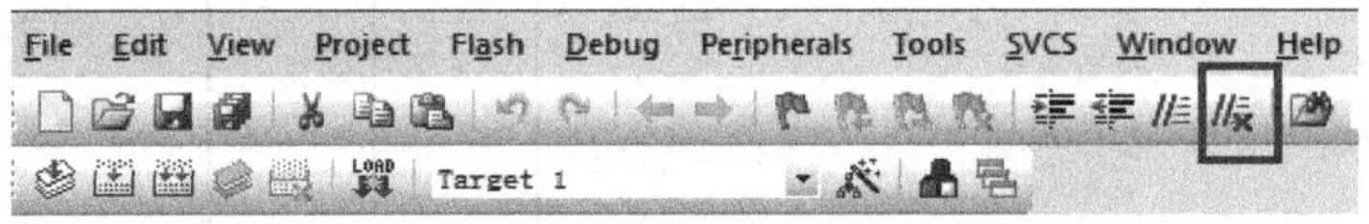

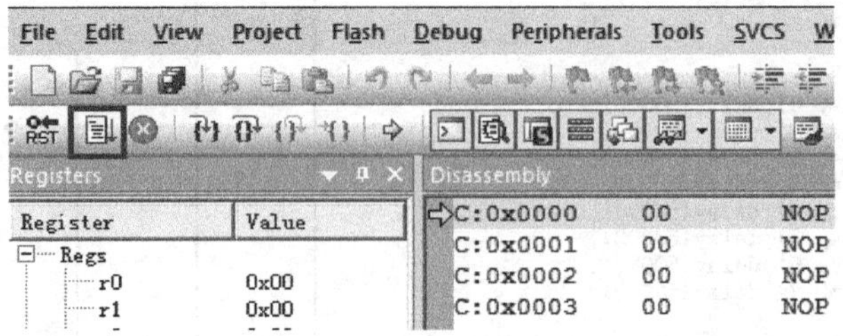

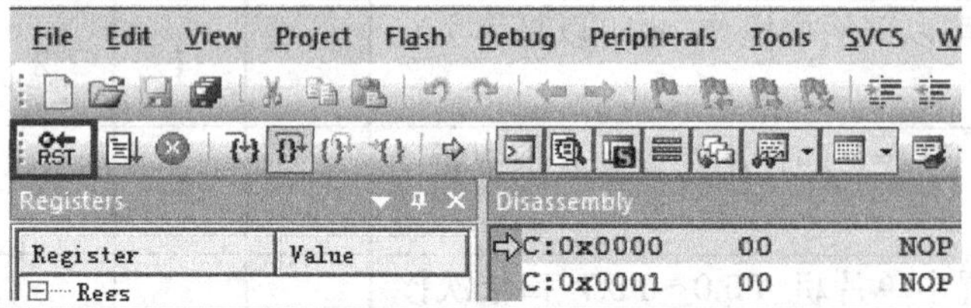

<table>
<tr><th rowspan="2">题号</th><th rowspan="2">试题</th><th rowspan="2">答案</th><th colspan="3">组卷代码</th></tr>
<tr><th>类别</th><th>难度</th><th>考点</th></tr>
<tr><td></td><td>delay(unsigned int t){ while(t--);}
void main(){
    while(1)
    {
        P0=0x7f;delay(50000);
        P0=0xbf;delay(50000);
        P0=0xdf;delay(50000);
        P0=0xef;delay(50000);
        P0=0xf7;delay(50000);
        P0=0xfb;delay(50000);
        ____
        P0=0xfe;delay(50000);
    }
}</td><td></td><td></td><td></td><td></td></tr>
<tr><td>51.</td><td>在 Proteus 仿真软件中，下图所示方框中的内容是添加编译产生的 HEX 文件。（　　）

</td><td></td><td>2</td><td>1</td><td>2111</td></tr>
<tr><td>52.</td><td>AT89S52 单片机定时/计数器 T2 有 4 种工作方式。（　　）</td><td></td><td>1</td><td>2</td><td>2111</td></tr>
<tr><td>53.</td><td>在 Keil 软件仿真界面中，下图所示方框中的按钮功能是取消注释。（　　）

</td><td></td><td>2</td><td>1</td><td>2111</td></tr>
<tr><td>54.</td><td>在 Keil 软件仿真界面中，下图所示方框中的按钮功能是仿真运行。（　　）

</td><td></td><td>2</td><td>1</td><td>2111</td></tr>
<tr><td>55.</td><td>若 P0 口接 8 个 LED 灯，编程实现全部 LED 灯慢闪 3 次、快闪 5 次，则下列程序中横线处①为 3，②为 5。（　　）
delay(unsigned int i){
    while(--i);
}
main(){
    unsigned char i;
    P0=0xff;
    while(1){
        for(i=_①_;i>0;i=i-1)
        {
            P0=~P0;
            delay(10000);   //短延时
        }
        for(i=_②_;i>0;i=i-1)
        {
            P0=~P0;
            delay(50000);   //长延时
        }
    }
}</td><td></td><td>2</td><td>3</td><td>2111</td></tr>
<tr><td>56.</td><td>编程实现全部 LED 灯闪烁，则下列程序中横线处应填写“i--”。（　　）
sbit D1=P1^0;
main(){
    unsigned int i;
    D1=0;
    while(1){
        i=50000;
        while(i>0)_____;
        D1 = !D1;
    }
}</td><td></td><td>2</td><td>2</td><td>2111</td></tr>
<tr><td>57.</td><td>在 Keil 软件仿真界面中，下图所示方框中的按钮功能是仿真复位。（　　）

</td><td></td><td>2</td><td>1</td><td>2111</td></tr>
<tr><td>58.</td><td>若要实现下列 LED 灯的亮与灭，则 C 语言程序为 P1=0x98。（　　）
<table><tr><td>P1 口</td><td>7</td><td>6</td><td>5</td><td>4</td><td>3</td><td>2</td><td>1</td><td>0</td></tr><tr><td>LED灯</td><td>D8</td><td>D7</td><td>D6</td><td>D5</td><td>D4</td><td>D3</td><td>D2</td><td>D1</td></tr><tr><td>亮/灭值</td><td>1</td><td>0</td><td>0</td><td>1</td><td>0</td><td>1</td><td>0</td><td>0</td></tr></table></td><td></td><td>1</td><td>2</td><td>2111</td></tr>
<tr><td>59.</td><td>若要实现下列 LED 灯中 D1、D3、D5 亮，其余灭，则 C 语言程序为 P1=0x57。（　　）
<table><tr><td>P1 口</td><td>7</td><td>6</td><td>5</td><td>4</td><td>3</td><td>2</td><td>1</td><td>0</td></tr><tr><td>LED灯</td><td>D1</td><td>D2</td><td>D3</td><td>D4</td><td>D5</td><td>D6</td><td>D7</td><td>D8</td></tr></table></td><td></td><td>1</td><td>2</td><td>2111</td></tr>
<tr><td>60.</td><td>若要实现下列 LED 灯中 D1、D2、D3 亮，其余灭，则 C 语言程序为 P1=0x1e。（　　）</td><td></td><td>1</td><td>2</td><td>2111</td></tr>
</table>

题号	试题	答案	类别	难度	考点
61.	P1口 | 7 | 6 | 5 | 4 | 3 | 2 | 1 | 0 LED灯 | D1 | D2 | D3 | D4 | D5 | D6 | D7 | D8 若 P1=0xf8，则下列 LED 灯中 D7、D8 亮，其余灭。（　　） P1口 | 7 | 6 | 5 | 4 | 3 | 2 | 1 | 0 LED灯 | D1 | D2 | D3 | D4 | D5 | D6 | D7 | D8		1	2	2111
62.	用#define 定义单片机端口，如"#define　D1　P1_1"。（　　）		2	1	2111
63.	51 单片机的数据指针寄存器（DPTR）是 16 位的，寻址范围为 32 KB。（　　）		1	3	2111
64.	MCS-51 单片机响应外部定时器 T1 的中断时，程序应转移到的地址是 001BH。（　　）		1	3	2111
65.	定时/计数器若工作在循环定时或循环计数场合，应选用方式 1。（　　）		1	2	2111
66.	用定时器 T1 方式 1 计数，要求每计满 10 次产生溢出标志，则 TH1 、 TL1 的 初 始 值 是 " TL1=(65536-65526)%256; TH1=(65536-65526)/256;"。（　　）		1	2	2111
67.	51 单片机定时器溢出标志是 TF0 和 TF1。（　　）		1	2	2111
68.	对于 51 单片机定时器 T1 的溢出标志 TF1，计满数产生溢出时，如不用中断方式而用查询方式，则应由软件清零。（　　）		1	2	2111
69.	51 单片机 P0 口用作输出口时，必须接上拉电阻。（　　）		2	1	2111
70.	中断实质上是一种数据共享技术。（　　）		1	3	2111
71.	汇编语言中，启动 T1 运行的指令是 SETB　ET0。（　　）		1	2	2111
72.	在定时器操作中，选择其工作方式的寄存器是 TMOD。（　　）		1	2	2111
73.	定时器 1 工作在计数方式时，其外加的计数脉冲信号应连接到 P3.5 引脚。（　　）		2	1	2111
74.	定时器 0 工作在计数方式时，其外加的计数脉冲信号应连接到 P3.2 引脚。（　　）		2	2	2111
75.	在 C 语言编程中，dat=XBYTE[0xfe55]是将 0xfe55 处的数据读到变量 dat 中。（　　）		1	3	2111
76.	52 单片机中寄存器 PCON 的作用是节电控制与波特率加倍控制。（　　）		1	3	2111
77.	AT89S52 单片机串口通信中，SBUF=dat 是发送数据。（　　）		1	2	2111
78.	AT89S52 单片机串口通信中，RXD 是发送数据，TXD 是接收数据。（　　）		1	2	2111
79.	AT89S52 单片机的一个机器周期包含 12 个时钟振荡周期。（　　）		1	2	2111

题号	试题	答案	类别	难度	考点
80.	51 单片机时钟电路由 12MHz 晶振和两个 30pF 电容组成。（　　）		2	1	2111
81.	C 语言程序有两种注释方式，一是"/*注释*/"，二是"//注释"。（　　）		2	1	2111
82.	8051 单片机共有 5 个中断源。（　　）		1	2	2111
83.	MCS-51 单片机的字长是 16 位。（　　）		1	2	2111
84.	MCS-51 单片机的位寻址区位于内部 RAM 的 20H～2FH 单元。（　　）		1	3	2111
85.	有一个共阳极数码管，其中 a 笔段为字形代码的最低位，若要显示数字 6，它的十六进制字形代码应为 0x82。（　　）		2	2	2111
86.	数码管按内部结构分为共阴极和共阳极。（　　）		2	1	2111
87.	二进制数 10010101 的 8421BCD 码为 0x93。（　　）		1	2	2111
88.	可以将多个 DS18B20 连在单片机的同一个 I/O 口上。（　　）		1	2	2111
89.	单片机内部有两个物理上独立的接收、发送缓冲器 SBUF，占用同一地址 99H。（　　）		1	3	2111
90.	发光二极管的正向导通电压通常为 1.5V 左右。（　　）		2	1	2（5）2111
91.	CPU 同一时间可以响应两个中断请求，若同时来了两个以上中断请求，就必须有先有后。（　　）		1	2	2111
92.	DPTR 是由 DPH 和 DPL 两个 8 位特殊寄存器组成的。（　　）		1	3	2111
93.	十进制转换成二进制的方法是除 2 取余数倒计法。（　　）		1	2	2111
94.	$(12)_{10}$＝$(1010)_2$。（　　）		1	1	2111
95.	AT89S52 单片机外部中断 INT1 的中断编号为 3。（　　）		1	3	2111
96.	51 单片机 I/O 口的输出电流大于输入电流。（　　）		1	2	2111
97.	如下图所示，Keil 软件编译程序后，方框中的内容表示程序存储器占用 449 字节。（ 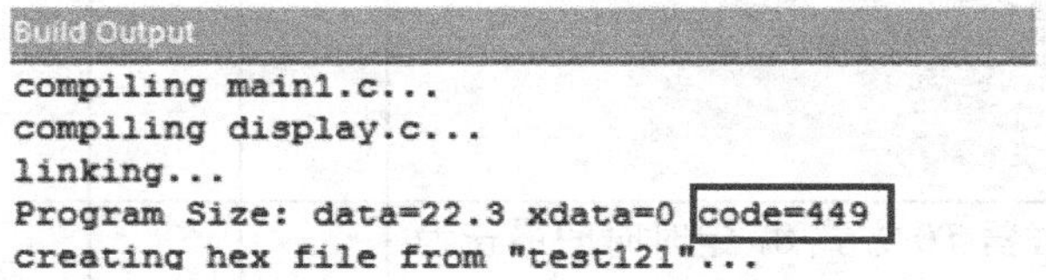　　） ``` Build Output compiling main1.c... compiling display.c... linking... Program Size: data=22.3 xdata=0 code=449 creating hex file from "test121"... ```		2	2	2111
98.	如下图所示，Keil 软件编译程序后，方框中的内容表示数据存储器占用 22.3 字节。（　　）		2	2	2111

题号	试题	答案	组卷代码 类别	组卷代码 难度	组卷代码 考点
| | ```
Build Output
compiling main1.c...
compiling display.c...
linking...
Program Size: data=22.3 xdata=0 code=449
creating hex file from "test121"...
``` | | | | |
99.	C 语言编程中，文件扩展名为 ".asm"。（　　）		2	1	2111
100.	用 Keil 软件编写程序，通过编译产生的文件扩展名为 ".hex"。（　　）		2	1	2111
101.	51 串行口工作在方式 0 时，串行数据从 RXD 引脚输入或输出。（　　）		1	2	2111
102.	在 C 语言中，十六进制数 0x100 等于十进制数 255。（　　）		1	1	2111
103.	unsigned char a[2][3]={0,1,2,3,4,5,} 等价于 unsigned char a[2][3]={{ 0,1,2},3,4,5}。（　　）		1	1	2111
104.	C 语言有顺序、选择、循环三种基本结构。（　　）		1	1	2111
105.	"～" 为单目运算符，具有右结合性。其功能是对参与运算的数的各二进位按位求反。（　　）		1	2	2111
106.	C 语言中，以 "#" 开头的均为预处理命令。（　　）		1	2	2111
107.	变量的指针就是变量的地址。存放变量地址的变量是指针变量。（　　）		1	3	2111
108.	n=0xfe，执行 m=(n>>2)|(n<<6)，结果为 m=0xcf。（　　）		1	3	2111
109.	执行程序 k=_crol(0xf7,2)，结果为 k=0xdf。（　　）		1	3	2111
110.	如下图所示，YL-236 单片机实训考核装置中蜂鸣器控制输入接低电平，蜂鸣器发出声音。（　　） 蜂鸣器控制输入		2	3	2111
111.	使用 AT89S52 单片机定时/计数器 T0 方式 0，定时时间最长为 8192μs。（　　）		1	2	2111
112.	MCS-51 系列中单片机 8051 和 8031 的区别是 8031 的片内无 ROM。（　　）		1	2	2111

2.2 选择题

题号	试题	答案	组卷代码 类别	组卷代码 难度	组卷代码 考点
1.	在下图中，单片机输出（　　）可以点亮发光二极管。 +5V AT89S52　R1 P0.0　LED A. 高电平　　B. 低电平　　C. 5V　　D. 12V		2	1	2112
2.	利用钮子开关控制 LED 灯的亮与灭，开关闭合时 LED 灯亮，断开时 LED 灯熄灭，正确的 C 语言程序为（　　）。 A. ```
sbit SW=P3^5;
sbit LED=P3^2;
//主函数
main()
{
while(1)
{
LED=SW;
}
}
``` B. ```
sbit SW=P3^5;
sbit LED=P3^2;
//主函数
main()
{
while(1)
{
if(SW=1)LED=0;
else LED=1;
}
}
``` C. ```
sbit SW=P3^5;
sbit LED=P3^2;
//主函数
main()
{
while(1)
{
if(SW=0)LED=0;
else LED=1;
}
}
``` D. ```
sbit SW=P3^5;
sbit LED=P3^2;
//主函数
main()
{
while(1)
{
if(SW=1)LED=0;
else LED=1;
}
}
``		2	2	2112
| 3. | 电路实物如下图所示，发光二极管 LED0～LED7 对应接单片机 P0.0～P0.7 口，下列程序实现的功能是（　　）。<br>```
main(){
    P1=0x02;
    while(1);
}
```<br>A. LED1 灭，其余灯亮<br>B. LED0 灭，其余灯亮 | | 2 | 2 | 2112 |

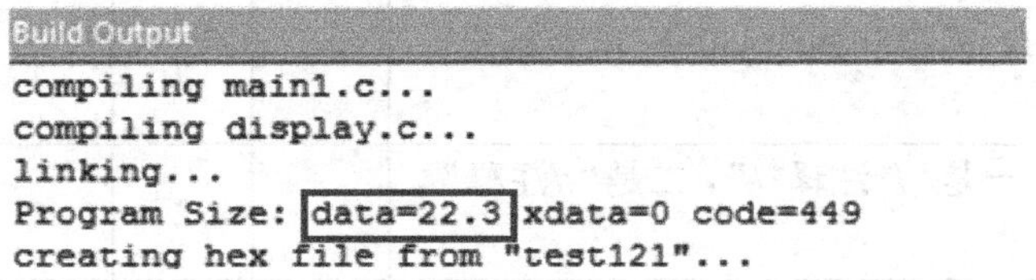

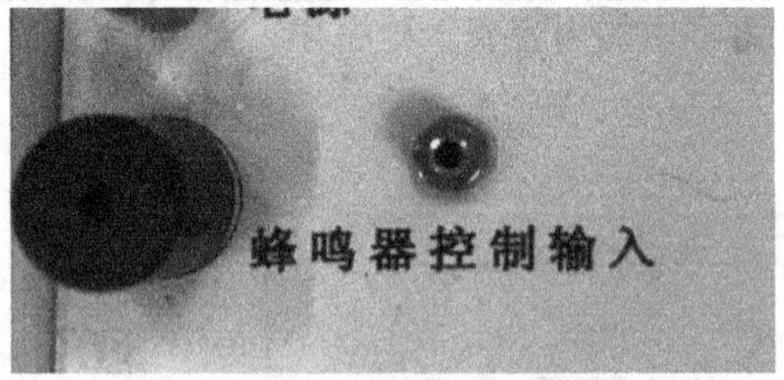

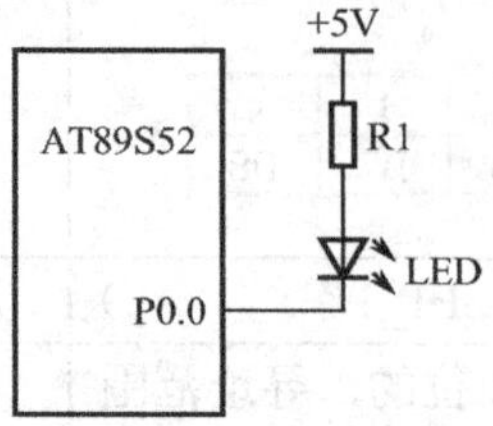

题号	试题	答案	类别	难度	考点
	C. LED0、LED1 灭，其余灯亮 D. LED0、LED1 亮，其余灯灭				

4.	电路实物如下图所示，发光二极管 LED0～LED7 对应接单片机 P0.0～P0.7 口，下列程序实现的功能是（ 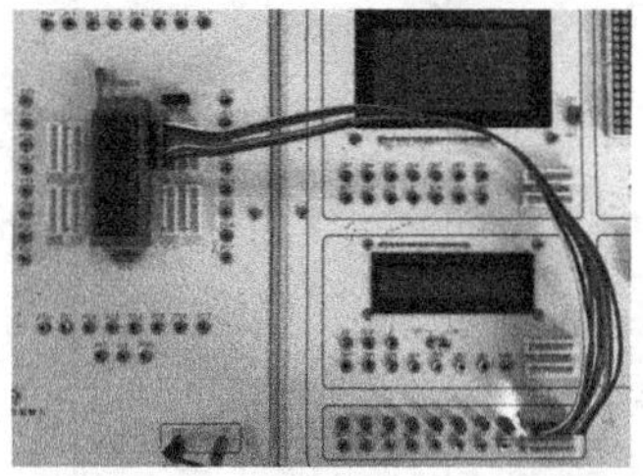　　）。
	
	`main(){`
	`  P1=0xf0;`
	`  while(1);`
	`}`
	
	A. LED0～LED3 灭，其余灯亮
	B. LED1～LED3 亮，其余灯灭
	C. LED0～LED3 亮，其余灯灭
	D. LED1～LED3 灭，其余灯亮
			2	2	2112

5.	电路实物如下图所示，发光二极管 LED7～LED0 对应接单片机 P0.0～P0.7 口，下列程序实现的功能是（ 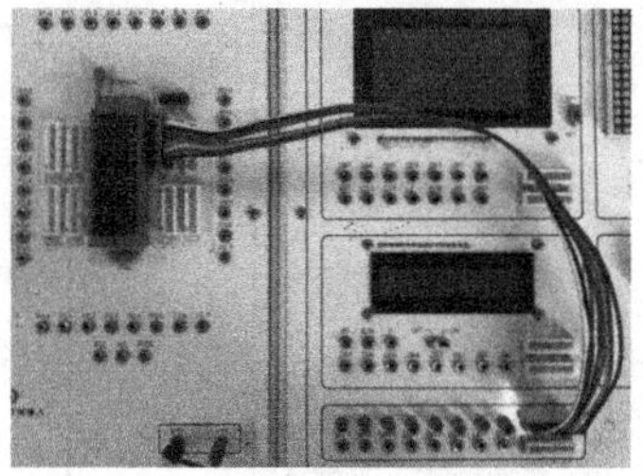　　）。
	
	`main(){`
	`  P1=0x18;`
	`  while(1);`
	`}`
	
	A. LED0、LED1 灭，其余灯亮
	B. LED0、LED1 亮，其余灯灭
	C. LED3、LED4 亮，其余灯灭
	D. LED3、LED4 灭，其余灯亮
			2	2	2112

6.	光电耦合器输入侧等效的基本电子元件是（　　）。 A. 二极管　　B. 三极管　　C. 可控硅　D. 电阻		2	1	2112
7.	下列单片机引脚定义语法错误的是（　　）。 A. sbit D1=P1^0; B. #define D1 P1^1 C. bit D1=P1^1; D. sbit D1=P1^1;		2	1	2112
8.	电路如下图所示，若要实现相应 LED 灯的亮与灭，C 语言程序为（　　）。		2	2	2112

题号	试题	答案	类别	难度	考点
	<table><tr><td>P1 口</td><td>7</td><td>6</td><td>5</td><td>4</td><td>3</td><td>2</td><td>1</td><td>0</td></tr><tr><td>LED灯</td><td>D8</td><td>D7</td><td>D6</td><td>D5</td><td>D4</td><td>D3</td><td>D2</td><td>D1</td></tr><tr><td>亮/灭值</td><td>1</td><td>0</td><td>1</td><td>0</td><td>1</td><td>0</td><td>1</td><td>0</td></tr></table> A. P1=0x55　　　B. P1=0xaa C. P1=0xbb　　　D. P1=0xdd				
9.	电路如下图所示，若要实现相应 LED 灯的亮与灭，C 语言程序为（　　）。 <table><tr><td>P1 口</td><td>7</td><td>6</td><td>5</td><td>4</td><td>3</td><td>2</td><td>1</td><td>0</td></tr><tr><td>LED灯</td><td>D8</td><td>D7</td><td>D6</td><td>D5</td><td>D4</td><td>D3</td><td>D2</td><td>D1</td></tr><tr><td>亮/灭值</td><td>1</td><td>0</td><td>0</td><td>1</td><td>0</td><td>1</td><td>1</td><td>0</td></tr></table> A. P1=0x55　　　B. P1=0x9a C. P1=0x9b　　　D. P1=0x96		2	2	2112
10.	下图为 Keil 软件仿真调试单片机引脚观察窗口，窗口中引脚为低电平的是（　　）。		2	2	2112

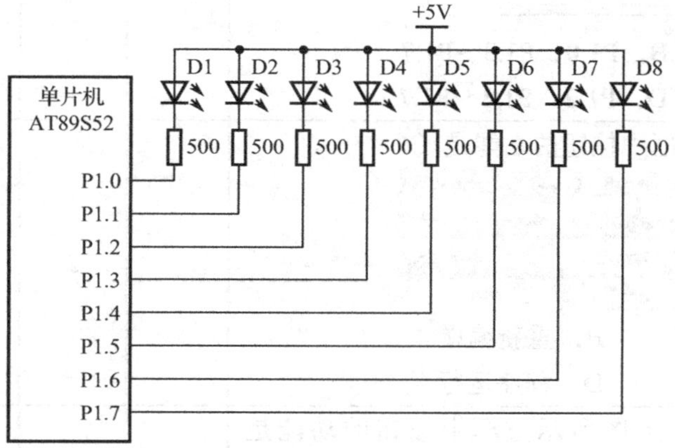

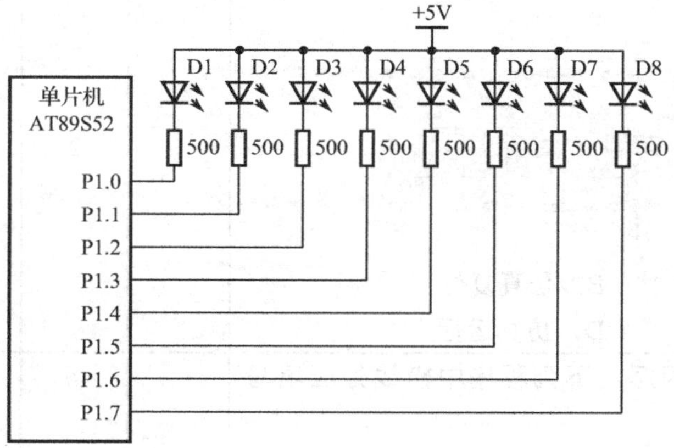

题号	试题	答案	组卷代码		
			类别	难度	考点
	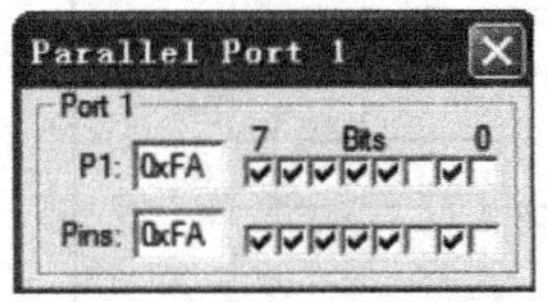 A. P1.0、P1.2　　　　　B. P1.0、P1.3～P1.7 C. P1.1、P1.3～P1.7　　D. P1.2、P1.3～P1.7				
11.	在 Keil 软件中，下图所示方框中按钮的功能是（ 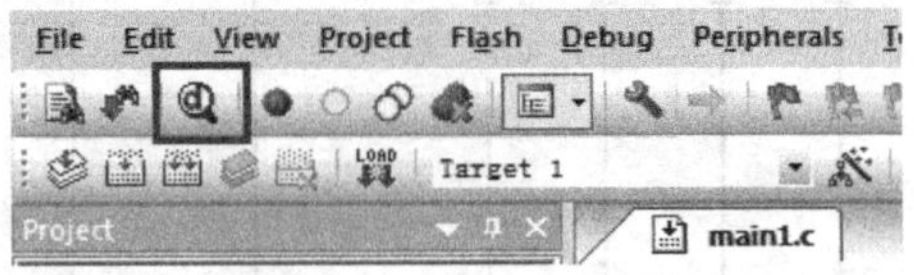　）。 A. 程序编译　　　　　B. 重新编译 C. 软件仿真　　　　　D. 程序运行		2	1	2112
12.	在 Keil 软件仿真界面中，下图所示方框中按钮的功能是（ 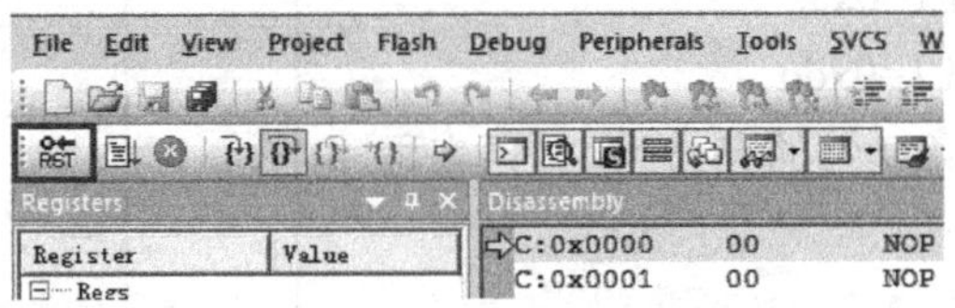　）。 A. 程序编译　　　　　B. 仿真复位 C. 软件仿真　　　　　D. 程序运行		2	1	2112
13.	在 Keil 软件仿真界面中，下图所示方框中按钮的功能是（ 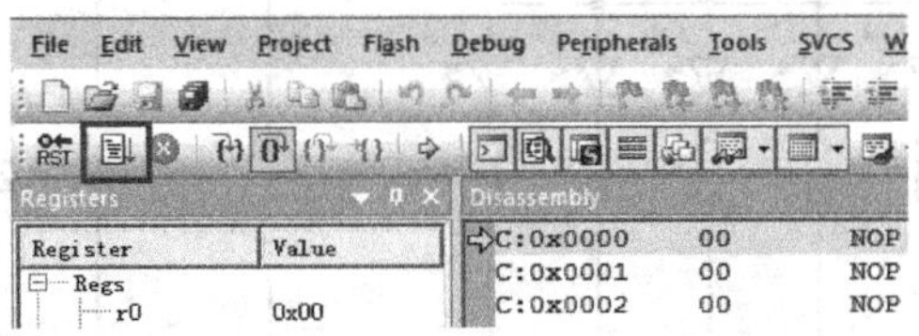　）。 A. 程序编译　　　　　B. 仿真复位 C. 软件仿真　　　　　D. 仿真运行		2	1	2112

14.	C 语言编程实现 LED 灯闪烁，下列程序中横线处应填写（　）。
	
	`sbit LED=P2^0;//LED灯`
	`delay(_____ i){while(i--);}`
	`main(){`
	`    while(1){`
	`        LED=0;`
	`        delay(50000);`
	`        LED=1;`
	`        delay(50000);`
	`    }`
	`}`
	
	A. unsigned int　　　　　B. unsigned char
			2	1	2112

	C. float　　　　　　　　D. char				

15.	C 语言编程实现 LED 灯闪烁，下列程序中横线处应填写（　）。
	
	`sbit D1=P1^0;`
	`main(){`
	`    unsigned int i;`
	`    D1=0;`
	`    while(1){`
	`        i=0;`
	`        while(i<30000)_____;`
	`        D1 = !D1;`
	`    }`
	`}`
	
	A. i--　　　B. i++　　　C. --i　　　D. i=i-1
			2	2	2112

16.	P0 口接 8 个 LED 灯，编程实现全部 LED 灯慢闪 5 次、快闪 10 次，下列程序中横线处应填写（　）。
	
	`delay(unsigned int i){`
	`    while(--i);`
	`}`
	`main(){`
	`    unsigned char i;`
	`    P0=0xff;`
	`    while(1){`
	`        for(i=①;i>0;i=i-1)`
	`        {`
	`            P0=~P0;`
	`            delay(10000);  //短延时`
	`        }`
	`        for(i=②;i>0;i=i-1)`
	`        {`
	`            P0=~P0;`
	`            delay(50000);  //长延时`
	`        }`
	`    }`
	`}`
	
	A. ①5、②10　　　　　B. ①10、②20
	C. ①10、②5　　　　　D. ①20、②10
			2	3	2112

17.	在 Keil 软件仿真界面中，下图所示方框中按钮的功能是（ 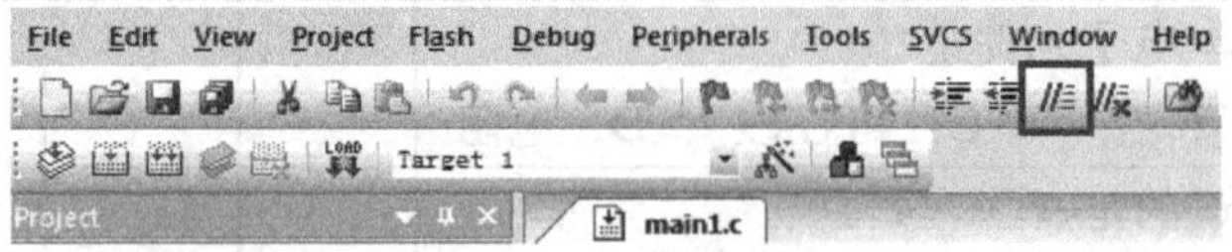　）。 A. 程序缩进　　　　　B. 仿真运行 C. 程序注释　　　　　D. 取消注释		2	1	2112
18.	编程控制 LED 灯的亮度，可以通过改变（　）来实现。 A. 频率　　B. 占空比　　C. 时间　　D. 周期		1	3	2112
19.	电路如下图所示，利用定时/计数器编程实现 LED 灯闪烁，下列程序中 LED 灯闪烁频率为（　）。		2	3	2112

<table>
<tr><th rowspan="2">题号</th><th rowspan="2">试题</th><th rowspan="2">答案</th><th colspan="3">组卷代码</th></tr>
<tr><th>类别</th><th>难度</th><th>考点</th></tr>
<tr><td></td><td>

<pre>sbit D1=P1^0;
unsigned char t;
main()
{
    TL0=(65536-50000)%256;
    TH0=(65536-50000)/256;
    TMOD=0x01;
    EA=ET0=TR0=1;
    while(1);
}
time0()interrupt 1
{
    TL0=(65536-50000)%256;
    TH0=(65536-50000)/256;
    t++;
    if(t==20)
    {
        t=0;D1=!D1;
    }
}</pre>
A．1Hz　B．2Hz　C．0.5Hz　D．2s</td><td></td><td></td><td></td><td></td></tr>
<tr><td>20.</td><td>电路如下图所示，利用定时/计数器编程实现 LED 灯闪烁，下列程序中每隔（　　）中断一次。
<pre>sbit D1=P1^0;
unsigned char t;
main()
{
    TL0=(65536-50000)%256;
    TH0=(65536-50000)/256;
    TMOD=0x01;
    EA=ET0=TR0=1;
    while(1);
}
time0()interrupt 1
{
    TL0=(65536-50000)%256;
    TH0=(65536-50000)/256;
    t++;
    if(t==20)
    {
        t=0;D1=!D1;
    }
}</pre>
A．5ms　B．50ms　C．5μs　D．50μs</td><td></td><td>2</td><td>3</td><td>2112</td></tr>
<tr><td>21.</td><td>电路如下图所示，利用定时/计数器编程实现 LED 灯闪烁，程序中 TMOD=0x01 的含义是（　　）。
<pre>sbit D1=P1^0;
unsigned char t;
main()
{
    TL0=(65536-50000)%256;
    TH0=(65536-50000)/256;
    TMOD=0x01;
    EA=ET0=TR0=1;
    while(1);
}
time0()interrupt 1
{
    TL0=(65536-50000)%256;
    TH0=(65536-50000)/256;
    t++;
    if(t==20)
    {
        t=0;D1=!D1;
    }
}</pre>
A．选择定时/计数器 T1 的 16 位计数方式
B．选择定时/计数器 T0 的 16 位计数方式
C．选择定时/计数器 T0 的 13 位计数方式
D．选择定时/计数器 T1 的 13 位计数方式</td><td></td><td>2</td><td>3</td><td>2112</td></tr>
<tr><td>22.</td><td>电路如下图所示，利用定时/计数器编程实现 LED 灯闪烁，程序中 EA=1 的含义是（　　）。
<pre>sbit D1=P1^0;
unsigned char t;
main()
{
    TL0=(65536-50000)%256;
    TH0=(65536-50000)/256;
    TMOD=0x01;
    EA=ET0=TR0=1;
    while(1);
}
time0()interrupt 1
{
    TL0=(65536-50000)%256;
    TH0=(65536-50000)/256;
    t++;
    if(t==20)
    {
        t=0;D1=!D1;
    }
}</pre>
A．开启 T1 中断　B．开启 T0 中断
C．开启总中断　D．开启 T2 中断</td><td></td><td>2</td><td>2</td><td>2112</td></tr>
<tr><td>23.</td><td>电路如下图所示，利用定时/计数器编程实现 LED 灯闪烁频率为 1Hz，C 语言控制程序中横线处应填写（　　）。
<pre>sbit D1=P1^0;
unsigned char t;
main()
{
    TL0=(65536-50000)%256;
    TH0=(65536-50000)/256;
    TMOD=0x01;
    EA=ET0=1;
    while(1);
}
time0()interrupt 1
{
    TL0=(65536-50000)%256;
    TH0=(65536-50000)/256;
    t++;
    if(_____)
    {
        t=0;D1=!D1;
    }
}</pre>
A．t==10　B．t==50　C．t==5　D．t==2</td><td></td><td>2</td><td>3</td><td>2112</td></tr>
<tr><td>24.</td><td>定时/计数器 T1 自动重装初值的 8 位计数器是（　　）。
A．方式 0　B．方式 1　C．方式 2　D．方式 3</td><td></td><td>1</td><td>2</td><td>2112</td></tr>
<tr><td>25.</td><td>若采用定时/计数器 T0 方式 1，须设置寄存器（　　）。
A．TCON　B．TMOD　C．SCON　D．PCON</td><td></td><td>1</td><td>2</td><td>2112</td></tr>
<tr><td>26.</td><td>在 Proteus 仿真软件中，下图所示方框中的内容表示（　　）。</td><td></td><td>2</td><td>1</td><td>2112</td></tr>
</table>

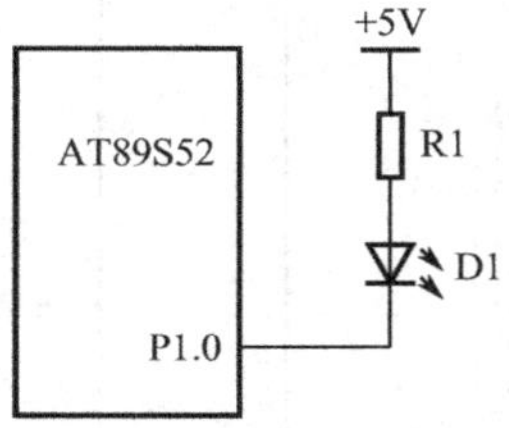

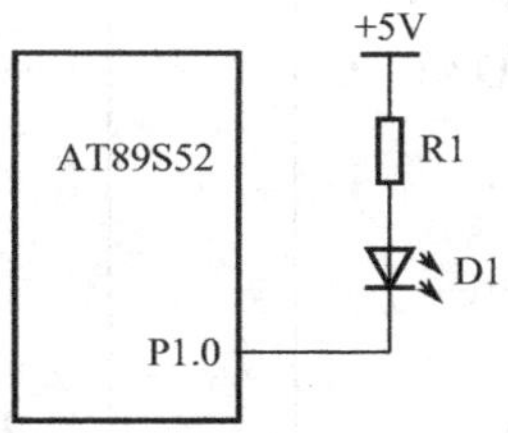

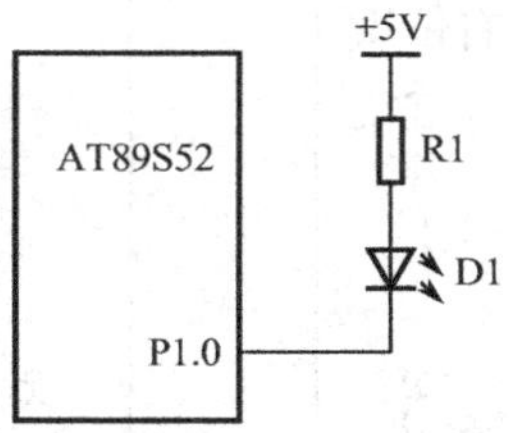

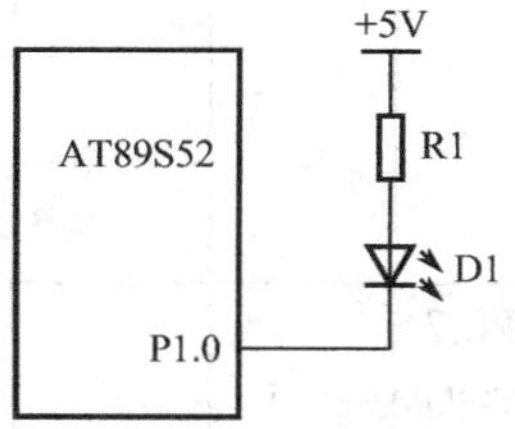

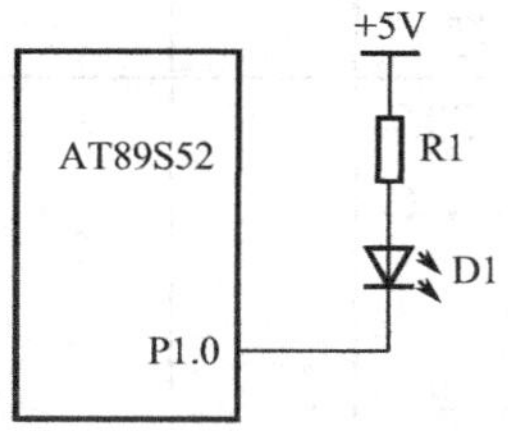

题号	试题	答案	组卷代码		
			类别	难度	考点
	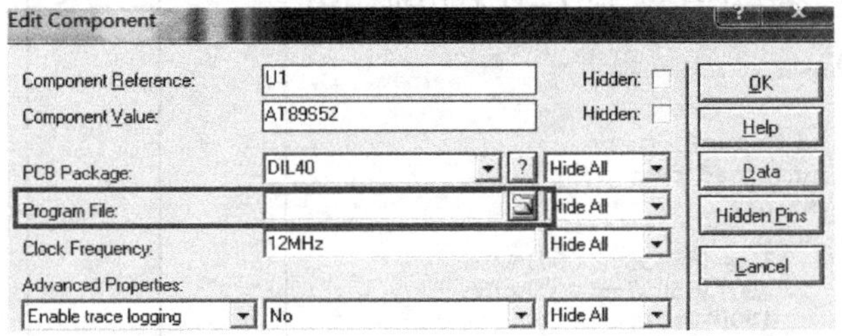 A. 打开 C 文件　　　　B. 打开 ASM 文件 C. 打开 TXT 文件　　　D. 打开 HEX 文件				
27.	如下图所示,YL-236 单片机实训考核装置中单片机 P0.0～P0.7 口依次接 LED0～LED7,下列 C 语言控制程序实现的功能为（ 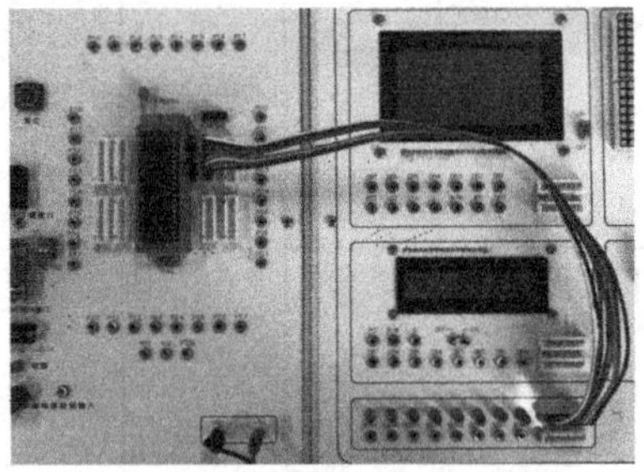　）。 ```c\ndelay(unsigned int t){ while(t--);}\nvoid main(){\n while(1)\n {\n P0=0xfe;delay(50000);\n P0=0xfd;delay(50000);\n P0=0xfb;delay(50000);\n P0=0xf7;delay(50000);\n P0=0xef;delay(50000);\n P0=0xdf;delay(50000);\n P0=0xbf;delay(50000);\n P0=0x7f;delay(50000);\n }\n}\n``` A. 从右至左流水灯　　　　B. 从左至右流水灯 C. 依次点亮 3 个 LED 灯　　D. 依次点亮 2 个 LED 灯		2	3	2112
28.	如下图所示,YL-236 单片机实训考核装置中单片机 P0.0～P0.7 口依次接 LED0～LED7,要实现从左至右依次点亮 LED 灯,C 语言控制程序中横线处应填写（ 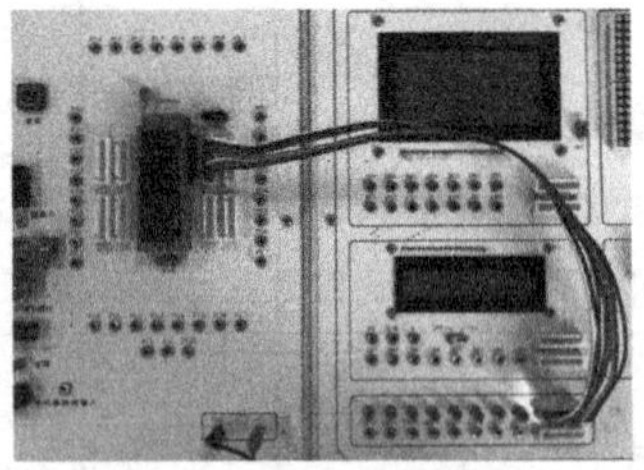　）。 ```c\ndelay(unsigned int t){ while(t--);}\nvoid main(){\n while(1)\n {\n P0=0xfe;delay(50000);\n P0=0xfd;delay(50000);\n P0=0xfb;delay(50000);\n P0=0xf7;delay(50000);\n P0=___;delay(50000);\n P0=0xdf;delay(50000);\n P0=0xbf;delay(50000);\n P0=0x7f;delay(50000);\n }\n}\n``` A. 0xbf　　B. 0xef　　　C. 0xf8　　　D. 0xf4		2	2	2112
29.	如下图所示,YL-236 单片机实训考核装置中单片机 P0.0～P0.7 口依次接 LED0～LED7,下列 C 语言控制程序实现的功能为（　）。		2	2	2112
题号	试题	答案	组卷代码		
			类别	难度	考点
	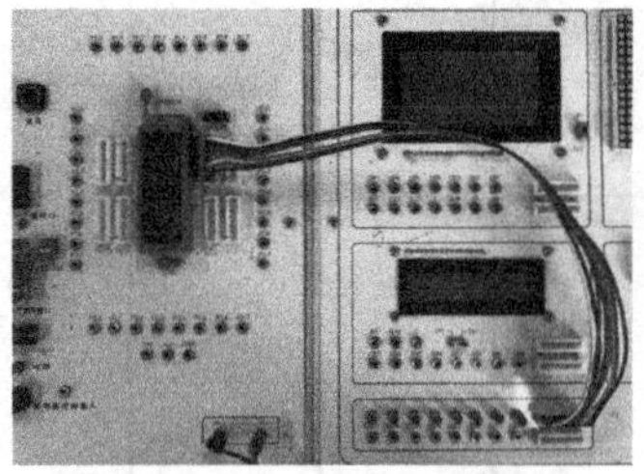 ```c\ndelay(unsigned int t){ while(t--);}\nvoid main(){\n while(1)\n {\n P0=0x7f;delay(50000);\n P0=0xbf;delay(50000);\n P0=0xdf;delay(50000);\n P0=0xef;delay(50000);\n P0=0xf7;delay(50000);\n P0=0xfb;delay(50000);\n P0=0xfd;delay(50000);\n P0=0xfe;delay(50000);\n }\n}\n``` A. 从右至左流水灯 B. 从左至右流水灯 C. 依次点亮 3 个 LED 灯 D. 依次点亮 2 个 LED 灯				
30.	如下图所示,YL-236 单片机实训考核装置中单片机 P0.0～P0.7 口依次接 LED0～LED7,要实现从左至右依次点亮 LED 灯,C 语言控制程序中横线处应填写（ 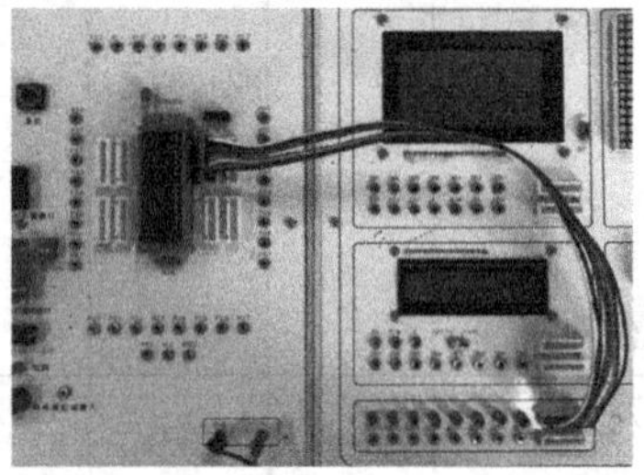　）。 ```c\ndelay(unsigned int t){ while(t--);}\nvoid main(){\n while(1)\n {\n P0=0x7f;delay(50000);\n P0=___;delay(50000);\n P0=0xdf;delay(50000);\n P0=0xef;delay(50000);\n P0=0xf7;delay(50000);\n P0=0xfb;delay(50000);\n P0=0xfd;delay(50000);\n P0=0xfe;delay(50000);\n }\n}\n``` A. 0xbf　　B. 0xf9　　C. 0xf8　　D. 0xfc		2	2	2112
31.	如下图所示,YL-236 单片机实训考核装置中单片机 P0.0～P0.7 口依次接 LED0～LED7,利用循环移位指令实现从左至右依次点亮 LED 灯,C 语言控制程序中横线处 m 的初值为（ 　）。 ```c\nunsigned char m=___;\ndelay(unsigned int t){ while(t--);}\nvoid main(){\n while(1)\n {\n P0=_cror_(m, 0);delay(50000);\n P0=_cror_(m, 1);delay(50000);\n P0=_cror_(m, 2);delay(50000);\n P0=_cror_(m, 3);delay(50000);\n P0=_cror_(m, 4);delay(50000);\n P0=_cror_(m, 5);delay(50000);\n P0=_cror_(m, 6);delay(50000);\n P0=_cror_(m, 7);delay(50000);\n }\n}\n``` A. 0x5f　　B. 0x3f　　C. 0x7f　　D. 0xcf		2	3	2112
32.	如下图所示,YL-236 单片机实训考核装置中单片机 P0.0～P0.7		2	3	2112

题号	试题	答案	类别	难度	考点
	口依次接 LED0~LED7，利用循环移位指令实现从右至左依次点亮 LED 灯，C 语言控制程序中横线处应填写（　　）。 ```\nunsigned char m= 0xfe ;\ndelay(unsigned int t){ while(t--);}\nvoid main(){\n while(1)\n {\n for(i=0; ____;i++)\n {\n P0=_crol_(m, i);delay(50000);\n }\n }\n}\n``` A．i<8　　B．i<7　　C．i<=8　　D．i<=7				
33.	如下图所示，YL-236 单片机实训考核装置中单片机 P0.0~P0.7 口依次接 LED0~LED7，利用移位指令实现从左至右依次点亮 LED 灯，C 语言控制程序中横线处应填写（　　）。 ```\nunsigned char n= 0xef ;\ndelay(unsigned int t){ while(t--);}\nvoid main(){\n while(1)\n {\n LED=(n>>0)|(n<<8);delay(50000);\n LED=(n>>1)|(n<<7);delay(50000);\n LED=(n>>2)|(n<<6);delay(50000);\n LED=(n>>3)|(n<<5);delay(50000);\n LED=(n>>4)|(n<<4);delay(50000);\n LED=(n>>5)|(n<<3);delay(50000);\n LED=(n>>6)|(n<<2);delay(50000);\n LED= ____;delay(50000);\n }\n}\n``` A．(n>>6)|(n<<1)　　　　B．(n>>1)|(n<<6) C．(n>>7)|(n<<1)　　　　D．(n>>1)|(n<<8)		2	3	2112
34.	循环移位指令_cror_( )包含的头文件为（　　）。 A．string.h　　　　　B．intrins.h C．reg51.h　　　　　D．absacc.h		1	2	2112
35.	电路如下图所示，编程实现从左至右依次点亮 LED 灯，正确的 C 语言控制程序是（　　）。 		2	3	2112

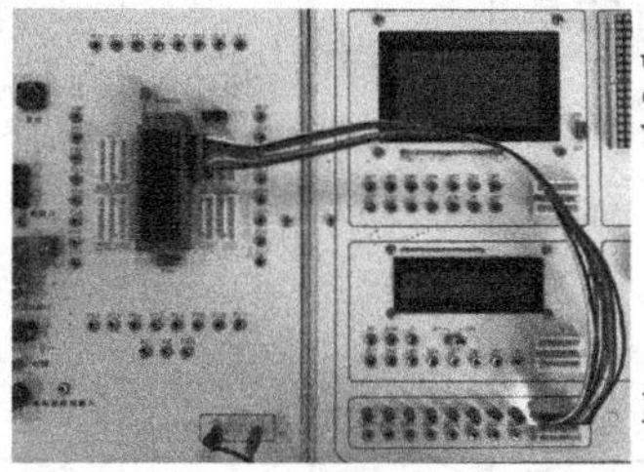

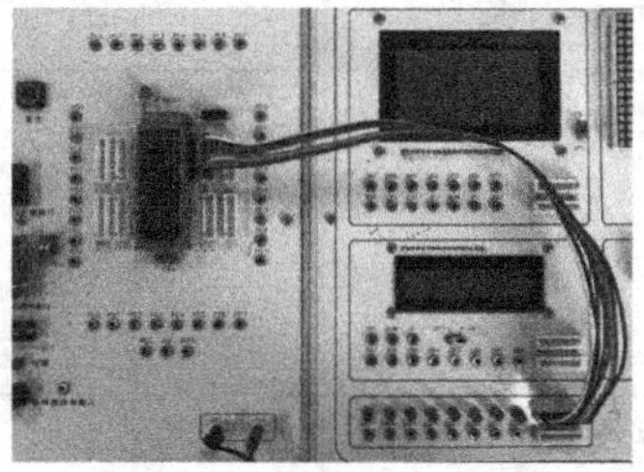

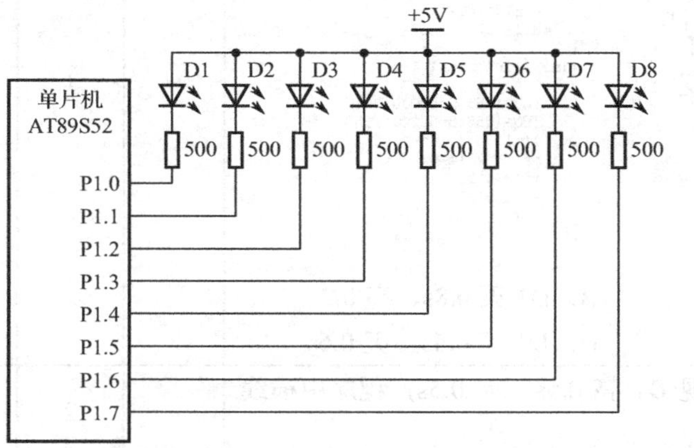

题号	试题	答案	类别	难度	考点

	A．
	```\ndelay(unsigned int t){ while(t--);}\nvoid main(){\n unsigned char n=0xef,i=0;\n while(1)\n {\n P0=(n>>i)|(n<<8-i);\n delay(50000);\n i=(i+1)%8;\n }\n}\n```
	B．
	```\ndelay(unsigned int t){ while(t--);}\nvoid main(){\n unsigned char n=0xef,i=0;\n while(1)\n {\n P1=(n>>i)|(n<<8-i);\n delay(50000);\n i=(i+1)%9;\n }\n}\n```
	C．
	```\ndelay(unsigned int t){ while(t--);}\nvoid main(){\n unsigned char n=0xef,i=0;\n while(1)\n {\n P1=(n>>i)|(n<<8);\n delay(50000);\n i=(i+1)%8;\n }\n}\n```
	D．
	```\ndelay(unsigned int t){ while(t--);}\nvoid main(){\n unsigned char n=0xef,i=0;\n while(1)\n {\n P1=(n>>i)|(n<<8-i);\n delay(50000);\n i=(i+1)/8;\n }\n}\n```				

36.	YL-236 单片机实训考核装置中单片机 P0.0~P0.7 口依次接 LED0~LED7，利用移位指令实现从右至左依次点亮 LED 灯，正确的 C 语言控制程序是（　　）。
	
	A．
	```\nunsigned char m= 0xfe ;\ndelay(unsigned int t)\n{ while(t--);}\nvoid main(){\n while(1)\n {\n for(i=1;i<8;i++)\n {\n P0=_crol_(m, i);\n delay(50000);\n }\n }\n}\n```
	B．
	```\nunsigned char m= 0xfe ;\ndelay(unsigned int t)\n{ while(t--);}\nvoid main(){\n while(1)\n {\n for(i=0;i<8;i++)\n {\n P0=_crol_(m, i);\n delay(50000);\n }\n }\n}\n```
	C．
	```\nunsigned char m= 0xfe ;\ndelay(unsigned int t)\n{ while(t--);}\nvoid main(){\n while(1)\n {\n for(i=0;i<=8;i++)\n {\n P0=_crol_(m, i);\n delay(50000);\n }\n }\n}\n```
	D．
	```\nunsigned char m= 0xfe ;\ndelay(unsigned int t)\n{ while(t--);}\nvoid main(){\n while(1)\n {\n for(i=0;i<8;i++)\n {\n P0=_cror_(m, i);\n delay(50000);\n }\n }\n}\n```
			2	2	2112

37.	下图为定时器方式控制寄存器，若采用 T1 方式 0 计数方式，则 TMOD 设置为（　　）。 <table><tr><td>TMOD</td><td>7</td><td>6</td><td>5</td><td>4</td><td>3</td><td>2</td><td>1</td><td>0</td></tr><tr><td></td><td>GATE</td><td>C/T̄</td><td>M1</td><td>M0</td><td>GATE</td><td>C/T̄</td><td>M1</td><td>M0</td></tr></table> A．TMOD=0x11　　　　B．TMOD=0x12 C．TMOD=0x10　　　　D．TMOD=0x00		1	2	2112
38.	下图为定时器方式控制寄存器，若采用 T1 方式 2 计数方式，则 TMOD 设置为（　　）。 <table><tr><td>TMOD</td><td>7</td><td>6</td><td>5</td><td>4</td><td>3</td><td>2</td><td>1</td><td>0</td></tr><tr><td></td><td>GATE</td><td>C/T̄</td><td>M1</td><td>M0</td><td>GATE</td><td>C/T̄</td><td>M1</td><td>M0</td></tr></table> A．TMOD=0x01　　　　B．TMOD=0x02		1	2	2112

<table>
<tr><th rowspan="2">题号</th><th rowspan="2">试题</th><th rowspan="2">答案</th><th colspan="3">组卷代码</th></tr>
<tr><th>类别</th><th>难度</th><th>考点</th></tr>
<tr><td></td><td>C. TMOD=0x20　　D. TMOD=0x10</td><td></td><td></td><td></td><td></td></tr>
<tr><td>39.</td><td>下图为定时器方式控制寄存器，若采用 T0 方式 1 计数方式，则 TMOD 设置为（　　）。
<table><tr><td rowspan="2">TMOD</td><td>7</td><td>6</td><td>5</td><td>4</td><td>3</td><td>2</td><td>1</td><td>0</td></tr><tr><td>GATE</td><td>C/$\overline{T}$</td><td>M1</td><td>M0</td><td>GATE</td><td>C/$\overline{T}$</td><td>M1</td><td>M0</td></tr></table>
A. TMOD=0x01　　B. TMOD=0x20
C. TMOD=0x22　　D. TMOD=0x12</td><td></td><td>1</td><td>2</td><td>2112</td></tr>
<tr><td>40.</td><td>下图为定时器方式控制寄存器，若采用 T0 方式 2 计数方式，则 TMOD 设置为（　　）。
<table><tr><td rowspan="2">TMOD</td><td>7</td><td>6</td><td>5</td><td>4</td><td>3</td><td>2</td><td>1</td><td>0</td></tr><tr><td>GATE</td><td>C/$\overline{T}$</td><td>M1</td><td>M0</td><td>GATE</td><td>C/$\overline{T}$</td><td>M1</td><td>M0</td></tr></table>
A. TMOD=0x10　　B. TMOD=0x20
C. TMOD=0x21　　D. TMOD=0x02</td><td></td><td>1</td><td>2</td><td>2112</td></tr>
<tr><td>41.</td><td>下图为定时器控制寄存器，TCON 既可采用位操作，也可采用字节操作，要设置（　　）才可以启动 T0 计数。
<table><tr><td rowspan="2">TCON</td><td>7</td><td>6</td><td>5</td><td>4</td><td>3</td><td>2</td><td>1</td><td>0</td></tr><tr><td>TF1</td><td>TR1</td><td>TF0</td><td>TR0</td><td>IE1</td><td>IT1</td><td>IE0</td><td>IT0</td></tr></table>
A. TR1=1　　B. TF1=1
C. IT1=1　　D. TR0=1</td><td></td><td>1</td><td>2</td><td>2112</td></tr>
<tr><td>42.</td><td>下图为定时器控制寄存器，TCON 既可采用位操作，也可采用字节操作，设置（　　）可以启动 T1 计数。
<table><tr><td rowspan="2">TCON</td><td>7</td><td>6</td><td>5</td><td>4</td><td>3</td><td>2</td><td>1</td><td>0</td></tr><tr><td>TF1</td><td>TR1</td><td>TF0</td><td>TR0</td><td>IE1</td><td>IT1</td><td>IE0</td><td>IT0</td></tr></table>
A. TR1=1　　B. TF1=1
C. IT1=1　　D. TR0=1</td><td></td><td>1</td><td>2</td><td>2112</td></tr>
<tr><td>43.</td><td>下图为定时器控制寄存器，TF1 的功能是（　　）。
<table><tr><td rowspan="2">TCON</td><td>7</td><td>6</td><td>5</td><td>4</td><td>3</td><td>2</td><td>1</td><td>0</td></tr><tr><td>TF1</td><td>TR1</td><td>TF0</td><td>TR0</td><td>IE1</td><td>IT1</td><td>IE0</td><td>IT0</td></tr></table>
A. T0 溢出中断请求标志　　B. T1 溢出中断请求标志
C. T0 运行控制位　　D. T1 运行控制位</td><td></td><td>1</td><td>3</td><td>2112</td></tr>
<tr><td>44.</td><td>下图为定时器控制寄存器，IT0 的功能是（　　）。
<table><tr><td rowspan="2">TCON</td><td>7</td><td>6</td><td>5</td><td>4</td><td>3</td><td>2</td><td>1</td><td>0</td></tr><tr><td>TF1</td><td>TR1</td><td>TF0</td><td>TR0</td><td>IE1</td><td>IT1</td><td>IE0</td><td>IT0</td></tr></table>
A. 外部中断 T0 触发类型
B. T1 溢出中断请求标志</td><td></td><td>1</td><td>2</td><td>2112</td></tr>
</table>

<table>
<tr><th rowspan="2">题号</th><th rowspan="2">试题</th><th rowspan="2">答案</th><th colspan="3">组卷代码</th></tr>
<tr><th>类别</th><th>难度</th><th>考点</th></tr>
<tr><td></td><td>C. T0 运行控制位
D. 外部中断 T1 触发类型</td><td></td><td></td><td></td><td></td></tr>
<tr><td>45.</td><td>使用单片机开发系统调试程序时，对源程序进行汇编的目的是（　　）。
A. 将源程序转换成目标程序
B. 将目标程序转换成源程序
C. 将低级语言转换成高级语言
D. 将目标程序转换成汇编程序</td><td></td><td>1</td><td>1</td><td>2112</td></tr>
<tr><td>46.</td><td>使用 AT89S52 单片机的定时/计数器 T2，定时器初值设置正确的是（　　）。
A. TL2=（65536-20000）%256;
TH2=（65536-20000）/256;
B. T2L=（65536-20000）%256;
T2H=（65536-20000）/256;
C. RCAPL2=（65536-20000）%256;
RCAPH2=（65536-20000）/256;
D. RCAP2L=（65536-20000）%256;
RCAP2H=（65536-20000）/256;</td><td></td><td>1</td><td>2</td><td>2112</td></tr>
<tr><td>47.</td><td>使用 AT89S52 单片机定时/计数器 T0 方式 0，定时时间最长约为（　　）。
A. 256μs　　B. 8192μs
C. 65536μs　　D. 1024μs</td><td></td><td>1</td><td>1</td><td>2112</td></tr>
<tr><td>48.</td><td>使用 AT89S52 单片机定时/计数器 T1 方式 1，定时时间最长约为（　　）。
A. 256μs　　B. 8192μs
C. 1024μs　　D. 65536μs</td><td></td><td>1</td><td>1</td><td>2112</td></tr>
<tr><td>49.</td><td>电路如下图所示，下列程序的功能是实现（　　）。
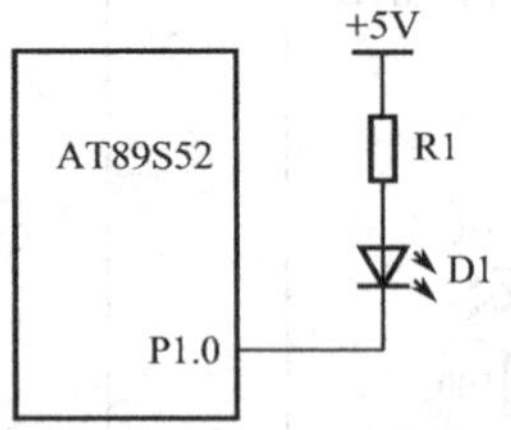

<pre>
sbit D1=P1^0;
unsigned char t;
main()
{
   TL1=(65536-50000)%256;
   TH1=(65536-50000)/256;
   TMOD=0x01;
   EA=ET0=TR0=1;
   while(1);
}
time0()interrupt 1
{
    TL0=(65536-50000)%256;
    TH0=(65536-50000)/256;
    t++;
    if(t==20)t=0;
    if(t<4)D1=0;
    else D1=1;

}
</pre>
A. D1 亮 1s、灭 1s　　B. D1 灭 0.8s、亮 0.2s
C. D1 亮 0.5s、灭 0.5s　　D. D1 亮 0.4s、灭 0.6s</td><td></td><td>1</td><td>2</td><td>2112</td></tr>
<tr><td>50.</td><td>电路如下图所示，编程实现 D1 亮 0.5s、灭 0.5s，程序中横线处应填写（　　）。</td><td></td><td>2</td><td>3</td><td>2112</td></tr>
</table>

题号	试题	答案	组卷代码		
			类别	难度	考点
| | ```
sbit D1=P1^0;
unsigned char t;
main()
{
    TL1=(65536-50000)%256;
    TH1=(65536-50000)/256;
    TMOD=0x01;
    EA=ET0=TR0=1;
    while(1);
}
time0()interrupt 1
{
    TL0=(65536-50000)%256;
    TH0=(65536-50000)/256;
    t++;
    if(t==20)t=0;

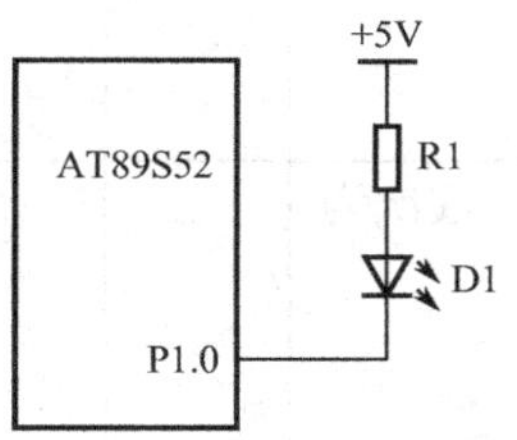

    if(t<___)D1=0;

    else D1=1;
}
```<br><br>A. 10　　　 B. 5　　　 C. 20　　　 D. 2 | | | | |
51.	下图为步进电机模块实物图，方框所标记的 DIR 功能是（　　）。 A. 左限位　 B. 右限位　 C. 移动方向　　 D. 脉冲控制		2	2	2112
52.	用两个继电器控制直流电机正反转的方法是（　　）。 A. 用两个继电器分别控制 B. 用继电器构成 H 桥电路控制 C. 用模块来控制 D. 没法控制		1	3	2112
53.	MCS-51 单片机的复位信号是（　　）有效。 A. 高电平　 B. 低电平　 C. 脉冲　　　　 D. 下降沿		1	2	2112
54.	如下图所示，已知一个共阳极数码管，其中 a 笔段为字形代码的最低位，若要显示数字 1，它的十六进制字形代码应为（　　）。		1	2	2112

题号	试题	答案	组卷代码		
			类别	难度	考点
	  A. 0x06　　 B. 0xf9　　 C. 0x30　　　 D. 0xcf				
55.	串行口的控制寄存器 SCON 中，REN 的作用是（　　）。 A. 接收中断请求标志位　　 B. 发送中断请求标志位 C. 串行口允许接收位　　　 D. 地址/数据位		1	3	2112
56.	AT89S52 单片机中断允许寄存器是（　　）。 A. EA　　　 B. TMOD　 C. TCON　　　 D. IE		1	2	2112
| 57. | 下列 AT89S52 单片机中断函数处理中，中断编号为（　　）。<br><br>```
void time0()interrupt 1
{
    //语句;
}
```<br><br>A. 1　　 B. 2　　　 C. 3　　　 D. 4 | | 1 | 2 | 2112 |
| 58. | 下列 C 语言程序要实现循环流水灯，横线处应填写（　　）。<br><br>```
delay(unsigned int t){ while(t--);}
unsigned char code led[6]={0x7e,0xbd,0xdb,0xe7,0xdb,0xbd};
void main(){
    unsigned char i=0;
    while(1){
        P0=led[i];delay(50000);
        _____
    }
}
```<br><br>A. i=（i+1）%8　　　 B. i=（i+1）%6<br>C. i=（i+1）%7　　　 D. i=（i+1）%9 | | 2 | 2 | 2112 |
| 59. | 下列 C 语言程序要实现循环流水灯，横线处应填写（　　）。<br><br>```
delay(unsigned int t){ while(t--);}
unsigned char code led[6]={0x7e,0xbd,0xdb,0xe7,0xdb,0xbd};
void main(){
    unsigned char i=0;
    while(1){
        P0=led[i];delay(50000);
        i=(i+1)%6;
    }
}
```<br><br>A. unsigned char t　　 B. unsigned int t<br>C. char t　　　　　　 D. bit t | | 2 | 2 | 2112 |
| 60. | 下列选项中具有数模转换功能的芯片是（　　）。
A. ADC0809　　　　 B. DAC0832
C. BS18B20　　　　 D. DS1302 | | 1 | 2 | 2112 |
| 61. | 下列选项中（　　）是模拟温度传感器的芯片。
A. ADC0809　　　　 B. LM358
C. BS18B20　　　　 D. LM35 | | 1 | 2 | 2112 |

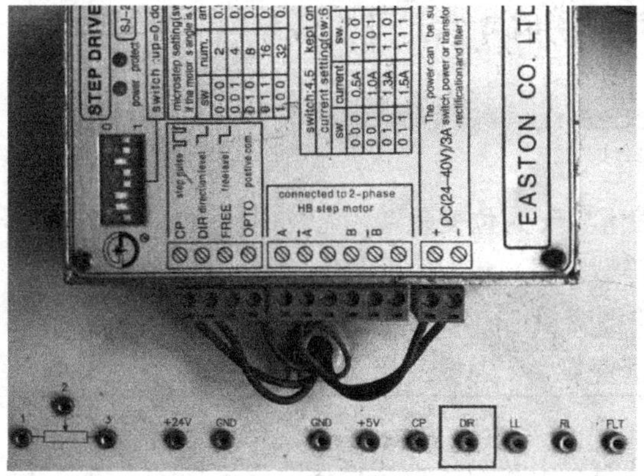

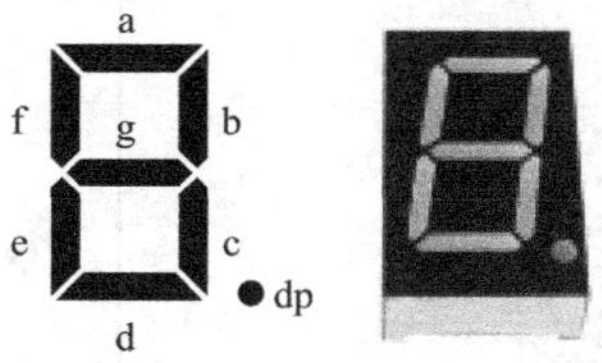

题号	试题	答案	类别	难度	考点
62.	下图中的元器件是（ 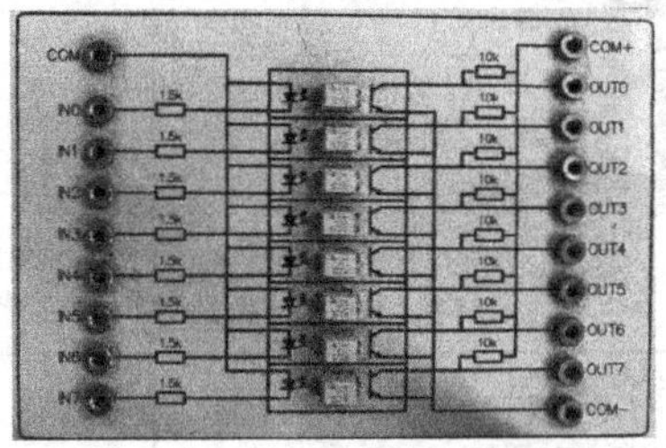　　）。 A. 槽式光电耦合器　　B. 光电耦合器 C. 隔离开关　　D. 继电器		2	1	2112
63.	如果将中断优先级寄存器 IP 设置为 0x02，则优先级最高的是（　　）。 A. 外部中断 1　　B. 外部中断 0 C. 定时/计数器 1　　D. 定时/计数器 0		1	3	2112
64.	不属于 51 单片机开发语言的是（　　）。 A. 机器语言　　B. 汇编语言 C. Java 语言　　D. C 语言		1	1	2112
65.	用于控制定时器启停的寄存器是（　　）。 A. TMOD　　B. TCON C. T0　　D. T1		1	2	2112
66.	绘制如下电路图的软件是（ 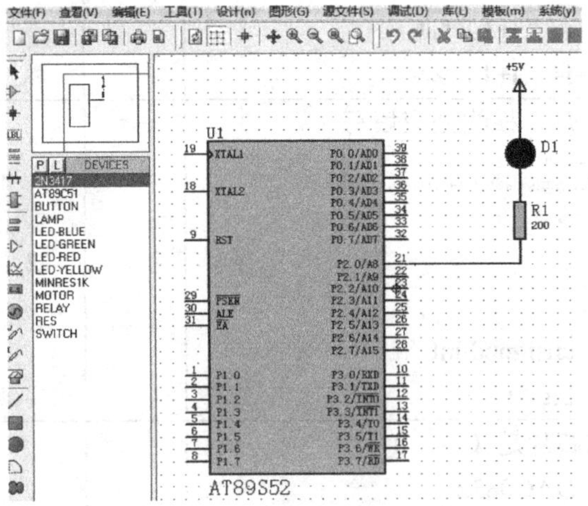　　）。 A. Proteus　　B. Protel DXP C. Multisim　　D. AutoCAD		2	1	2112
67.	在 Proteus 仿真软件中，下图所示方框中按钮的功能是（　　）。		2	1	2112

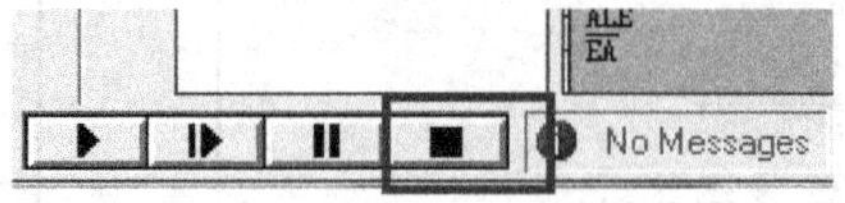

题号	试题	答案	类别	难度	考点
	 A. 运行　　B. 暂停　　C. 停止　　D. 取消				
68.	在 Keil 软件编译输出窗口中，下图所示方框中的提示依次为（　　）。 A. 3 处警告，1 处错误　　B. 1 处警告，3 处错误 C. 编译通过　　D. 3 处错误，1 处警告		2	1	2112
69.	C 语言编程定义了如下变量，描述正确的是（　　）。 bit m; unsigned char n; unsigned int x; A. m 为字符型变量，n 为整型变量，x 为位变量 B. m 为单精度型变量，n 为字符型变量，x 为位变量 C. m 为位变量，n 为无符号字符型变量，x 为无符号整型变量 D. m 为单精度型变量，n 为整型变量，x 为位变量		1	2	2112
70.	中断查询用于查询（　　）。 A. 中断运行控制位　　B. 中断溢出请求标志 C. 外中断方式控制位　　D. 中断允许控制位		1	2	2112
71.	51 单片机扩展 I/O 口与外部数据存储器（　　）。 A. 分别独立编址　　B. 统一编址 C. 变址编址　　D. 动态编址		1	3	2112
72.	下列指令中正确的是（　　）。 A. MOV　P2.1，A　　B. JBC　TF0，L1 C. MOVX　B，@DPTR　　D. MOV　A，@R3		1	2	2112
73.	在 LED 显示中，为了输出位控和段控信号，应使用指令（　　）。 A. MOV　　B. MOVC C. MOVX　　D. XCH		1	2	2112
74.	若变量 m 初值为 280，则该变量类型为（　　）。 A. bit　　B. char		1	2	2112

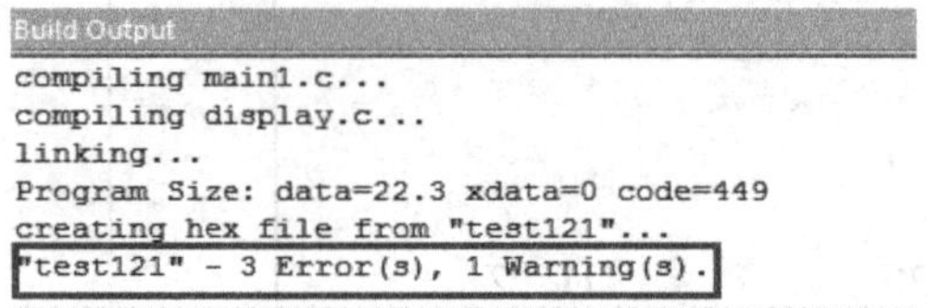

题号	试题	答案	组卷代码 类别	组卷代码 难度	组卷代码 考点
	C. unsigned char　　　　D. unsigned int				
75.	在定时操作中，选择其工作方式的寄存器是（　　）。 A. TMOD　　B. TCON　　C. IE　　D. SCON		1	2	2112
76.	在 51 单片机中，定时计数器 T2 是（　　）。 A. 8 位计数结构　　　　　　B. 13 位计数结构 C. 16 位计数结构　　　　　　D. 8 位自动重装计数结构		1	2	2112
77.	8052 单片机共有（　　）个中断源。 A. 8　　　B. 5　　　C. 6　　　D. 7		1	3	2112
78.	单片机的中断是一种（　　）。 A. 资源共享技术　　　　　　B. 数据转换技术 C. 数据共享技术　　　　　　D. 并行处理技术		1	3	2112
79.	二进制数 11001001 对应的 8421BCD 码为（　　）。 A. 0x92　　B. 0xC9　　C. 0xA2　　D. 0xCA		1	2	2112
80.	二进制数 11011010 对应的 8421BCD 码为（　　）。 A. 0XDA　　B. 0XB6　　C. 0XDB　　D. 0X66		1	2	2112
81.	十进制数 15 对应的二进制数是（　　）。 A. 1110　　B. 1100　　C. 1110　　D. 1111		1	2	2112
82.	P0 口用作输出口之前必须（　　）。 A. 相应端口先置 1　　　　　B. 相应端口先置 0 C. 外接高电平　　　　　　　D. 外接上拉电阻		1	3	2112
83.	十进制数 126 对应的十六进制数为（　　）。 A. 8F　　B. 8E　　C. FE　　D. 7E		1	2	2112
84.	十进制数 89 对应的二进制数为（　　）。 A. 1011001　　　　　　B. 1010001 C. 1010001　　　　　　D. 1001100		1	2	2112
85.	汇编语言中，启动 T1 运行的指令是（　　）。 A. SETB　ET0　　　　　B. SETB　ET1 C. SETB　TR0　　　　　D. SETB　TR1		1	2	2112
86.	定时/计数器工作于方式 2，在计数溢出时（　　）。 A. 计数从零重新开始　　　B. 计数从初值重新开始 C. 计数停止　　　　　　　D. 计数从 65536 开始		1	2	2112
87.	51 单片机接 12MHz 晶振，定时/计数器的计数值是每隔（　　）加一次。 A. 1μs　　B. 2μs　　C. 3μs　　D. 4μs		1	2	2112
88.	共阳极数码管显示器显示数字 0，段码为（　　）。 A. 0xC0　　B. 0xF9　　C. 0x82　　D. 0xF8		1	2	2112

题号	试题	答案	组卷代码 类别	组卷代码 难度	组卷代码 考点
89.	定时器 1 工作在计数方式时，其外加的计数脉冲信号应连接到（　　）引脚。 A. P3.2　　B. P3.3　　C. P3.4　　D. P3.5		1	2	2112
90.	当外部中断请求的信号方式为脉冲方式时，要求中断请求信号的高电平状态和低电平状态都应至少维持（　　）。 A. 1 个机器周期　　　　　B. 2 个机器周期 C. 4 个机器周期　　　　　D. 10 个晶振周期		1	3	2112
91.	MCS-51 单片机在同一优先级的中断源同时申请中断时，CPU 首先响应（　　）。 A. 外部中断 0　　　　　　B. 外部中断 1 C. 定时器 0 中断　　　　　D. 定时器 1 中断		1	2	2112
92.	定时/计数器工作方式 1 是（　　）。 A. 8 位计数器结构　　　　　B. 2 个 8 位计数器结构 C. 13 位计数结构　　　　　　D. 16 位计数结构		1	2	2112
93.	已知一个共阴极数码管，其中 a 笔段为字形代码的最低位，若要显示数字 1，它的字形代码应为（　　）。 A. 0x06　　B. 0xF9　　C. 0x30　　D. 0xCF		1	2	2112
94.	定时/计数器有 4 种方式，它们由（　　）寄存器中的 M1 和 M0 状态决定。 A. TCON　　B. TMOD　　C. PCON　　D. SCON		1	2	2112
95.	外部中断源 IE1（外部中断 1）的向量地址为（　　）。 A. 0003H　　　　　　B. 000BH C. 0013H　　　　　　D. 002BH		1	3	2112
96.	AT89S52 单片机共有（　　）个中断优先级 。 A. 6　　B. 3　　C. 4　　D. 5		1	2	2112
97.	8051 的定时/计数器为 16 位计数器，其方式是（　　）。 A. 0　　B. 1　　C. 2　　D. 3		1	2	2112
98.	8051 系统中，优先级最高的中断源是（　　）。 A. INT0　　B. T0　　C. INT1　　D. T1		1	2	2112
99.	TMOD =05H，则 T0 工作方式为（　　）。 A. 13 位计数器　　　　　B. 16 位计数器 C. 13 位定时器　　　　　D. 16 位定时器		1	2	2112
100.	T0 的中断服务程序入口地址为（　　）。 A. 0003H　　　　　　B. 000BH C. 0013H　　　　　　D. 001BH		1	3	2112
101.	将中断优先级寄存器设置为 IP=0x02，含义为（　　）。		1	3	2112

题号	试题	答案	类别	难度	考点
	A. PX0 高优先级中断　　B. PT0 高优先级中断 C. PX1 高优先级中断　　D. PT1 高优先级中断				
102.	定时/计数器中断 T1 的中断入口地址是（　　）。 A. 0003H　　　　　　B. 000BH C. 0013H　　　　　　D. 001BH		1	2	2112
103.	AT89S52 单片机在响应中断后需要用软件来清除的中断标志是（　　）。 A. TF0 、TF1　　　　B. RI 、TI C. IE0、IE1　　　　　D. TR0、TR1		1	2	2112
104.	外中断初始化的内容不包括（　　）。 A. 设置中断触发类型　　B. 设置外中断允许 C. 设置中断总允许　　　D. 设置中断初值		1	2	2112
105.	在 MCS-51 单片机中，需要外加电路实现中断撤除的是（　　）。 A. 定时中断 B. 脉冲方式中断的外部中断 C. 串行中断 D. 电平方式的外部中断		1	2	2112
106.	在中断流程中有"关中断"的操作，对于外部中断 0，要关中断应复位中断允许寄存器的（　　）。 A. EA 和 ET0 位　　　B. EA 和 EX0 位 C. EA 和 ES 位　　　　D. EA 和 EX1 位		1	2	2112
107.	在下列寄存器中，与定时/计数控制无关的是（　　）。 A. TCON（定时控制寄存器） B. TMOD（工作方式控制寄存器） C. SCON（串行控制寄存器） D. IE（中断允许控制寄存器）		1	2	2112
108.	下列定时/计数硬件资源中，（　　）不是供用户使用的。 A. 高 8 位计数器 TH B. 低 8 位计数器 TL C. 定时/计数器控制逻辑 D. 用于定时/计数控制的相关寄存器		1	3	2112
109.	与定时工作方式 0 和 1 相比，定时工作方式 2 不具备的特点是（　　）。 A. 计数溢出后能自动重新加载计数初值 B. 适于循环定时和循环计数应用		1		2112

题号	试题	答案	类别	难度	考点
	C. 提高定时精度 D. 增加计数器位数				
110.	MCS-51 单片机外扩存储器芯片时，4 个 I/O 口中用作地址总线的是（　　）。 A. P0 口和 P2 口　　　B. P0 口 C. P1 口和 P3 口　　　D. P2 口		1	2	2112
111.	MCS-51 单片机的字长是（　　）。 A. 2 位　　B. 4 位　　C. 8 位　　D. 16 位		1	1	2112
112.	T1 中断允许控制位为（　　）。 A. ET0　　B. ET1　　C. ES　　D. EX1		1		2112
113.	外部中断 1 中断优先级控制位为（　　）。 A. PX0　　B. PX1　　C. PT1　　D. PS		1	3	2112
114.	串行口工作在方式 0 时作为同步移位寄存器使用，此时串行数据输入输出端为（　　）。 A. RXD 引脚　　　　　B. TXD 引脚 C. T0 引脚　　　　　　D. T1 引脚		1	3	2112
115.	有一个共阳极数码管，要使它显示数字 5，它的字段码应为（　　）。 A. 6DH　　B. 92H　　C. FFH　　D. 00H		1	2	2112
116.	指令 dat=P1 执行的功能是（　　）。 A. 读 P1 口数据　　　　B. 写 P1 口数据 C. 读—修改 P1 口数据　　D. 读—修改—写 P1 口数据		1	3	2112
117.	单片机的数据指针寄存器（DPTR）是 16 位的，其寻址范围是（　　）。 A. 128B　　B. 256B　　C. 8KB　　D. 64KB		1	3	2112
118.	下列选项中（　　）是位操作指令。 A. MOV P0，#0FFH　　B. SETB　TR0 C. CPL　R0　　　　　　D. PUSH　PSW		1	2	2112
119.	MCS-51 单片机外部中断 0 对应的中断入口地址是（　　）。 A. 0003H　　　　　　B. 000BH C. 0013H　　　　　　D. 001BH		1	3	2112
120.	MCS-51 单片机可分为两个中断优先级，各中断源的优先级设置寄存器是（　　）。 A. IE　　B. PCON　　C. IP　　D. SCON		1	3	2112
121.	MCS-51 单片机允许外部中断 0 的中断时，IE 设置为（　　）。 A. IE=0x82　　　　　B. IE=0x21		1	2	2112

题号	试题	答案	组卷代码		
			类别	难度	考点
	C．IE=0x84　　D．IE=0x81				
122.	MCS-51 单片机的位寻址区位于内部 RAM 的（　　）单元。 A．00H～7FH　　B．20H～7FH C．00H～1FH　　D．20H～2FH		1	2	2112
123.	下列选项中（　　）是位操作指令。 A．MOV P1，#0FFH　　B．MOV C，ACC．1 C．CPL　A　　D．POP　PSW		1	2	2112
124.	已知一个共阳极数码管，其中 a 笔段为字形代码的最低位，若要显示数字 9，则它的字形代码应为（　　）。 A．06H　　B．F9H　　C．90H　　D．CFH		1	2	2112
125.	周期指令有三种，分别是单周期指令、双周期指令和（　　）指令。 A．三周期　　B．四周期 C．五周期　　D．六周期		1	2	2112
126.	定时器若工作在循环定时或循环计数场合，应选用（　　）。 A．工作方式 0　　B．工作方式 1 C．工作方式 2　　D．工作方式 3		1	2	2112
127.	MCS-51 单片机外部中断 1 的中断请求标志是（　　）。 A．ET1　　B．TF1　　C．IT1　　D．IE1		1	3	2112
128.	外部中断 INT0 的触发方式控制位 IT0 置 1 后，其有效的中断触发信号是（　　）。 A．高电平　　B．低电平 C．上升沿　　D．下降沿		1	3	2112
129.	用定时器 T1 方式 1 计数，要求每 20ms 产生溢出中断，则 TH1、TL1 的初始值是（　　）。 A．TL1=(65536-20000)%256; TH1=(65536-20000)/256;　　B．TL1=(65536-50000)%256; TH1=(65536-50000)/256; C．TL1=(65536-5000)%256; TH1=(65536-5000)/256;　　D．TL1=(65536-2000)%256; TH1=(65536-2000)/256;		2	1	2112
130.	启动定时器 0 开始定时的指令是（　　）。 A．CLR TR0　　B．CLR TR1 C．SETB TR0　　D．SETB TR1		1	2	2112
131.	MCS-51 单片机定时器溢出标志是（　　）。 A．TR1 和 TR0　　B．IE1 和 IE0 C．IT1 和 IT0　　D．TF1 和 TF0		1	2	2112
132.	对于 MCS-51 单片机定时器 T0 的溢出标志 TF0，当计满数产		1	2	2112
	生溢出时，其值为（　　）。 A．00H　　B．FFH　　C．1　　D．计数值				
133.	MCS-51 单片机 CPU 开总中断的指令是（　　）。 A．SETB　EA　　B．SETB　ES C．CLR　EA　　D．SETB　EX0		1	2	2112

2.3 填空题

<table>
<tr><th rowspan="2">题号</th><th rowspan="2">试题</th><th rowspan="2">答案</th><th colspan="3">组卷代码</th></tr>
<tr><th>类别</th><th>难度</th><th>考点</th></tr>
<tr><td>1.</td><td>发光二极管 LED0～LED7 对应接单片机 P0.0～P0.7 口，需点亮 LED0～LED2，则 C 语言程序为 P0=________。</td><td></td><td>2</td><td>2</td><td>2113</td></tr>
<tr><td>2.</td><td>光电耦合器输出侧等效的基本电子元件是________。</td><td></td><td>2</td><td>1</td><td>2113</td></tr>
<tr><td>3.</td><td>若要实现下列 LED 灯的亮与灭，则 C 语言程序为 P1=________。
<table><tr><td>P1 口</td><td>7</td><td>6</td><td>5</td><td>4</td><td>3</td><td>2</td><td>1</td><td>0</td></tr><tr><td>LED灯</td><td>D8</td><td>D7</td><td>D6</td><td>D5</td><td>D4</td><td>D3</td><td>D2</td><td>D1</td></tr><tr><td>亮/灭值</td><td>1</td><td>0</td><td>1</td><td>1</td><td>1</td><td>0</td><td>1</td><td>0</td></tr></table></td><td></td><td>1</td><td>2</td><td>2113</td></tr>
<tr><td>4.</td><td>C 语言编程实现 LED 灯闪烁，下列程序中横线处应填写________。<pre>
sbit LED=P2^0;//LED灯
____________i;
main(){
    while(1){
        LED=0;
        delay(50000);
        LED=1;
        delay(50000);
    }
}
</pre></td><td></td><td>2</td><td>2</td><td>2113</td></tr>
<tr><td>5.</td><td>电路如下图所示，利用定时/计数器编程实现 LED 灯闪烁。下列程序中，每隔________断一次。

<pre>
sbit D1=P1^0;
unsigned char t;
main()
{
    TL0=(65536-10000)%256;
    TH0=(65536-10000)/256;
    TMOD=0x01;
    EA=ET0=1;
    while(1);
}
time0()interrupt 1
{
     TL0=(65536-10000)%256;
     TH0=(65536-10000)/256;
     t++;
     if(t==100)
     {
         t=0;D1=!D1;
     }
}
</pre></td><td></td><td>2</td><td>3</td><td>2113</td></tr>
<tr><td>6.</td><td>电路如下图所示，利用定时/计数器编程实现 LED 灯闪烁。下列程序中，LED 灯闪烁频率为________。

<pre>
sbit D1=P1^0;
unsigned char t;
main()
{
    TL0=(65536-10000)%256;
    TH0=(65536-10000)/256;
    TMOD=0x01;
    EA=ET0=1;
    while(1);
}
time0()interrupt 1
{
     TL0=(65536-10000)%256;
     TH0=(65536-10000)/256;
     t++;
     if(t==100)
     {
         t=0;D1=!D1;
     }
}
</pre></td><td></td><td>2</td><td>2</td><td>2113</td></tr>
<tr><td>7.</td><td>若 TMOD=0x02，则采用的是 T0 方式________。</td><td></td><td>1</td><td>2</td><td>2113</td></tr>
<tr><td>8.</td><td>MCS-51 单片机的复位信号是________有效。</td><td></td><td>1</td><td>2</td><td>2113</td></tr>
<tr><td>9.</td><td>AT89S52 单片机中断允许寄存器是________。</td><td></td><td>1</td><td>2</td><td>2113</td></tr>
<tr><td>10.</td><td>下列 C 语言程序要实现循环流水灯，则横线处应填写________。<pre>
delay(unsigned int t){ while(t--);}
unsigned char code led[6]={0x7e,0xbd,0xdb,0xe7,0xdb,0xbd};
void main(){
    unsigned char i=0;
    while(1){
        P0=led[i];delay(50000);
        ____
    }
}
</pre></td><td></td><td>2</td><td>3</td><td>2113</td></tr>
<tr><td>11.</td><td>如果将定时/计数器 T0 设置为中断高优先级，则中断优先级寄存器 IP 设置为________。</td><td></td><td>1</td><td>2</td><td>2113</td></tr>
<tr><td>12.</td><td>如果定义二维数组为 unsigned char a[3][3]={0,1,2,3,4,5,6,7,8}，则 a[2][1]=________。</td><td></td><td>1</td><td>2</td><td>2113</td></tr>
<tr><td>13.</td><td>P2=0xff，执行程序 P2=~P2，结果为________。</td><td></td><td>1</td><td>2</td><td>2113</td></tr>
<tr><td>14.</td><td>外部中断 INT1 的触发方式控制位 IT1 置 1 后，其有效的中断触发信号是________。</td><td></td><td>1</td><td>2</td><td>2113</td></tr>
<tr><td>15.</td><td>已知一个共阳极数码管，其中 a 笔段为字形代码的最低位，若要显示数字“2.”，它的十六进制段码应为________。</td><td></td><td>1</td><td>2</td><td>2113</td></tr>
<tr><td>16.</td><td>电路如下图所示，若要点亮发光二极管，则单片机 P0.0 口输出________。

</td><td></td><td>2</td><td>2</td><td>2113</td></tr>
<tr><td>17.</td><td>循环右移指令_cror_()包含在头文件________中。</td><td></td><td>1</td><td>2</td><td>2113</td></tr>
<tr><td>18.</td><td>MCS-51 单片机外部中断 1 的中断请求标志是________。</td><td></td><td>1</td><td>3</td><td>2113</td></tr>
<tr><td>19.</td><td>MCS-51 单片机的位寻址区在内部 RAM 中的地址为________。</td><td></td><td>1</td><td>2</td><td>2113</td></tr>
<tr><td>20.</td><td>要实现 LED 灯闪烁，下列 C 语言程序中横线处应填写________。</td><td></td><td>2</td><td>2</td><td>2113</td></tr>
</table>

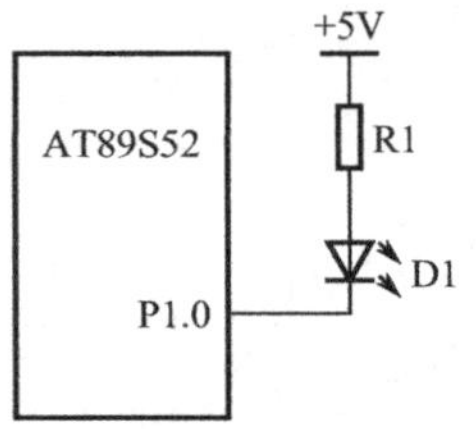

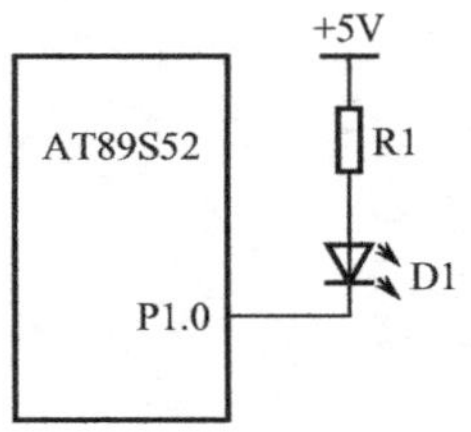

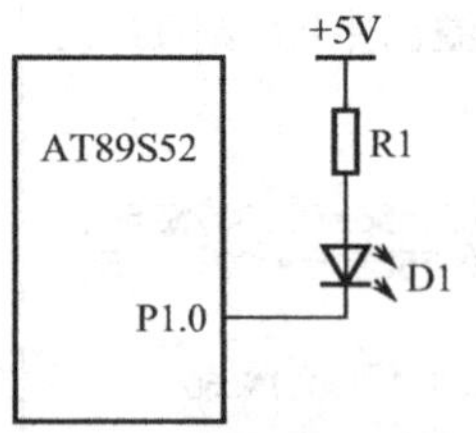

<table>
<tr><th rowspan="2">题号</th><th rowspan="2">试题</th><th rowspan="2">答案</th><th colspan="3">组卷代码</th></tr>
<tr><th>类别</th><th>难度</th><th>考点</th></tr>
<tr><td></td><td>sbit LED1=P1^0;
main(){
    unsigned int i;
    LED1=0;
    while(1){
        i=0;
        while(i<50000)i=i+1;
        ____
    }
}</td><td></td><td></td><td></td><td></td></tr>
<tr><td>21.</td><td>要实现 LED 灯闪烁，下列 C 语言程序中横线处应填写________。

sbit LED=P2^0;//LED灯
delay(unsigned int i){while(i--);}
main(){
    while(1){
        LED=0;
        ____
        LED=1;
        delay(50000);
    }
}</td><td></td><td>2</td><td>2</td><td>2113</td></tr>
<tr><td>22.</td><td>电路如下图所示，编程实现 D1 亮 1s、灭 2s，则 C 语言程序中横线处应填写________。

sbit D1=P1^0;
unsigned char t;
main()
{
    TL1=(65536-50000)%256;
    TH1=(65536-50000)/256;
    TMOD=0x01;
    EA=ET0=TR0=1;
    while(1);
}
time0()interrupt 1
{
    TL0=(65536-50000)%256;
    TH0=(65536-50000)/256;
    t++;
    if(t==60)t=0;
    if(t<__)D1=0;
    else D1=1;
}</td><td></td><td>2</td><td>3</td><td>2113</td></tr>
<tr><td>23.</td><td>电路如下图所示，编程实现 D1 亮 1.5s、灭 1s，则 C 语言程序中横线处应填写________。

sbit D1=P1^0;
unsigned char t;
main()
{
    TL1=(65536-50000)%256;
    TH1=(65536-50000)/256;
    TMOD=0x01;
    EA=ET0=TR0=1;
    while(1);
}
time0()interrupt 1
{
    TL0=(65536-50000)%256;
    TH0=(65536-50000)/256;
    t++;
    if(_____)t=0;
    if(t<30)D1=0;
    else D1=1;
}</td><td></td><td>2</td><td>3</td><td>2113</td></tr>
<tr><td>24.</td><td>串行口工作在方式 0 时作为同步移位寄存器使用，此时串行数据输入输出端为________。</td><td></td><td>1</td><td>1</td><td>2113</td></tr>
</table>

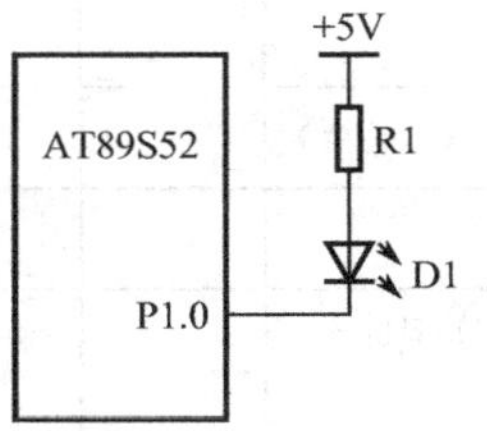

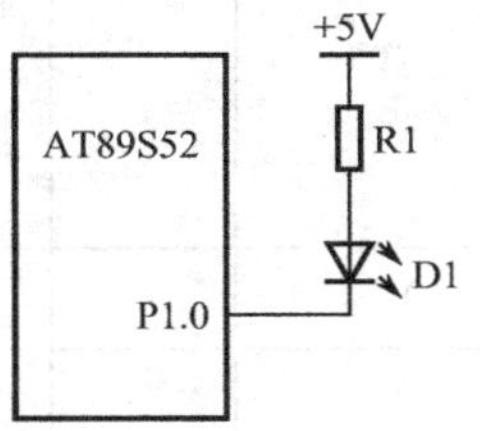

<table>
<tr><th rowspan="2">题号</th><th rowspan="2">试题</th><th rowspan="2">答案</th><th colspan="3">组卷代码</th></tr>
<tr><th>类别</th><th>难度</th><th>考点</th></tr>
<tr><td>25.</td><td>定时/计数器 T1 自动重装初值的 8 位计数器结构是________。</td><td></td><td>1</td><td>1</td><td>2113</td></tr>
<tr><td>26.</td><td>在 Keil 软件仿真界面中，下图所示方框中按钮的功能是________。

</td><td></td><td>2</td><td>1</td><td>2113</td></tr>
<tr><td>27.</td><td>二进制数 10011110 对应的 8421BCD 码为________。</td><td></td><td>1</td><td>1</td><td>2113</td></tr>
<tr><td>28.</td><td>若变量 x 初值为 60000，则定义该变量类型为________。</td><td></td><td>1</td><td>2</td><td>2113</td></tr>
<tr><td>29.</td><td>51 单片机时钟电路晶振为 12MHz，则机器周期为________。</td><td></td><td>1</td><td>2</td><td>2113</td></tr>
</table>

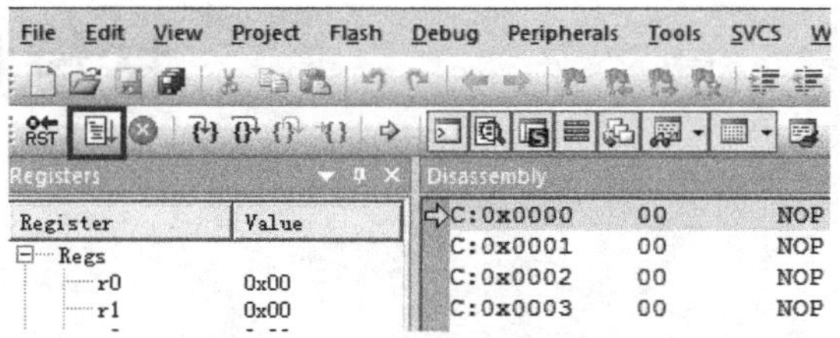

模块3

按键控制操作

组卷代码说明

- 试题类别
  1—理论、2—技能
- 试题难度系数
  1—较容易、2—容易、3—较难
- 考点代码：四位数字
  第一位数字：模块名称代码，模块 1～8 分别为 1、2、3、4、5、6、7、8
  第二位和第三位数字：任务代码
  第四位数字：题型代码，1—判断题、2—选择题、3—填空题

答案解析说明

- 请扫描二维码查阅本模块试题答案
- 试题解析请登录华信教育资源网（www.hxedu.com.cn）下载查阅

3.1 判断题

题号	试题	答案	组卷代码		
			类别	难度	考点
1.	如下图所示，YL-236 单片机控制功能实训考核装置中的钮子开关闭合时输出低电平。（　　） 		2	1	3111
2.	AT89S52 单片机的 P0 口内部有上拉电阻。（　　）		2	2	3111
3.	在 C 语言中定义变量 unsigned　char i，i 的范围为 0～256。（　　）		1	2	3111
4.	AT89S52 单片机的内部程序存储空间是 AT89S51 单片机的两倍。（　　）		2	2	3111
5.	YL-236 单片机控制功能实训考核装置中的主机模块在单片机运行程序时，EA 引脚必须接+5V 电源。（　　）		2	2	3111
6.	AT89S52 单片机采用 12MHz 时钟频率，机器周期为 1μs。（　　）		1	2	3111
7.	单片机编程只能采用汇编语言。（　　）		2	1	3111
8.	下图是 YL-236 单片机控制功能实训考核装置中的钮子开关电路，图中电阻 R2 的作用是限流。（　　） 		2	1	3111
9.	C 语言中，十六进制数 0X2A 的十进制形式为 42。（　　）		1	2	3111
10.	unsigned int 用来定义无符号整型变量。（　　）		1	2	3111
11.	电路连接及程序如下图所示，该 C 语言控制程序实现的功能如下：闭合钮子开关 SW 时 LED1 亮，断开 SW 时 LED1 灭。（　　）		2	2	3111

题号	试题	答案	组卷代码		
			类别	难度	考点
	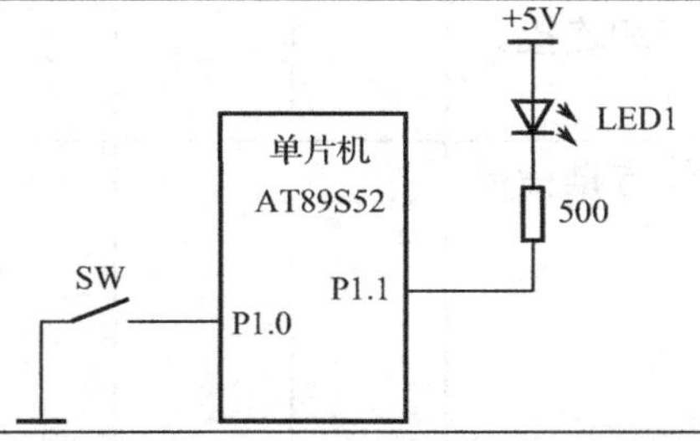 sbit sw=P1^0; sbit LED1=P1^1; main(){ while(1) { if(sw==0)LED1=0; else LED1=1; } }				
12.	C 语言程序中只能有一个 main()函数。（　　）		2	2	3111
13.	电路连接及程序如下图所示,若要实现闭合钮子开关 SW 时 LED1 亮,断开 SW 时 LED1 灭,则 C 语言程序中括号里应填写"sw==1"。（ 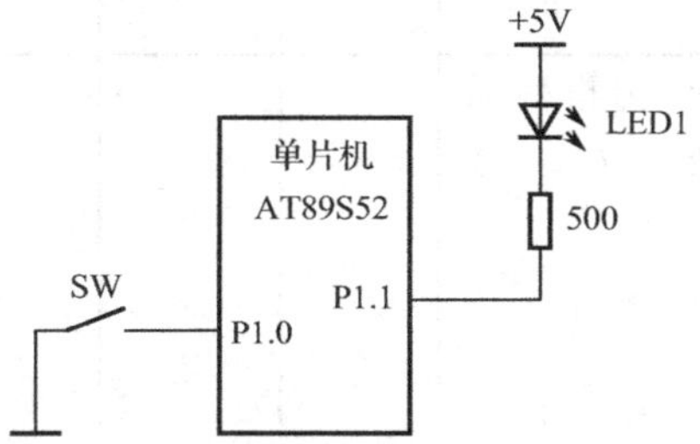　　） sbit sw=P1^0; sbit LED1=P1^1; main(){ while(1) { if(　)LED1=0; else LED1=1; } }		2	2	3111
14.	电路及程序如下图所示,SW 控制发光二极管 LED1、LED2,SW 闭合时,LED1 灭,LED2 亮;SW 断开时,LED1 亮,LED2 灭。要实现上述功能,C 语言控制程序中横线处应填写"LED1=0;LED2=1;"（ 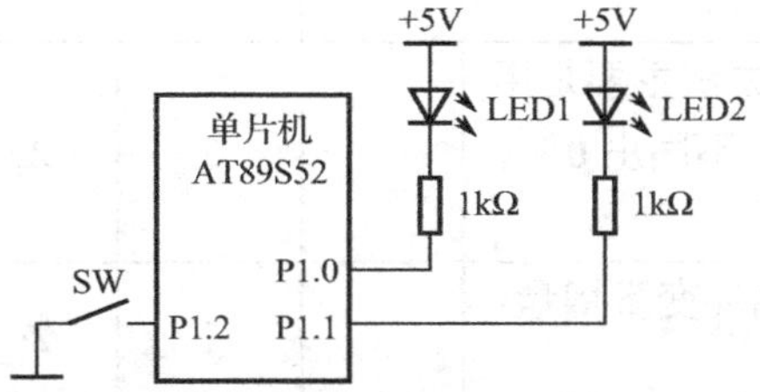　　）。 sbit SW=P1^2; sbit LED1=P1^0; sbit LED2=P1^1; main() { while(1) { if(SW==0){LED1=1;LED2=0;} else{_____} } }		2	2	3111
15.	C 语言中,用 bit 定义单片机引脚与电路连接关系。（　　）		1	2	3111
16.	YL-236 单片机实训考核装置中的继电器模块各端子在悬空状态下,用万用表测 NO 和 COM 两个端子的通断状态,结果是导通。（　　）		2	2	3111
17.	C 语言程序中 1 字节用 8 位二进制表示。（　　）		1	2	3111
18.	AT89S52 单片机片内程序存储器 ROM 空间为 4KB。（　　）		1	2	3111
19.	AT89S52 单片机数据存储空间为 256 字节。（　　）		1	2	3111
20.	AT89S52 单片机的时钟频率为 6MHz,其机器周期为 2μs。（　　）		1	2	3111

题号	试题	答案	组卷代码		
			类别	难度	考点
21.	用钮子开关 SW 控制发光二极管 LED1 的亮与灭,SW 闭合时,LED1 亮;SW 断开时,LED1 灭。相应的 C 语言控制程序如下所示。（　　） sbit SW=P1^3; sbit LED1=P1^0; main() { while(1) { LED1=SW==0?0:1; } }		2	2	3111
22.	C 语言逻辑运算符中,"&"用于实现逻辑与。（　　）		1	2	3111
23.	C 语言位操作运算符中,"^"用于实现位异或。（　　）		1	2	3111
24.	C 语言指针运算符中,"&"用于取内容。（　　）		1	3	3111
25.	下列程序用于求两个数中的大数,函数返回值类型为整型。（　　） bit max(int a, int b) { if (a>b) return 1; else return 0; }		2	2	3111
26.	P2 口既可作为 I/O 口使用,又可作为地址/数据复用口使用。（　　）		1	3	3111
27.	在 YL-236 单片机实训考核装置光电隔离模块内部结构原理中,如果信号输入端为低电平,那么光电耦合导通,信号输出为低电平;如果信号输入端为高电平,那么光电耦合不导通,信号输出为公共电源电压。（　　）		2	3	3111
28.	矩阵键盘消除抖动的措施有软件消抖动和硬件消抖动两种。（　　）		2	2	3111
29.	步进电动机具有起动快、定位精准、能将数字量直接转化为角度量的优点。（　　）		2	2	3111
30.	一般用 while 语句来判断钮子开关是否按下。（　　）		1	2	3111
31.	下列程序的功能是实现钮子开关闭合时 LED 灯亮,断开时 LED 灯灭。（　　） sbit SW=P1^1; sbit LED=P1^0; LED_on_off(bit k){ LED=k; } main(){ while(1){ LED_on_off(SW); } }		2	3	3111
32.	用两个开关 S1、S2 控制一个 LED 灯,只要有一个开关闭合,LED		2	2	3111

题号	试题	答案	组卷代码		
			类别	难度	考点
	灯就亮，断开时 LED 灯灭，C 语言编程用逻辑与（&&）来实现控制功能。（ ）				
33.	用两个开关 S1、S2 控制一个 LED 灯，只有两个开关同时闭合，LED 灯才亮，断开时 LED 灯灭，C 语言编程用逻辑或（||）来实现控制功能。（ ）		2	2	3111
34.	C 语言中，if 语句可以用 switch 语句代替。（ ）		1	2	3111
35.	ADC0809 可将模拟信号转换成数字信号。（ ）		2	1	3111
36.	DAC0832 可将数字信号转换成模拟信号。（ ）		2	1	3111
37.	C 语言中，若 x=0x7f，执行一次 x=x>>1，则结果为 0xbf。（ ）		1	2	3111
38.	C 语言中，若执行 a=10/5，则 a=2。（ ）		1	2	3111

39.	以下 C 语言控制程序可以让一个发光二极管闪烁（ ）。
	sbit LED1=P1^0;
	delay(unsigned int t){while(t--);}
	main(){
	while(1){
	LED1=!LED1;
	delay(50000);
	}
	}
			2	2	3111

40.	AT89S52 单片机 P2.0 口连接发光二极管 D1，引脚定义为 bit D1=P2^0。（ ）		2	2	3111
41.	C 语言中，i--和--i 执行次数相同。（ ）		1	2	3111
42.	下图为指令模块中的按钮开关，当按钮开关 SB1 闭合时，SB1 插孔输出高电平（ ）。 		2	1	3111
43.	按键的合断都存在一个抖动的暂态过程，这种抖动的暂态过程持续 10～20 ms 的时间，因此须通过延时消抖动。（ ）		2	2	3111
44.	对于 YL-236 单片机实训考核装置中的物料搬运装置，手爪下降到位检测传感器是磁性开关。（ ）		2	2	3111
45.	对于 YL-236 单片机实训考核装置中的物料搬运装置，工位一和工位二物料检测传感器为光电传感器，工作电压为+5V。（ ）		2	2	3111
46.	对于 YL-236 单片机实训考核装置中的物料搬运装置模块，机械手到达各工位是通过轻触限位开关来判断的。（ ）		2	2	3111

题号	试题	答案	组卷代码		
			类别	难度	考点
47.	8255 主要用于扩展端口，矩阵键盘常与 8255 的 PC 口相连接。（ ）		2	3	3111

48.	下列程序的功能是通过按钮开关控制 LED 灯的亮与灭，方框标记的程序功能是按键消抖动。（ ）
	sbit K=P2^0; //按钮开关
	sbit LED=P0^0; //LED灯
	delay(unsigned int i){
	while(i--);
	}
	main(){
	while(1){
	if(K==0){
	delay(20000);
	if(K==0){
	LED=!LED;
	while(K==0);
	}
	}
	}
	}
			2	2	3111

49.	下列程序的功能是通过按钮开关控制 LED 灯的亮与灭，方框标记的程序功能是待按键放开后，才执行 LED 灯的亮与灭。（ ）
	sbit K=P2^0;
	sbit LED=P0^0;
	delay(unsigned int i){
	while(i--);
	}
	main(){
	while(1){
	if(K==0){
	delay(20000);
	if(K==0){
	while(K==0);
	LED=!LED;
	}
	}
	}
	}
			2	3	3111

50.	用一个按钮开关控制 LED 灯，按下按钮时 LED 灯亮，否则 LED 灯灭，端口定义为 bit k=P2^0，bit d1=P2^1。（ ）		2	2	3111
51.	4×4 矩阵键盘编程中可以利用反转法获得键值，该方法主要是用异或运算得到键值，异或的逻辑关系为“相同出 1，不同出 0”。（ ）		2	2	3111
52.	C 语言中 for 语句格式如下：for(循环变量赋初值；循环变量增量；循环条件) 语句。（ ）		1	2	3111
53.	电路连接如下图所示，图中按钮开关 SB1 接 P0.0 口，LED7 接 P2.0 口。（ ） 		2	2	3111
54.	电路连接及程序如下图所示，用两个钮子开关控制发光二极管		2	2	3111

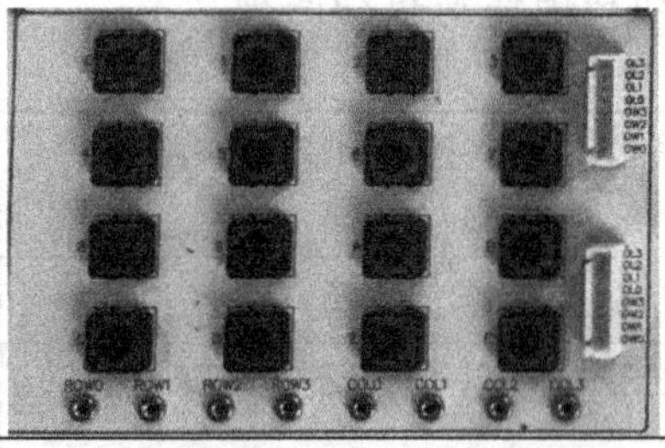

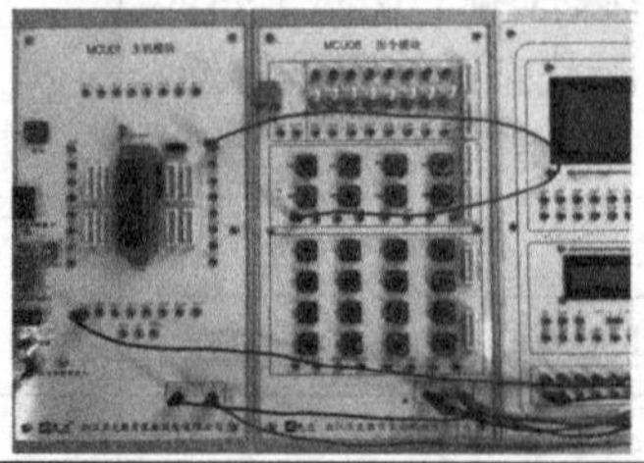

题号	试题	答案	组卷代码		
			类别	难度	考点

	LED7 的亮与灭，任意一个开关闭合，灯灭时就亮，亮着时就灭。C 语言控制程序中横线处应填写“！=”。（　　）
	
	sbit SW1=P2^0; sbit SW2=P2^1;
	sbit L=P1^0;
	main(){
	while(1){
	if(SW1 ___ SW2)L=0;
	else L=1;
	}
	}				

55.	AT89S52 单片机主机模块如下图所示，圆圈标记的是内/外部程序存储器选择开关。（　　） 		2	2	3111
56.	下图为矩阵键盘电路图，行线为 ROW0～ROW3，列线为 COL0～COL3，若 ROW1 接低电平，那么按下 C 键，COL0 为低电平。（　　） 		2	2	3111
57.	YL-236 单片机实训考核装置中，交、直流电动机控制模块 PRI 是直流电动机转动与停止控制信号端。（　　）		2	2	3111
58.	电路如下图所示，SW 控制发光二极管 LED1、LED2 的亮与灭，端口定义为“sbit SW=P2^0;sbit LED1=P1^1;sbit LED2=P1^2;”。（　　） 		2	2	3111
59.	单片机时钟频率选择 12MHz，目的是保证单片机产生精确的波特率。（　　）		2	3	3111
60.	按键较少时，通常采用每一个按键占用一个 I/O 口；按键较多时，通常采用矩阵键盘。（　　）		2	2	3111
61.	51 系列单片机复位后，其 P1 口的输出状态为 0x00。（　　）		2	2	3111
62.	8255 主要用于扩展 I/O 口，有 PA、PB、PC、PD 四个输入输出口。（　　）		2	2	3111
63.	AD0809 转换结果输出允许控制端是 EOC。（　　）		2	2	3111
64.	定时/计数器 T1 工作方式 1 是 16 位计数结构。（　　）		1	2	3111
65.	C 语言逻辑运算符优先级顺序为 !（非）→&&（与）→||（或）。（　　）		1	2	3111
66.	根据逻辑运算符优先级顺序，a+b>c&&x+y<b 等价于((a+b)>c)&&((x+y)<b)。（　　）		1	3	3111
67.	51 单片机中的头文件 reg51.h 包含_nop_()。（　　）		2	2	3111
68.	C 语言程序“if(a>b)max=a; else max=b;”可以写成“max=(a>b)?a:b;”。（　　）		1	2	3111
69.	switch 语句中的 case 后允许有多个语句，必须用{}括起来。（　　）		1	2	3111
70.	while 语句的一般形式：while(表达式)语句。其中表达式是循环条件，语句为循环体。（　　）		1	1	3111
71.	YL-236 单片机实训考核装置中，交、直流电动机控制模块 OUT 的功能是记录直流电动机转盘上孔的个数，用于计算转动圈数。（　　）		2	2	3111
72.	“for(i=1; i<=100;i++)sum=sum+i;”等价于“while(i<=100){sum=sum+i;i++;}”。（　　）		2	3	3111
73.	AT89S52 单片机主机模块如下图所示，图中圆圈标记的是电源开关。（　　）		2	2	3111

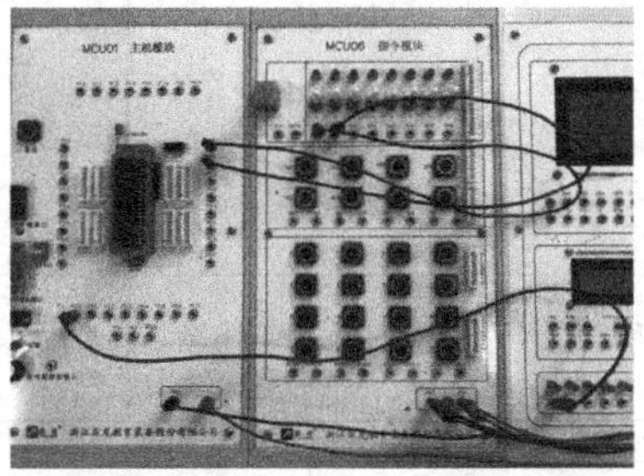

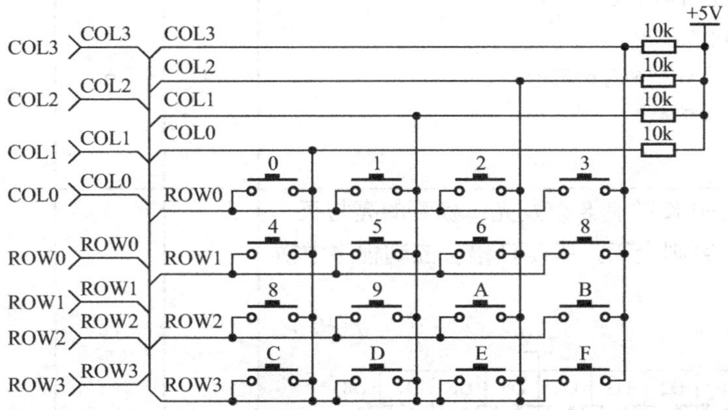

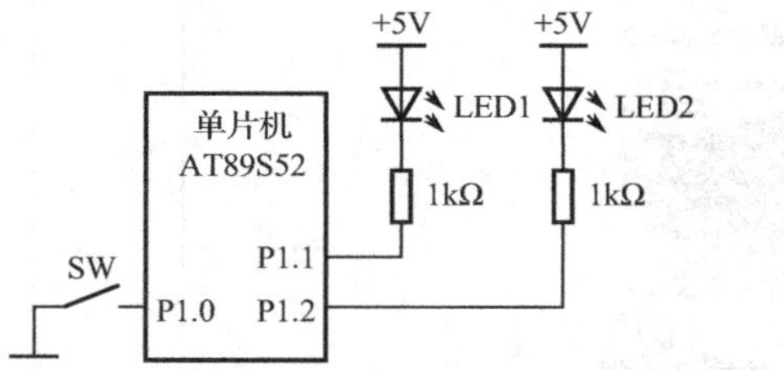

题号	试题	答案	组卷代码		
			类别	难度	考点
74.	AT89S52 单片机主机模块如下图所示，图中方框标记的部分为 P0 口，要使 P0.0～P0.3 口输出高电平，P0.4～P0.7 口输出低电平，则程序为“P0=0x0f”。（　　）		2	2	3111
75.	continue 语句的作用是跳过循环体中剩余的语句而强行执行下一次循环。（　　）		2	3	3111
76.	C 语言定义“int a[10];”说明整型数组 a 有 10 个元素。（　　）		2	2	3111
77.	C 语言定义“char a[3];”说明字符型数组 a 有 a[1]、a[2]、a[3]三个元素。（　　）		2	2	3111
78.	初始化二维数组，如“int a[3][3]={1,2,3,4,5,6,7,8,9};”，则 a[0][2]=3。（　　）		2	3	3111
79.	AT89S52 单片机主机模块如下图所示，图中方框标记的部分为 P3 口，要使 P3.1、P3.3、P3.5 口输出低电平，其余端口输出高电平，则 C 语言程序为“P3=0xd5”。（　　）		2	2	3111
80.	AT89S52 单片机主机模块如下图所示，图中圆圈标记的器件是串口通信拨码开关。		2	3	3111

题号	试题	答案	组卷代码		
			类别	难度	考点
81.	程序中要用 AT89S52 单片机定时/计数器 T2 中断，需要加载的头文件为“<regx51.h>”。（　　）		2	2	3111
82.	C 语言字符串以'\0'作为结束符。（　　）		1	3	3111
83.	a=0xff，执行 c=~a，c 的结果为 0xfe。（　　）		2	2	3111
84.	如下图所示，在 Keil 软件中选择单片机型号，若选择 AT89S52 单片机，则横线处的含义是包含 8KB 程序存储器、256Byte 数据存储器。（　　）		2	2	3111

85.	执行下列程序后，c 的结果为 14。（　　）
	main(){
	int a=9,b=5,c;
	c=a|b;
	}
			2	2	3111

86.	电路如下图所示，用按钮开关 K 控制 8 个发光二极管的亮与灭，若按住开关，D1～D4 亮，否则全灭，那么 C 语言控制程序中横线处应填写“P1=0xf0”。（　　）		2	2	3111

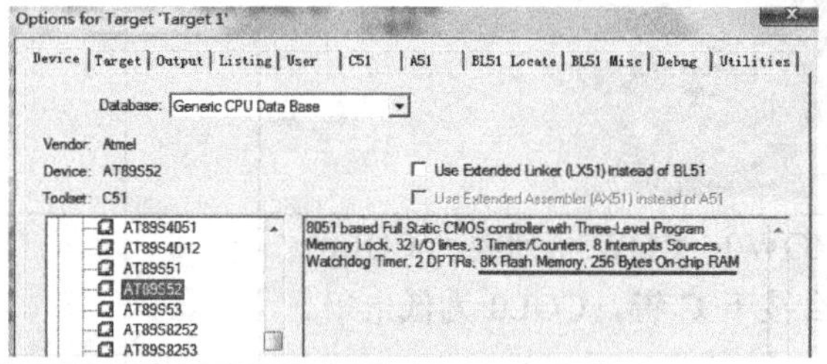

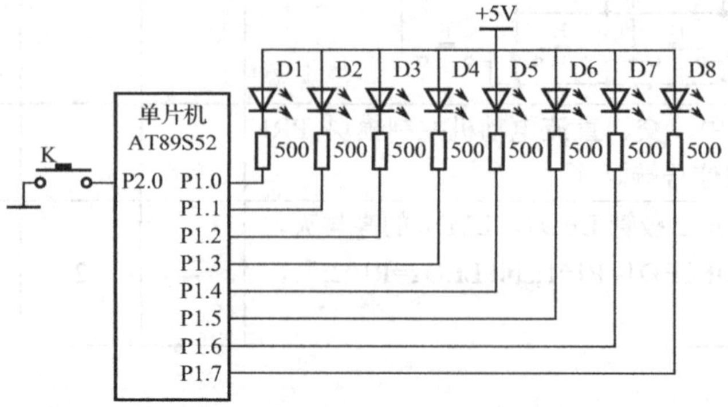

题号	试题	答案	组卷代码		
			类别	难度	考点

	sbit k=P2^0;
	main()
	{
	while(1)
	{
	if(k==0)________;
	else P1=0xff;
	}
	}				

87.	电路如下图所示，用按钮开关K控制8个发光二极管的亮与灭，若按住开关，D5～D8亮，否则全灭，那么C语言控制程序中横线处应填写“P1=0x55”。（　　）
	
	sbit k=P2^0;
	main()
	{
	while(1)
	{
	if(k==0)________;
	else P1=0xff;
	}
	}
			2	2	3111

88.	在C语言中执行a=a<<1，等价于a除以2。（　　）		1	2	3111
89.	当51单片机外接晶振频率为24MHz时，一个机器周期为0.5μs。（　　）		2	2	3111
90.	AT89S52单片机的20脚为+5V电源，40脚为GND。（　　）		2	2	3111
91.	AT89S52单片机的18、19脚接晶振，为单片机提供时钟频率。（　　）		2	2	3111
92.	在YL-236单片机实训考核装置中，单片机控制智能物料搬运装置应用时，除主机模块、电源模块外，必须用的模块还有继电器模块和传感器配接模块。（　　）		2	3	3111
93.	DS18B20是数字温度传感器，LM35是模拟温度传感器。（　　）		2	2	3111
94.	下图为YL-236单片机控制功能实训考核装置中的步进电动机模块驱动器，图中方框标记的拨码开关1、2、3用来设置步进电动		2	2	3111

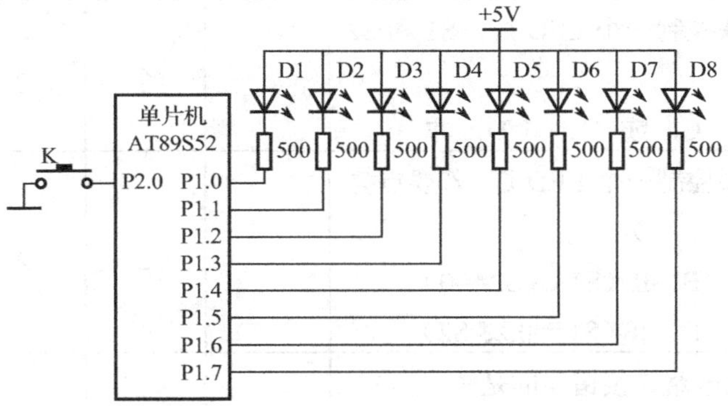

题号	试题	答案	组卷代码		
			类别	难度	考点
	机的驱动电流。（　　） 				
95.	下图为YL-236单片机控制功能实训考核装置中的ADC0809模数转换模块，图中$\overline{CS}$的作用是片选信号。（　　） 		2	2	3111
96.	ADC0809模数转换芯片的分辨率为8位。（　　）		2	2	3111
97.	在51单片机扩展时，P0口和P2口为地址线，其中P0口为复用数据线。（　　）		2	3	3111
98.	C语言编程中，在一个函数内定义的变量是全局变量。（　　）		1	2	3111
99.	电磁继电器的输出触点通常有3个，分别为NO、NC、COM。（　　）		2	2	3111
100.	YL-236单片机实训考核装置中的液晶显示器为不带字库LCD12864。（　　）		2	2	3111
101.	单片机编程软件有Keil C51 、MedWin V3、TKStudio V3、SL-ISP。（　　）		2	2	3111
102.	用Keil软件编写程序，编译下载到单片机里的文件为“xx.hex”。（　　）		2	2	3111
103.	用汇编语言编程，新建文件的扩展名为“.doc”。（　　）		2	2	3111
104.	用C语言编程，新建文件的扩展名为“. c”。（　　）		2	2	3111
105.	单片机C51中改变寄存器组用关键字using。（　　）		1	2	3111
106.	将P1口的高4位全部置高电平的表达式是P1|=0x0f。（　　）		2	2	3111
107.	51单片机上电复位后，各I/O口的状态全部为高电平。（　　）		1	2	3111
108.	AT89S52单片机所用的电源是+5V。（　　）		1	1	3111
109.	单片机内部有两个物理上独立的接收、发送缓冲器SBUF，占用同一地址99H。（　　）		1	3	3111
110.	AT89S52单片机P0口可以分时复用，以节约I/O口。（　　）		2	3	3111

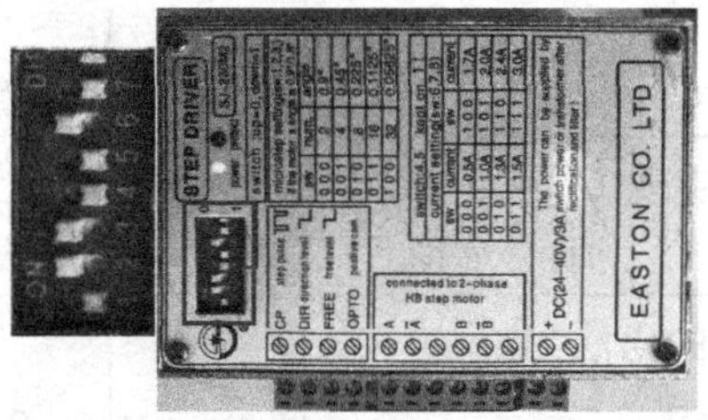

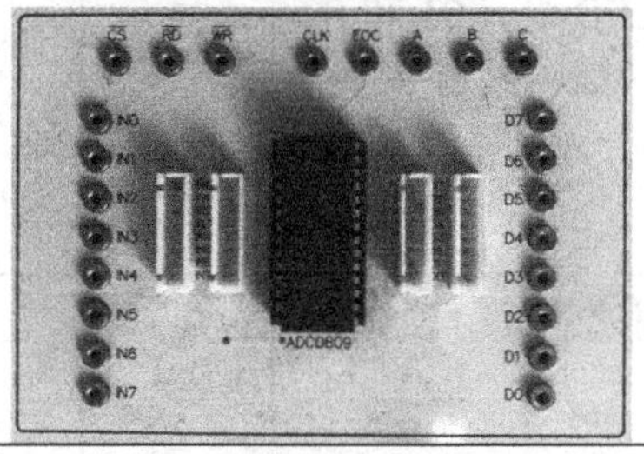

3.2 选择题

题号	试题	答案	类别	难度	考点
			组卷代码		
1.	轻触开关在单片机控制系统中常用于实现（　）功能。 A. 显示　　B. 输出　　C. 输入　　D. 处理		2	1	3112
2.	用 C 语言编程实现独立按键程序功能的语法为（　）。 A. while 语句　　　　B. if 语句 C. for 语句　　　　D. switch 语句		2	1	3112
3.	两个钮子开关 S1 和 S2 串联控制一个 LED 灯，S1 和 S2 是(　)关系。 A. 与　　　　　　B. 非 C. 或　　　　　　D. 与非		2	2	3112
4.	在 I/O 口检测按键是否按下，消除按键抖动须延时（　）。 A. 10～20ms　　　　B. 5～10μs C. 1s　　　　　　D. 2s		2	3	3112
5.	下列选项中不属于键盘控制方式的是（　）。 A. 程控方式　　　　B. 中断方式 C. 定时方式　　　　D. 延时方式		2	3	3112
6.	在定时器中断操作中，允许定时器产生中断的寄存器是（　）。 A. TMOD　　　　B. TCON C. IE　　　　　D. SCON		1	2	3112
7.	单片机 C 语言编程中，用关键字（　）定义单片机的端口。 A. sbit　　　　　B. bit C. unsigned char　　D. unsigned int		1	1	3112
8.	51 单片机中用关键字（　）改变寄存器组。 A. interrupt　　　　B. unsigned C. using　　　　　D. define		1	1	3112
9.	定时/计数器 T0 的工作方式 1 是（　）。 A. 8 位计数器结构　　B. 2 个 8 位计数器结构 C. 13 位计数结构　　D. 16 位计数结构		1	2	3112
10.	轻触开关也称轻触按钮，有（　）组常开触点。		1	2	3112

题号	试题	答案	类别	难度	考点
			组卷代码		
	A. 1　　B. 2　　C. 3　　D. 4				
11.	矩阵键盘程序设计流程为（　）。 A. 判断若有键闭合→消除键抖动→再次判断是否有键按下→判断键号并转入对应的键处理 B. 判断若有键闭合→再次判断是否有键按下→消除键抖动→判断键号并转入对应的键处理 C. 消除键抖动→判断若有键闭合→判断键号并转入对应的键处理 D. 判断若有键闭合→判断键号并转入对应的键处理		2	3	3112
12.	两个钮子开关 S1 和 S2 并联控制一个 LED 灯，S1 和 S2 是（　）关系。 A. 与　　B. 与非　　C. 或　　D. 非		2	2	3112
13.	两个钮子开关 S1 和 S2 串联控制一个 LED 灯，若要点亮 LED 灯，则 C 语言程序为（　）。 A. if（S1==0&&S2==0）　　B. if（S1&&S2==0） C. if（S1==0‖S2==0）　　D. if（S1==0&&S2）		2	2	3112
14.	下列选项中，开关与单片机电路连接错误的是（ 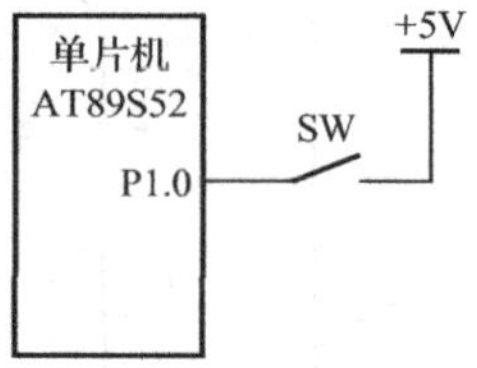 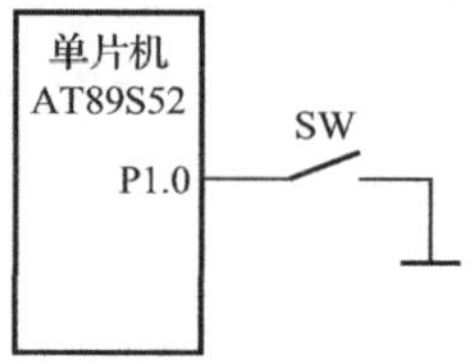 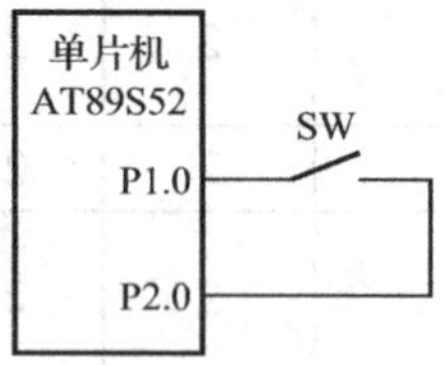 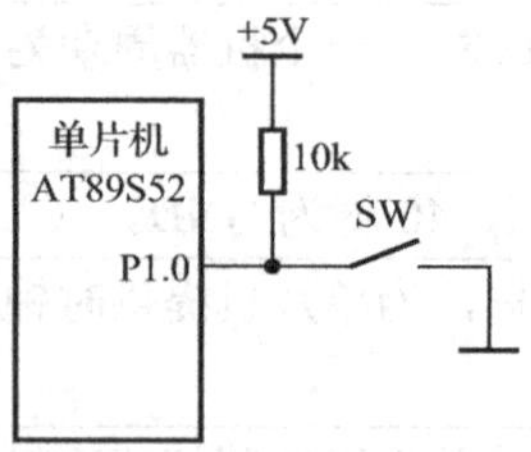　）。 		2	1	3112
15.	下图为 YL-236 单片机控制功能实训考核装置中的钮子开关电路，图中电阻 R1 的作用为（　）。		2	1	3112

题号	试题	答案	组卷代码		
			类别	难度	考点
	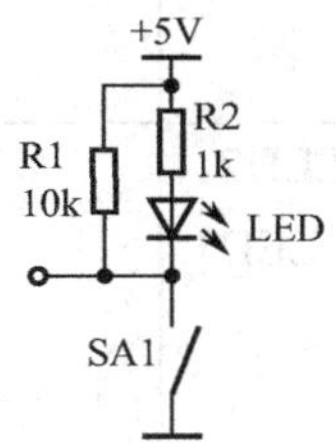 A. 分压　　　　　　B. 限流 C. 上拉电阻　　　　D. 下拉电阻				
16.	AT89S52 单片机的 P0 口由（　　）、输入缓冲器、切换开关、一个与非门、一个与门及场效应管驱动电路构成。 A. 锁存器　　　　　B. 上拉电阻 C. 二极管　　　　　D. 三极管		2	1	3112
17.	if 语句中条件判断表达式必须用（　　）括起来，在语句之后必须加分号。 A. 小括号　　　　　B. 中括号 C. 大括号　　　　　D. 双引号		2	1	3112

18.	电路如下图所示，若闭合钮子开关 SW 时 LED1 亮，断开 SW 时 LED1 灭，则 C 语言控制程序为（　　）。
	
	A.
	```\nsbit sw=P1^0;\nsbit LED1=P1^1;\nmain(){\n while(1)\n {\n if(sw==0)LED1=0;\n else LED1=1;\n }\n}\n```
	B.
	```\nsbit sw=P1^0;\nsbit LED1=P1^1;\nmain(){\n while(1)\n {\n if(!sw==0)LED1=0;\n else LED1=1;\n }\n}\n```
			2	2	3112

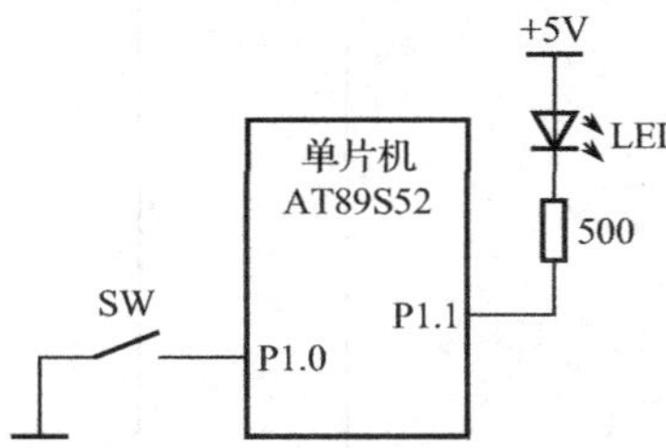

题号	试题	答案	组卷代码		
			类别	难度	考点

	C.
	```\nsbit sw=P1^0;\nsbit LED1=P1^1;\nmain(){\n while(1)\n {\n if(sw==1)LED1=0;\n else LED1=1;\n }\n}\n```
	D.
	```\nsbit sw=P1^0;\nsbit LED1=P1^1;\nmain(){\n while(1)\n {\n if(sw)LED1=0;\n else LED1=1;\n }\n}\n```				

19.	电路如下图所示，若闭合钮子开关 SW 时 LED1 灭，断开 SW 时 LED1 亮，则 C 语言控制程序为（　　）。
	
	A.
	```\nsbit sw=P1^0;\nsbit LED1=P1^1;\nmain(){\n while(1)\n {\n if(sw==0)LED1=0;\n else LED1=1;\n }\n}\n```
	B.
	```\nsbit sw=P1^0;\nsbit LED1=P1^1;\nmain(){\n while(1)\n {\n if(sw==1)LED1=0;\n else LED1=1;\n }\n}\n```
	C.
	```\nsbit sw=P1^0;\nsbit LED1=P1^1;\nmain(){\n while(1)\n {\n if(!sw==1)LED1=0;\n else LED1=1;\n }\n}\n```
	D.
	```\nsbit sw=P1^0;\nsbit LED1=P1^1;\nmain(){\n while(1)\n {\n if(!sw==0)LED1=1;\n else LED1=0;\n }\n}\n```
			2	2	3112

20.	电路连接及程序如下图所示，若闭合钮子开关 SW 时 LED1 亮，断开 SW 时 LED1 灭，则 C 语言程序中 if 后的括号内应填写（　　）。		2	2	3112

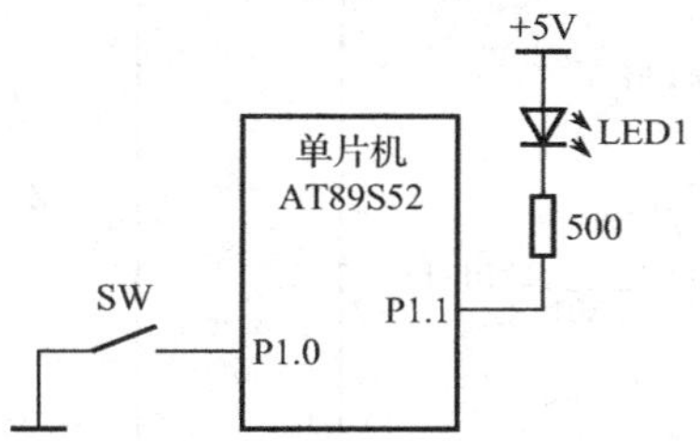

<table>
<tr><th rowspan="2">题号</th><th rowspan="2">试题</th><th rowspan="2">答案</th><th colspan="3">组卷代码</th></tr>
<tr><th>类别</th><th>难度</th><th>考点</th></tr>
<tr><td></td><td>
sbit sw=P1^0;
sbit LED1=P1^1;
main(){
while(1)
{
if(   )LED1=0;
else LED1=1;
}
}
A. sw　B. sw==0　C. sw==1　D. !sw</td><td></td><td></td><td></td><td></td></tr>
<tr><td>21.</td><td>电路连接及程序如下图所示，若闭合钮子开关 SW 时 LED1 灭，断开 SW 时 LED1 亮，则 C 语言控制程序中横线处应填写（　　）。

sbit sw=P1^0;
sbit LED1=P1^1;
main(){
while(1)
{
if(_____)LED1=1;
else LED1=0;
}
}
A. !sw　B. sw==0
C. sw　D. !sw==1</td><td></td><td>2</td><td>2</td><td>3112</td></tr>
<tr><td>22.</td><td>下图为指令模块中的钮子开关，当钮子开关 SA1 闭合时，SA1 插孔输出（　　）。

A. 高电平　B. 低电平　C. 无输出　D. -5V</td><td></td><td>2</td><td>1</td><td>3112</td></tr>
<tr><td>23.</td><td>下图为 YL-236 单片机控制功能实训考核装置中的钮子开关电路，图中电阻 R2 的作用为（　　）。
</td><td></td><td>2</td><td>1</td><td>3112</td></tr>
</table>

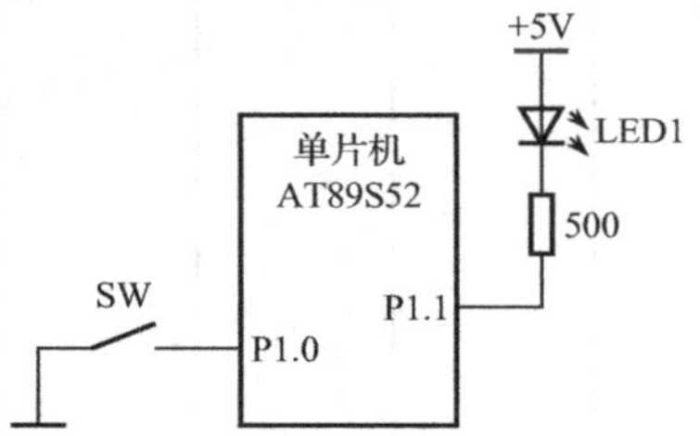

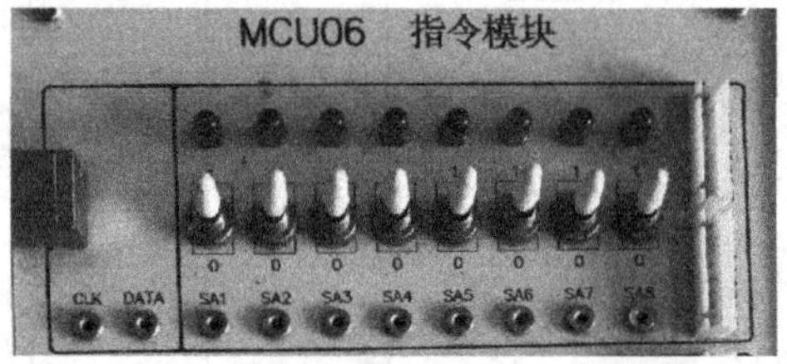

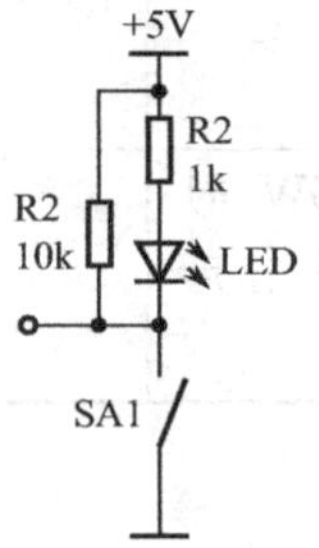

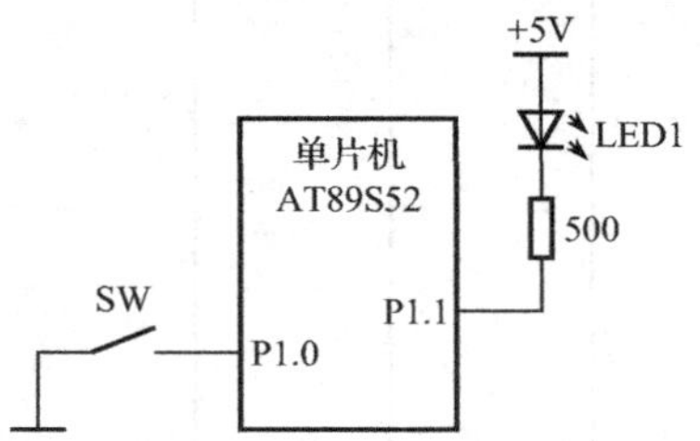

<table>
<tr><th rowspan="2">题号</th><th rowspan="2">试题</th><th rowspan="2">答案</th><th colspan="3">组卷代码</th></tr>
<tr><th>类别</th><th>难度</th><th>考点</th></tr>
<tr><td></td><td>A. 分流　B. 限流
C. 上拉电阻　D. 下拉电阻</td><td></td><td></td><td></td><td></td></tr>
<tr><td>24.</td><td>电路如下图所示，用 SW 控制发光二极管 LED1、LED2，SW 闭合时，LED1 亮，LED2 灭；SW 断开时，LED1 灭，LED2 亮。相应的 C 语言控制程序为（　　）。

A.
sbit SW=P1^2;
sbit LED1=P1^0;
sbit LED2=P1^1;
main()
{
while(1)
{
if(SW==0)
{
LED1=0;
LED2=1;
}
else
{
LED1=1;
LED2=0;
}
}
}
B.
sbit SW=P1^2;
sbit LED1=P1^0;
sbit LED2=P1^1;
main()
{
while(1)
{
if(SW==0)
{
LED1=1;
LED2=0;
}
else
{
LED1=0;
LED2=1;
}
}
}
C.
sbit SW=P1^2;
sbit LED1=P1^0;
sbit LED2=P1^1;
main()
{
while(1)
{
if(!SW)
{
LED1=1;
LED2=0;
}
else
{
LED1=0;
LED2=1;
}
}
}
D.
sbit SW=P1^2;
sbit LED1=P1^0;
sbit LED2=P1^1;
main()
{
while(1)
{
if(SW==1)
{
LED1=0;
LED2=1;
}
else
{
LED1=1;
LED2=0;
}
}
}</td><td></td><td>2</td><td>2</td><td>3112</td></tr>
<tr><td>25.</td><td>电路如下图所示，用 SW 控制发光二极管 LED1、LED2，SW 闭合时，LED1 灭，LED2 亮；SW 断开时，LED1 亮，LED2 灭。相应的 C 语言控制程序中横线处应填写（　　）。</td><td></td><td>2</td><td>2</td><td>3112</td></tr>
</table>

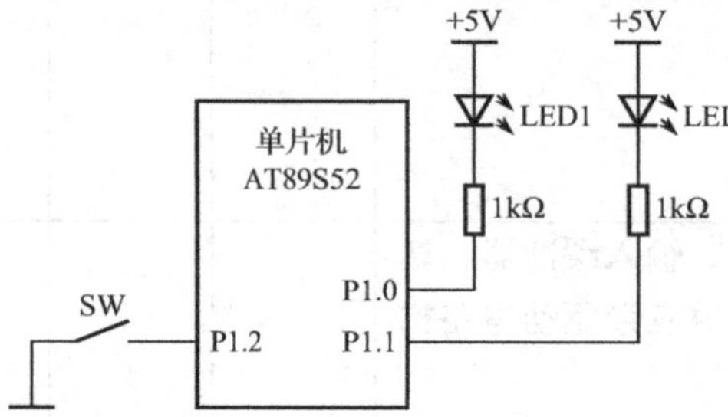

题号	试题	答案	组卷代码		
			类别	难度	考点

	sbit SW=P1^2;
	sbit LED1=P1^0;
	sbit LED2=P1^1;
	main()
	{
	while(1)
	{
	if(SW==0) {LED1=1;LED2=0;}
	else{ ______________ }
	}
	}
	A. LED1=LED2=0; B. LED1=LED2=1;
	C. LED1=0;LED2=1; D. LED1=1;LED2= !LED2;				

26.	电路如下图所示，用 SW 控制发光二极管 LED1、LED2、LED3， SW 闭合时，LED1、LED3 亮，LED2 灭；SW 断开时， LED2 亮，LED1、LED3 灭。错误的 C 语言控制程序为（ ）。
	
	A.
	sbit SW=P1^3;
	sbit LED1=P1^0;
	sbit LED2=P1^1;
	sbit LED3=P1^2;
	main()
	{
	while(1)
	{
	if(SW==0) {LED1=0;LED2=1;LED3=0;}
	else {LED1=1;LED2=0;LED3=1;}
	}
	}
	B.
	sbit SW=P1^3;
	sbit LED1=P1^0;
	sbit LED2=P1^1;
	sbit LED3=P1^2;
	main()
	{
	while(1)
	{
	if(SW==0) {LED1=LED2=0;LED3=1;}
	else {LED1=LED2=1;LED3=0;}
	}
	}
	C.
	sbit SW=P1^3;
	sbit LED1=P1^0;
	sbit LED2=P1^1;
	sbit LED3=P1^2;
	main()
	{
	while(1)
	{
	if(SW==0)LED1=0,LED2=0,LED3=1;
	else LED1=1,LED2=1,LED3=0;
	}
	}
	D.
	sbit SW=P1^3;
	sbit LED1=P1^0;
	sbit LED2=P1^1;
	sbit LED3=P1^2;
	main()
	{
	while(1)
	{
	if(SW==0)LED1=0;LED2=0;LED3=1;
	else LED1=1;LED2=1;LED3=0;
	}
	}
			2	2	3112

27.	电路及程序如下图所示，用 SW 控制发光二极管 LED1、LED2、LED3，SW 闭合时，LED1、LED3 亮，LED2 灭；SW 断开时， LED2 亮，LED1、LED3 灭。C 语言控制程序中横线处应填写（ ）。
	
	sbit SW=P1^3;
	sbit LED1=P1^0;
	sbit LED2=P1^1;
	sbit LED3=P1^2;
	main()
	{
	while(1)
	{
	if(SW==0) {LED1=0;LED2=1;LED3=0;}
	else{ ______________ }
	}
	}
	A. LED1=LED2=0;LED3=1;
	B. LED1=LED3=1;LED2=0;
	C. LED1=1;LED2=1;LED3=1;
	D. LED1=LED3=0;LED2=0;
			2	2	3112

28.	在 C 语言编程中，定义变量为无符号整型的类型说明符是（ ）。 A. int B. unsigned int C. unsigned long D. unsigned short		1	1	3112
29.	在 C 语言编程中，定义变量 X 为 int 类型，则 X 的数据范围为（ ）。 A. 0～255 B. 0～65535 C. -32768～32767 D. 0～65536		1	1	3112

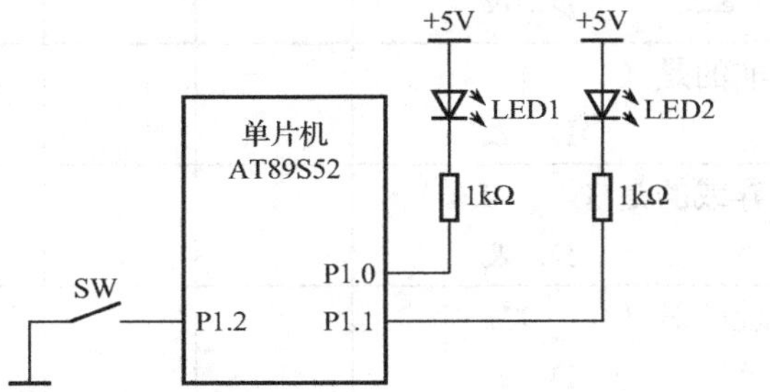

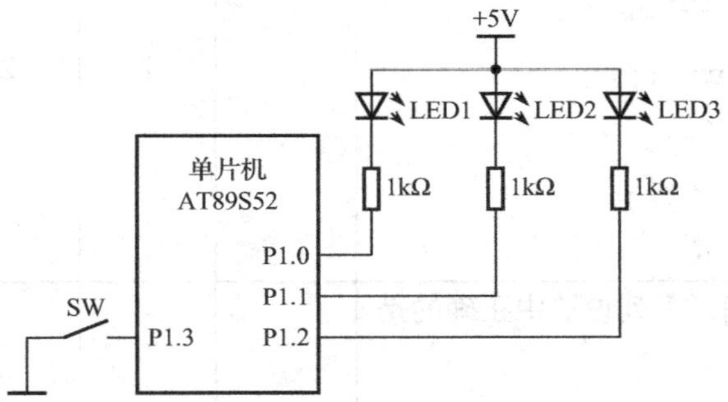

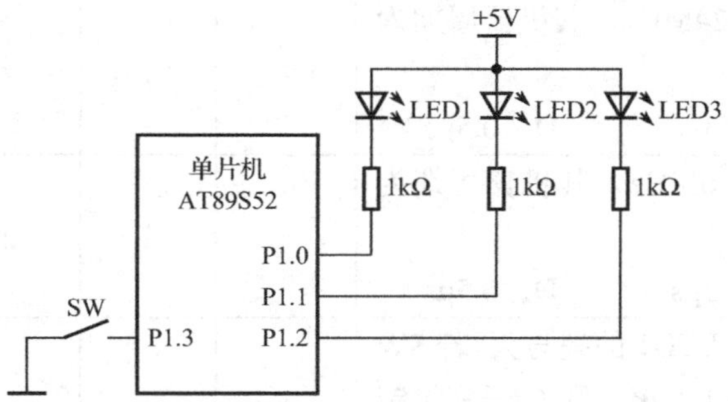

<table>
<tr><th rowspan="2">题号</th><th rowspan="2">试题</th><th rowspan="2">答案</th><th colspan="3">组卷代码</th></tr>
<tr><th>类别</th><th>难度</th><th>考点</th></tr>
<tr><td>30.</td><td>在 C 语言编程中，1 字节用（　　）位二进制表示。
A. 4　　B. 8　　C. 16　　D. 32</td><td></td><td>1</td><td>1</td><td>3112</td></tr>
<tr><td>31.</td><td>AT89S52 单片机 I/O 口内部结构中，无内部上拉电阻的是（　　）口。
A. P0　　B. P1　　C. P2　　D. P3</td><td></td><td>2</td><td>2</td><td>3112</td></tr>
<tr><td>32.</td><td>AT89S52 单片机片内程序存储器 ROM 空间为（　　）。
A. 2KB　　B. 8KB　　C. 4KB　　D. 60KB</td><td></td><td>2</td><td>1</td><td>3112</td></tr>
<tr><td>33.</td><td>AT89S52 单片机的时钟频率为 12MHz，其机器周期为（　　）。
A. 1μs　　B. 2μs　　C. 3μs　　D. 0.5μs</td><td></td><td>1</td><td>2</td><td>3112</td></tr>
<tr><td>34.</td><td>AT89S52 单片机的时钟频率为 24MHz，其机器周期为（　　）。
A. 1μs　　B. 2μs　　C. 3μs　　D. 0.5μs</td><td></td><td>1</td><td>2</td><td>3112</td></tr>
<tr><td>35.</td><td>AT89S52 单片机的时钟频率为 6MHz，其机器周期为（　　）。
A. 1μs　　B. 2μs　　C. 3μs　　D. 0.5μs</td><td></td><td>1</td><td>2</td><td>3112</td></tr>
<tr><td>36.</td><td>用钮子开关 SW 控制发光二极管 LED1 的亮与灭，若 SW 闭合时 LED1 亮，SW 断开时 LED1 灭，则 C 语言控制程序为（　　）。
A.
sbit SW=P1^3;
sbit LED1=P1^0;
main()
{
while(1)
{
LED1=SW=0?0:1;
}
}
B.
sbit SW=P1^3;
sbit LED1=P1^0;
main()
{
while(1)
{
LED1=SW=0?1:0;
}
}
C.
sbit SW=P1^3;
sbit LED1=P1^0;
main()
{
while(1)
{
LED1=SW==0?1:0;
}
}
D.
sbit SW=P1^3;
sbit LED1=P1^0;
main()
{
while(1)
{
LED1=SW==0?0:1;
}
}</td><td></td><td>2</td><td>2</td><td>3112</td></tr>
<tr><td>37.</td><td>C 语言逻辑运算符中，实现逻辑与的是（　　）。
A. ‖　　B. &&　　C. !　　D. &</td><td></td><td>1</td><td>1</td><td>3112</td></tr>
<tr><td>38.</td><td>C 语言逻辑运算符中，实现逻辑或的是（　　）。
A. ‖　　B. !　　C. &&　　D. &</td><td></td><td>1</td><td>1</td><td>3112</td></tr>
<tr><td>39.</td><td>C 语言位操作运算符中，实现位非的是（　　）。
A. ~　　B. !　　C. |　　D. &</td><td></td><td>1</td><td>1</td><td>3112</td></tr>
<tr><td>40.</td><td>C 语言位操作运算符中，实现位异或的是（　　）。
A. ~　　B. !　　C. ^　　D. &</td><td></td><td>1</td><td>1</td><td>3112</td></tr>
<tr><td>41.</td><td>C 语言指针运算符中，用于取地址的是（　　）。
A. ~　　B. !　　C. *　　D. &</td><td></td><td>1</td><td>2</td><td>3112</td></tr>
<tr><td>42.</td><td>C 语言指针运算符中，用于取内容的是（　　）。
A. ~　　B. !　　C. *　　D. &</td><td></td><td>1</td><td>2</td><td>3112</td></tr>
<tr><td>43.</td><td>在下列程序中定义一个函数，用于求两个数中的大数，函数返回值类型为（　　）。
int max(int a, int b)
{
if (a>b) return a;
else return b;
}
A. 整型　　B. 长整型
C. 字符型　　D. 短整型</td><td></td><td>2</td><td>2</td><td>3112</td></tr>
<tr><td>44.</td><td>在下列程序中定义一个函数，用于求两个数中的大数，函数返回值类型为（　　）。
bit max(int a, int b)
{
if (a>b) return 1;
else return 0;
}
A. 整型　　B. 长整型
C. 字符型　　D. 位</td><td></td><td>2</td><td>2</td><td>3112</td></tr>
<tr><td>45.</td><td>在 C 语言中定义数组为 int a[10]，下列说法中正确的是（　　）。
A. 整型数组，11 个元素
B. 长整型数组，10 个元素
C. 字符型数组，10 个元素
D. 整型数组，10 个元素</td><td></td><td>1</td><td>2</td><td>3112</td></tr>
<tr><td>46.</td><td>在 C 语言中执行 k=10%2，结果为（　　）。
A. 2　　B. 5　　C. 0　　D. 10</td><td></td><td>1</td><td>1</td><td>3112</td></tr>
<tr><td>47.</td><td>在 C 语言中执行 k=10/2，结果为（　　）。
A. 10　　B. 0　　C. 5　　D. 2</td><td></td><td>1</td><td>2</td><td>3112</td></tr>
<tr><td>48.</td><td>下列程序实现的功能为（　　）。</td><td></td><td>2</td><td>3</td><td>3112</td></tr>
</table>

<table>
<tr><th rowspan="2">题号</th><th rowspan="2">试题</th><th rowspan="2">答案</th><th colspan="3">组卷代码</th></tr>
<tr><th>类别</th><th>难度</th><th>考点</th></tr>
<tr><td></td><td><pre>
sbit SW=P1^1;
sbit LED=P1^0;
LED_on_off(bit k){
    LED=k;
}
main(){
    while(1){
        LED_on_off(SW);
    }
}
</pre>A．SW 闭合，LED 灯亮
B．SW 闭合，LED 灯灭
C．上电灯亮，不受 SW 控制
D．上电灯灭，不受 SW 控制</td><td></td><td></td><td></td><td></td></tr>
<tr><td>49.</td><td>用两个开关 SW1、SW2 控制一个灯 L，任意开关闭合，灯没亮时能亮，亮着时能灭。下列 C 语言控制程序中横线处应填写（　　）。
A．|　B．&&　C．||　D．&<pre>
sbit SW1=P2^0;
sbit SW2=P2^1;
sbit L=P1^0;
main(){
    while(1){
        if((SW1==1&&SW2==0)______(SW1==0&&SW2==1))L=0;
        else L=1;
    }
}
</pre></td><td></td><td>2</td><td>2</td><td>3112</td></tr>
<tr><td>50.</td><td>用两个开关控制一个灯，任意开关闭合，灯没亮时能亮，亮着时能灭。下列 C 语言控制程序中横线处应填写（　　）。
A．①&&　②||　　B．①||　②&&
C．①&&　②&&　　D．①||　②||<pre>
sbit SW1=P2^0;
sbit SW2=P2^1;
sbit L=P1^0;
main(){
    while(1){
        if((SW1==1 _①_ SW2==0)||(SW1==0 _②_ SW2==1))L=0;
        else L=1;
    }
}
</pre></td><td></td><td>2</td><td>2</td><td>3112</td></tr>
<tr><td>51.</td><td>在 C 语言中，x=0xfe，执行一次 x=x<<1，则 x 结果为（　　）。
A．x=0xfc　　B．x=0xf8
C．x=0xf0　　D．x=0xfa</td><td></td><td>2</td><td>1</td><td>3112</td></tr>
<tr><td>52.</td><td>在 C 语言中，x=0xff，执行一次 x=x>>2，则 x 结果为（　　）。
A．x=0x3f　　B．x=0x7f
C．x=0x0f　　D．x=0xbf</td><td></td><td>2</td><td>1</td><td>3112</td></tr>
<tr><td>53.</td><td>在 C 语言中，执行一次 x=_crol_(0xfe,1)，则 x 结果为（　　）。
A．x=0xf3　　B．x=0xfd
C．x=0xfc　　D．x=0xf7</td><td></td><td>2</td><td>2</td><td>3112</td></tr>
<tr><td>54.</td><td>在 C 语言中，执行一次 x=_cror_(0x7f,1)，则 x 结果为（　　）。
A．x=0x3f　　B．x=0xcf
C．x=0xbf　　D．x=0x7f</td><td></td><td>2</td><td>2</td><td>3112</td></tr>
<tr><td>55.</td><td>在 C 语言中，m=0100，执行一次 m>>1，相当于（　　）。
A．m 除以 2　　B．m 除以 4
C．m 乘以 2　　D．m 乘以 4</td><td></td><td>2</td><td>2</td><td>3112</td></tr>
<tr><td>56.</td><td>AT89S52 单片机的 XTAL1 和 XTAL2 引脚序号是（　　）。
A．18、19　　B．19、18
C．20、40　　D．9、31</td><td></td><td>2</td><td>1</td><td>3112</td></tr>
<tr><td>57.</td><td>AT89S52 单片机的工作电压范围是（　　）。
A．0～5V　　B．0.7～5.5V
C．3.5～5.5V　　D．0～12V</td><td></td><td>2</td><td>1</td><td>3112</td></tr>
<tr><td>58.</td><td>使一个发光二极管 LED 闪烁，下列 C 语言控制程序中横线处应填写（　　）。<pre>
sbit L1=P1^0;
delay(unsigned int t){while(t--);}
main(){
    while(1){
        L1=!L1;

        ______;
    }
}
</pre>A．delay(50000)　　B．delay(50)
C．delay(70000)　　D．delay(200)</td><td></td><td>2</td><td>2</td><td>3112</td></tr>
<tr><td>59.</td><td>使一个发光二极管 LED 闪烁，下列 C 语言控制程序中横线处应填写（　　）。<pre>
sbit LED=P1^0;
unsigned int i;
main(){
    while(1){
        LED=0;
        i=0;
        while(i<30000) ______;
        LED=1;
        i=30000;
        while(i>0) ______;
    }
}
</pre></td><td></td><td>2</td><td>2</td><td>3112</td></tr>
</table>

题号	试题	答案	组卷代码		
			类别	难度	考点
	A．i++、i--　　B．i--、i++ C．i=30000、i=0　　D．i=0、i=30000				
60.	在 C 语言中，执行一次 m<<1，相当于（　　）。 A．m 除以 4　　B．m 除以 2 C．m 乘以 2　　D．m 乘以 4		2	2	3112
61.	下图为指令模块中的按钮开关，当按钮开关 SB1 闭合时，SB1 插孔输出（　　）。 A．高电平　　B．低电平 C．无输出　　D．−5V		2	1	3112

62.	如下图所示，用按钮开关 K1 控制发光二极管 D1，按下 K1 时 D1 点亮，再按下 K1 时 D1 灭，依次循环。C 语言控制程序中横线处应填写（　　）。
	
	sbit K=P1^1;
	sbit D1=P1^0;
	main(){
	　while(1){
	　　if(K==0)　　//如果K按下
	　　{
	　　　while(K==0);　　//如果按住，就等待
	　　　______;　　//按钮释放,LED反转
	　　}
	　}
	}
	A．D1=0　　B．D1=!D1
	C．D1=1　　D．D1=0xff
			2	2	3112

63.	如下图所示，用按钮开关 K1 控制发光二极管 D1，按下 K1 时 D1 点亮，再按下 K1 时 D1 灭，依次循环。C 语言控制程序中横线处应填写（　　）。		2	2	3112

题号	试题	答案	组卷代码		
			类别	难度	考点

	sbit K=P1^1;
	sbit D1=P1^0;
	main(){
	　while(1){
	　　if(K==0)　　//如果K按下
	　　{
	　　　______;　　//如果按住，就等待
	　　　LED=!LED;　　//按钮释放,LED反转
	　　}
	　}
	}
	A．while(k==0)　　B．while(k==1)
	C．if(k==1)　　D．if(k==0)				

64.	C 语言转移字符中，回车换行是（　　）。 A．\r　　B．\n　　C．\f　　D．\b		1	3	3112
65.	C 语言转移字符中，回车是（　　）。 A．\f　　B．\n　　C．\r　　D．\b		1	3	3112
66.	按键的合断都存在一个抖动的暂态过程，这种抖动的暂态过程持续（　　）的时间，人的肉眼是觉察不到的，但高速 CPU 是有反应的，可能产生误处理。为了保证键动作一次，仅做一次处理，必须采取措施消除抖动。 A．10～20ms　　B．200～300ms C．500～1000ms　　D．5～20μs		2	2	3112
67.	磁性开关的核心部件是（　　），在封闭的玻璃管中有两根互不相连的金属电极，当有磁性物体靠近时，两电极被磁化相互吸引而导通。实际应用时为了指示状态，常在回路中串接一只发光二极管。 A．舌簧开关　　B．舌簧闭合 C．电磁铁　　D．磁性传感器		2	2	3112
68.	智能物料搬运装置中，机械手到达各工位是通过（　　）来判断的。 A．光敏传感器　　B．继电器 C．轻触限位开关　　D．接近传感器		2	2	3112
69.	继电器的输出触点通常有 3 个，以下选项中不正确的是		2	2	3112

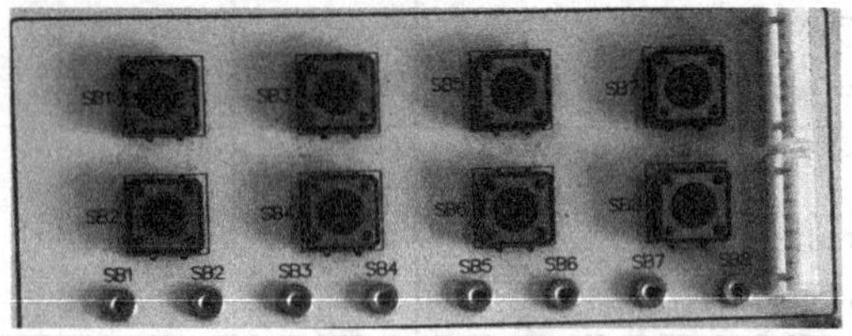

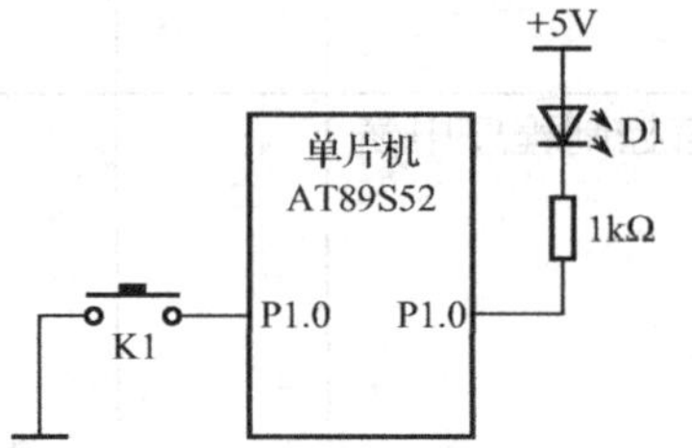

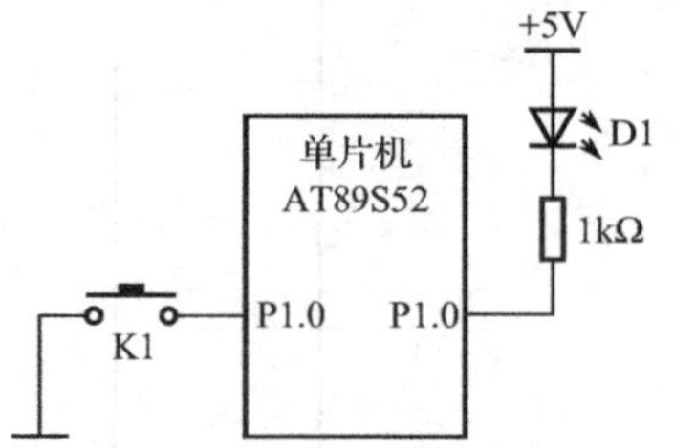

题号	试题	答案	组卷代码		
			类别	难度	考点
	（　　）。 A. NO　　B. NL　　C. NC　　D. COM				
70.	在绘制程序流程图时，判断框用（　　）表示。 A. 　　B. C. 　　D.		1	1	3112
71.	常用键盘/显示接口芯片有（　　）。 A. LS377、8255、8279　　B. 8253、8279 C. 8279、8255　　D. 8253、8255		2	2	3112
72.	8255 主要用于扩展端口，矩阵键盘常与 8255 的（　　）口相连接。 A. PA　　B. PB　　C. PC　　D. P0		2	2	3112

73.	用一个按钮开关控制 4 个 LED 灯，开机时，D1 亮 1s，然后关闭，其他灯不亮；点按开关第 1 次，D1 亮；第 2 次，D1、D2 亮；第 3 次，D1、D3 亮；第 4 次，D1、D4 亮；第 5 次，D1、D2、D3、D4 全亮；第 6 次，全部关闭。下列 C 语言控制程序中横线处应填写（　　）。
	`sbit K=P2^0;`
	`sbit D1=P1^0;sbit D2=P1^1;sbit D3=P1^2;sbit D4=P1^3;`
	`void delay(unsigned int i){ while(i--);} //延时函数`
	`main(){`
	`    unsigned char m=0;      //按键计次变量`
	`    D1=0;D2=D3=D4=1;        //开机D1亮`
	`    delay(55550);delay(55550); //延时约1s`
	`    while(1){`
	`        /*按键处理部分*/`
	`        if(K==0){`
	`            delay(200);       //消抖动`
	`            if(K==0){`
	`                m=(m+1)%6; //循环加法`
	`                while(K==0);//等待键释放`
	`            }`
	`        }`
	`        /*灯控制功能部分*/`
	`        if(m==0){D1=D2=D3=D4=off;}           //初始及按第6次，全关`
	`        else if(m==1){ D1=0;D2=D3=D4=1;} //按第1次,点亮D1`
	`        else if(m==2){ ____________;} //按第2次,点亮D1，D2`
	`        else if(m==3){ D1=D3=0;D2=D4=1;} //按第3次,点亮D1，D3`
	`        else if(m==4){ D1=D4=0;D2=D3=1;} //按第4次,点亮D1，D4`
	`        else if(m==5){ D1=D2=D3=D4=0;}   //按第5次,点亮全部`
	`    }`
	`}`
	A. D1=D2=0;D3=D4=1　　B. D1=D2=1;D3=D4=0
	C. D1=D3=0;D2=D4=1　　D. D1=D3=1;D2=D4=0
			2	3	3112

74.	用一个按钮开关控制 4 个 LED 灯，开机时，D1 亮 1s，然后关闭，其他灯不亮；点按开关第 1 次，D1 亮；第 2 次，D1、D2 亮；第 3 次，D1、D3 亮；第 4 次，D1、D4 亮；第 5 次，D1、D2、D3、D4 全亮；第 6 次，全部关闭。下列 C 语言控制程序中横线处应填写（　　）。
	`sbit K=P2^0;`
	`sbit D1=P1^0;sbit D2=P1^1;sbit D3=P1^2;sbit D4=P1^3;`
	`void delay(unsigned int i){ while(i--);}`
	`main(){`
	`    unsigned char m=0;`
	`    D1=0;D2=D3=D4=1;`
	`    delay(55550);delay(55550);`
	`    while(1){`
	`        if(K==0){`
	`            delay(200);`
	`            if(K==0){`
	`                ____________`
	`                while(K==0);`
	`            }`
	`        }`
	`        if(m==0){D1=D2=D3=D4=off;}`
	`        else if(m==1){ D1=0;D2=D3=D4=1;}`
	`        else if(m==2){ D1=D2=0;D3=D4=1;}`
	`        else if(m==3){ D1=D3=0;D2=D4=1;}`
	`        else if(m==4){ D1=D4=0;D2=D3=1;}`
	`        else if(m==5){ D1=D2=D3=D4=0;}`
	`    }`
	`}`
	A. m=(m+1)%5;　　B. m=(m+1)%6;
	C. m=(m+1)%4;　　D. m=(m+1)%7;
			2	3	3112

75.	用一个按钮开关控制 LED 灯，按下按钮，LED 灯亮，否则 LED 灯灭。C 语言控制程序中端口定义正确的是（　　）。 A. `sbit k1=P1.0;` `sbit d1=P2.0;`　　B. `sbit k1=P1^0;` `sbit d1=P2.0;` C. `bit k1=P1.0;` `bit d1=P2^0;`　　D. `sbit k1=P1^0;` `sbit d1=P2^0;`		2	2	3112
76.	4×4 矩阵键盘编程中可以利用反转法获得键值，该方法主要是用异或运算得到键值，异或的逻辑关系为（　　）。 A. 相同为 0，不同为 1　　B. 相同为 1，不同为 0 C. 有 0 出 0，全 1 出 1　　D. 有 1 出 1，全 0 出 0		2	3	3112

77.	用 while 语句求 $\sum_{n=1}^{100} n$，下列 C 语言程序中横线处应填写（　　）。
	`main()`
	`{`
	`    int i,sum=0;`
	`    i=1;`
	`    while(i<=100)`
	`        {`
	`            sum=sum+i;`
	`            ________;`
	`        }`
	`    printf("%d\n",sum);`
	`}`
	A. i++　　B. i=0　　C. i--　　D. i=100
			1	3	3112

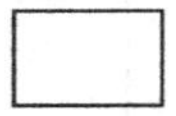

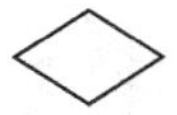

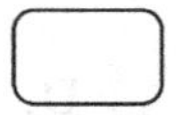

题号	试题	答案	组卷代码		
			类别	难度	考点
78.	C 语言中的 for 语句格式是（　　）。 A．for(循环变量赋初值；循环变量增量；循环条件) 语句 B．for(循环条件；循环变量赋初值；循环变量增量) 语句 C．for(循环条件；循环变量增量；循环变量赋初值) 语句 D．for(循环变量赋初值；循环条件；循环变量增量) 语句		1	2	3112
79.	C 语言中的逻辑运算符优先级是（　　）。 A．‖（或）→!（非）→&&（与） B．&&（与）→!（非）→‖（或） C．!（非）→‖（或）→&&（与） D．!（非）→&&（与）→‖（或）		1	2	3112

80.	电路连接如下图所示，用按钮开关 SB1 控制发光二极管 LED7 的亮与灭，C 语言控制程序中横线处应填写（　　）。
	
	sbit K=P2^0;
	sbit LED=P0^0;
	delay(unsigned int i){
	　while(i--);
	}
	main(){
	　while(1){
	　　if(K==0){
	　　　delay(20000);
	　　　if(K==0){
	　　　　______;
	　　　　while(K==0);
	　　　}
	　　}
	　}
	}
	A．LED=!LED　　B．LED=0
	C．LED=1　　D．LED=0X00
			2	2	3112

81.	电路连接如下图所示，用两个钮子开关控制发光二极管 LED7 的亮与灭，任意一个开关闭合，灯灭时就亮，亮着时就灭。C 语言控制程序中横线处应填写（　　）。
	
	sbit SW1=P2^0; sbit SW2=P2^1;
	sbit L=P1^0;
	main(){
	　while(1){
	　　if(SW1 ___ SW2)L=0;
	　　else L=1;
	　}
	}
	A．=　　B．==　　C．!=　　D．‖
			2	2	3112

82.	下图为 AT89S52 单片机引脚图，单片机第 9 脚功能是（　　）。 A．振荡电路　　B．电源 C．复位　　D．内外部程序存储器选择		2	2	3112
83.	AT89S52 单片机主机模块如下图所示，图中圆圈标记的开关功能是（　　）。 A．振荡电路　　B．内/外部 ROM 选择 C．复位　　D．内/外部 RAM 选择		2	2	3112
84.	物料搬运装置工位限位开关如下图所示，下列描述正确		2	2	3112

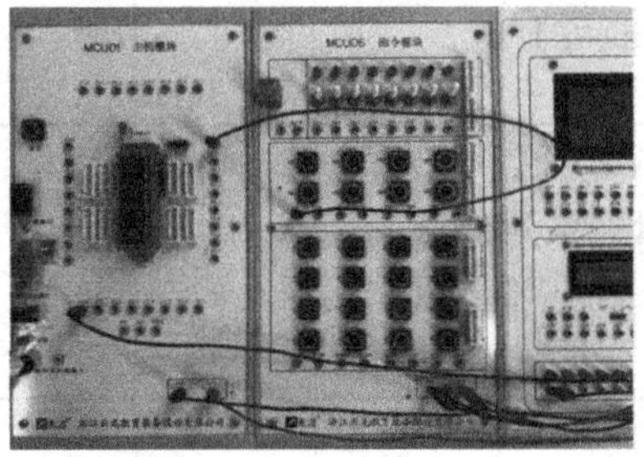

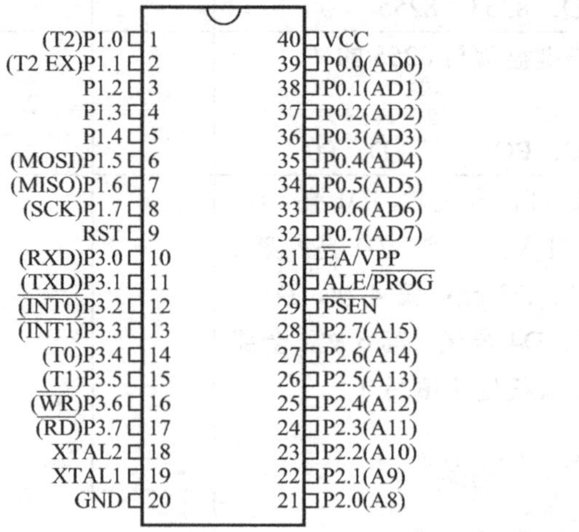

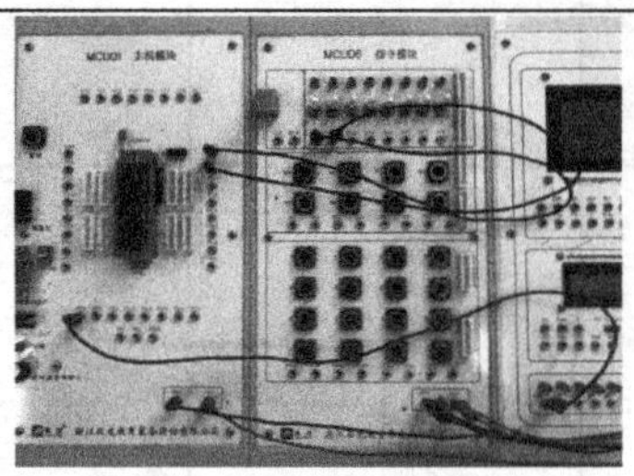

题号	试题	答案	组卷代码		
			类别	难度	考点
	的是（  ）。 A．由1组常开、1组常闭组成 B．由2组常开、2组常闭组成 C．由2组常开、1组常闭组成 D．由1组常开、2组常闭组成				
85.	物料搬运装置工位限位开关如下图所示，限位开关的作用是（  ）。 A．断开电源 B．检测工位一是否到位 C．检测工位二是否到位 D．检测工位三是否到位		2	2	3112

86.	利用数组取矩阵键盘的键值，下列程序中横线处应填写（ ）。
	
	``
	unsigned char code sz[4][4]={ 7, 8, 9, 0xF,
	                             4, 5, 6, 0xE,
	                             1, 2, 3, 0xD,
	                             0, 0xA, 0xB, 0xC};
	unsigned char key(){
	    unsigned char i,j;
	    for(i=0;i<4;++i){
	        P0=_crol_(0xef,i);
	        for(j=0;____;j++){
	            if((P0&_cror_(0x08,j))==0)return sz[i][j];
	        }
	    }
	    return 16;
	}
	main(){
	    while(1){
	        P3=key();
	    }
	}
	``
			2	3	3112

题号	试题	答案	组卷代码		
			类别	难度	考点
	A．j<4　　　B．j<=4　　　C．j<5　　　D．j<=5				

87.	如下图所示，利用扫描法取矩阵键盘的键值，程序中横线处应填写（ 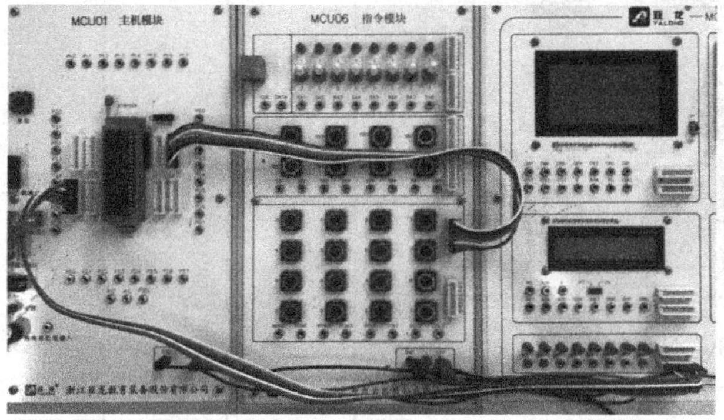 ）。
	
	``
	sbit row0=P0^4;sbit row1=P0^5;sbit row2=P0^6;sbit row3=P0^7;
	sbit col0=P0^3;sbit col1=P0^2;sbit col2=P0^1;sbit col3=P0^0;
	unsigned char key(){
	    unsigned char k=16;
	    row0=row1=row2=row3=col0=col1=col2=col3=1;
	    row0=0;
	    if(col0==0)k=7;
	    else if(col1==0)k=8;
	    else if(col2==0)k=9;
	    else if(col3==0)k=15;
	    row0=1;
	    row1=0;
	    if(col0==0)k=4;
	    else if(col1==0)k=5;
	    else if(col2==0)k=6;
	    else if(col3==0)k=14;
	    row1=1;
	    row2=0;
	    if(col0==0)k=1;
	    else if(col1==0)k=2;
	    else if(col2==0)k=3;
	    else if(col3==0)k=13;
	    ____;
	    if(col0==0)k=0;
	    else if(col1==0)k=10;
	    else if(col2==0)k=11;
	    else if(col3==0)k=12;
	    row3=1;
	    return k;
	}
	void main(void){
	    while(1){
	        P3=key();
	    }
	}
	``
	
	A．row2=1、 row3=0
	B．row2=0、 row3=1
	C．row1=1、 row2=0
	D．row1=0、 row2=1
			2	3	3112

88.	下图为矩阵键盘实物图，行线为ROW0～ROW3，列线为COL0～COL3,若ROW1接低电平，那么按下6号键，（ ）为低电平。		2	2	3112

题号	试题	答案	组卷代码		
			类别	难度	考点
	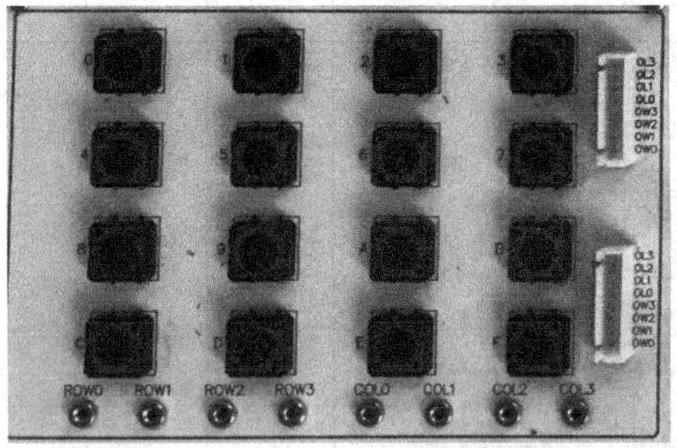 A．列线 COL0　　B．列线 COL2 C．列线 COL1　　D．列线 COL3				
89.	下图为矩阵键盘电路图，行线为 ROW0～ROW3，列线为 COL0～COL3，若 ROW1 接低电平，那么按下 C 键，(　　) 为低电平。 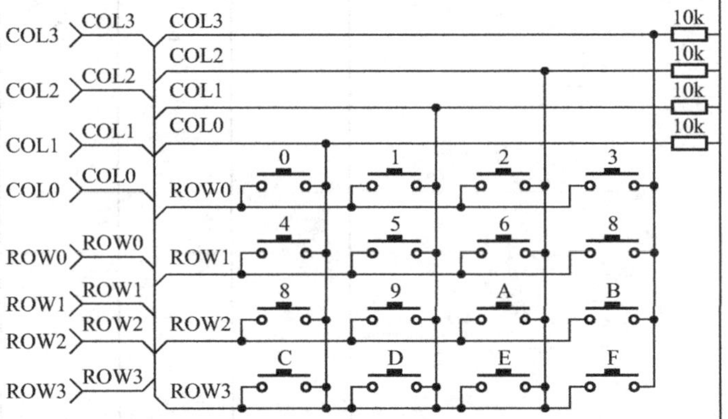 A．列线 COL0　　B．列线 COL2 C．列线 COL1　　D．列线 COL3		2	2	3112
90.	电路如下图所示，用 SW 控制发光二极管 LED1、LED2 的亮与灭，C 语言编程端口定义正确的是（　　）。 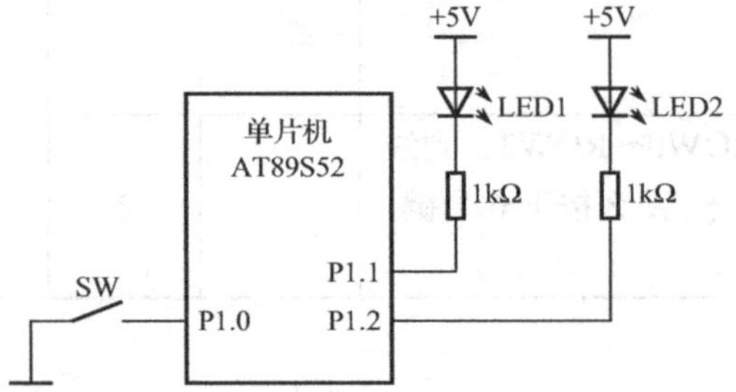		2	2	3112

题号	试题	答案	组卷代码		
			类别	难度	考点
	A. sbit SW=P1^0; sbit LED1=P1^1; sbit LED2=P1^2; B. bit SW=P1^2; bit LED1=P1^1; bit LED2=P1^0; C. sbit SW=P1^2; sbit LED1=P1^1; sbit LED2=P1^0; D. bit SW=P1^0; bit LED1=P1^1; bit LED2=P1^2;				
91.	AT89S52 单片机主机模块如下图所示，图中圆圈标记的按钮开关功能是（　　）。 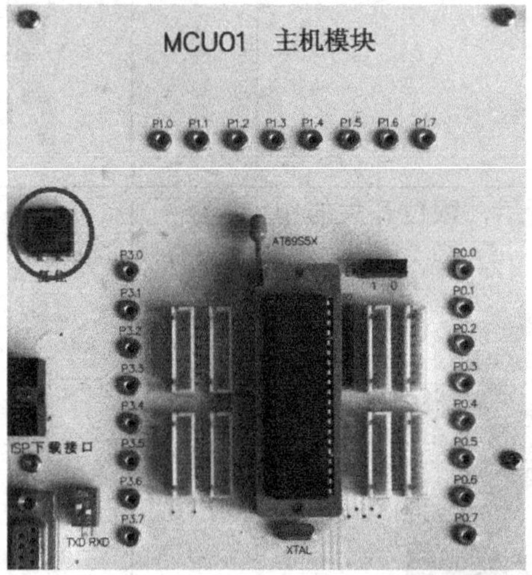 A．电源开关　　B．内外部数据存储器选择 C．复位　　D．内外部程序存储器选择		2	2	3112
92.	下图为矩阵键盘电路图，行线为 ROW0～ROW3，列线为 COL0～COL3，若 ROW1 接低电平，那么按下 F 键，(　　) 为低电平。 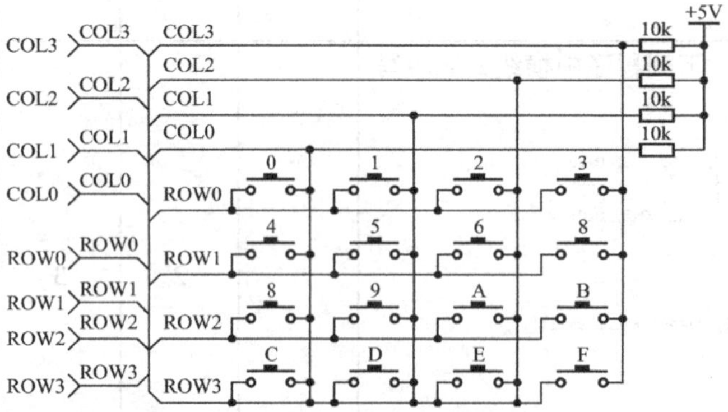 A．列线 COL1　　B．列线 COL2 C．列线 COL0　　D．列线 COL3		2	2	3112

题号	试题	答案	组卷代码		
			类别	难度	考点
93.	AT89S52 单片机主机模块如下图所示，图中方框标记的部分为 P0 口，要使 P0.0～P0.3 口输出高电平，P0.4～P0.7 口输出低电平，正确的程序为（ 　　）。 A．P0=0x0f;　　　B．P0=0x55; C．P0=0xaa;　　　D．P0=0xf0;		2	2	3112
94.	AT89S52 单片机主机模块如下图所示，图中方框标记的部分为 P3 口，要使 P3.1、P3.3、P3.5 口输出低电平，其余端口输出高电平，正确的程序为（ 　　）。 A．P0=0xdd;　　　B．P0=0xd5; C．P0=0x5d;　　　D．P0=0x55;		2	2	3112
95.	AT89S52 单片机主机模块如下图所示，图中圆圈标记的器件是（ 　　）。 		2	2	3112

题号	试题	答案	组卷代码		
			类别	难度	考点
	A．电容　　　　　　B．电阻 C．晶振　　　　　　D．陶瓷滤波器				
96.	AT89S52 单片机主机模块如下图所示，图中圆圈标记的器件作用是（ 　　）。 A．提供方波　　　　B．提供正弦波 C．提供尖脉冲　　　D．提供时钟频率		2	2	3112
97.	AT89S52 单片机主机模块如下图所示，圆圈标记的器件中 TXD、RXD 的作用是（ 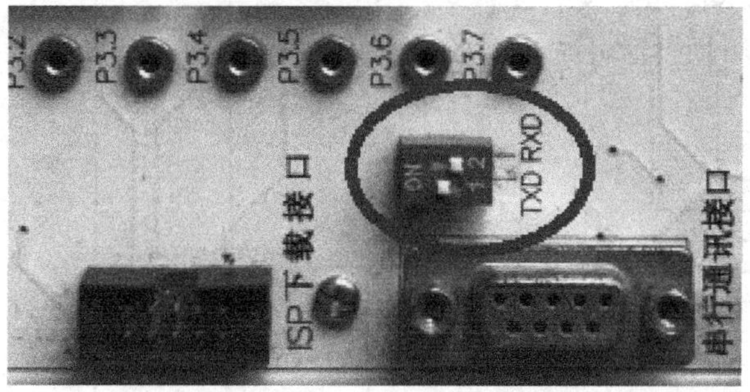　　）。 A．TXD→串行发送，RXD→串行接收 B．TXD→串行接收，RXD→串行发送 C．TXD→频率接收，RXD→频率发送 D．TXD→频率发送，RXD→频率接收		2	3	3112
98.	用 Keil 软件编程实现 AT89S52 单片机控制程序需要加载的头文件为（　　）。 A．#include <ADE5xxx.H> B．#include <uPSD3300.H> C．#include <STC12C5A60S2.H> D．#include <regx52.h>		2	2	3112
99.	如下图所示，在 Keil 软件中选择单片机型号，若选择		2	2	3112

题号	试题	答案	类别	难度	考点
	AT89S52 单片机，则横线处的含义是（ 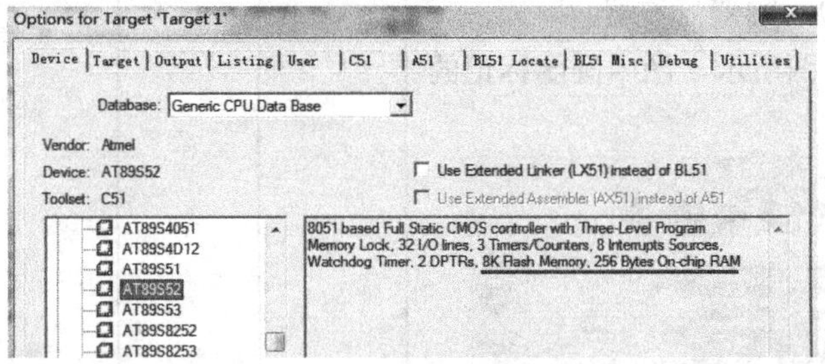　　）。 Options for Target 'Target 1' Device	Target	Output	Listing	User	C51	A51	BL51 Locate	BL51 Misc	Debug	Utilities Database: Generic CPU Data Base Vendor: Atmel Device: AT89S52 Toolset: C51 ☐ Use Extended Linker (LX51) instead of BL51 ☐ Use Extended Assembler (AX51) instead of A51 ☐ AT89S4051 ☐ AT89S4D12 ☐ AT89S51 ☐ AT89S52 ☐ AT89S53 ☐ AT89S8252 ☐ AT89S8253 8051 based Full Static CMOS controller with Three-Level Program Memory Lock, 32 I/O lines, 3 Timers/Counters, 8 Interrupts Sources, Watchdog Timer, 2 DPTRs, 8K Flash Memory, 256 Bytes On-chip RAM A．8000 字节 RAM，256 字节 ROM B．8092 字节 RAM，256 字节 ROM C．8190 字节 ROM，256 字节 RAM D．8192 字节 ROM，256 字节 RAM				

100.	电路如下图所示，用按钮开关 K 控制 8 个发光二极管的亮与灭，按住开关，LED 灯全亮，否则全灭。C 语言控制程序中横线处应填写（ 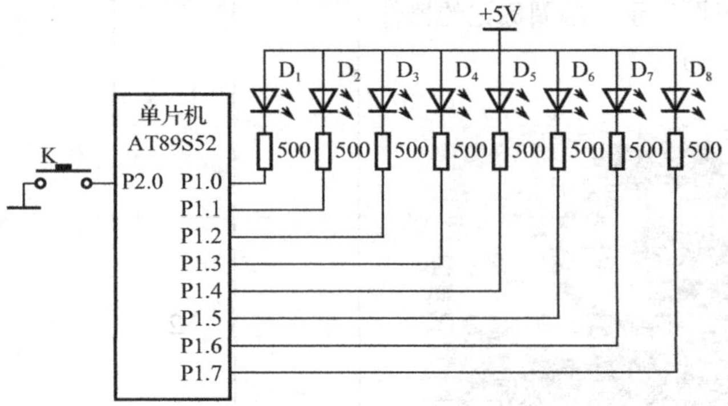　　）。
	
	（电路图：+5V，D1~D8，单片机 AT89S52，K，P2.0，P1.0~P1.7，500Ω电阻）
	
	``
	sbit k=P2^0;
	main()
	{
	    while(1)
	    {
	        if(k==0)_____;
	        else P1=0xff;
	    }
	}
	``
	
	A．P1=0x01　　　　　B．P1=0x00
	C．P1=0x02　　　　　D．P1=0x04
			2	2	3112

101.	下图为矩阵键盘电路图，行线为 ROW0~ROW3，列线为 COL0~COL3，若 COL1 接低电平，那么按下 0 键，（　　）为低电平。		2	2	3112
	（电路图：COL3, COL2, COL1, COL0, ROW0~ROW3, 10k 电阻，按键矩阵 0~F） A．行线 ROW0　　　　B．行线 ROW1 C．行线 ROW2　　　　D．行线 ROW3				
102.	AT89S52 单片机的 P1 口最多能扩展（　　）个按键。 A．8　　　　　　　B．12 C．32　　　　　　　D．16		1	3	3112
103.	下图为 YL-236 单片机控制功能实训考核装置中的发光二极管显示电路，图中电阻 R 的取值为（ 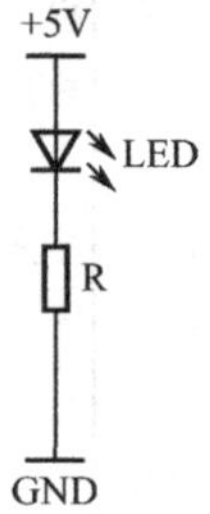　　）。 （电路图：+5V，LED，R，GND） A．几十兆欧　　　　B．几百千欧 C．几欧　　　　　　D．几百欧		1	1	3112
104.	电路如下图所示，用按钮开关 K 控制 8 个发光二极管的亮与灭，按住开关，D4、D5 亮，其余灭；放开开关则全灭。C 语言控制程序中横线处应填写（ 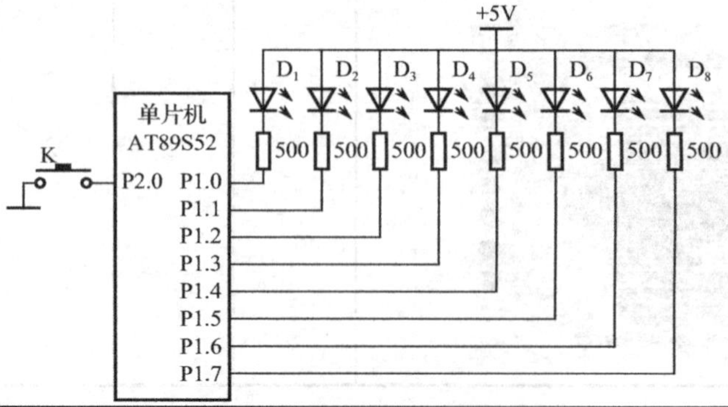　　）。 （电路图：+5V，D1~D8，单片机 AT89S52，K，P2.0，P1.0~P1.7，500Ω电阻）		2	2	3112

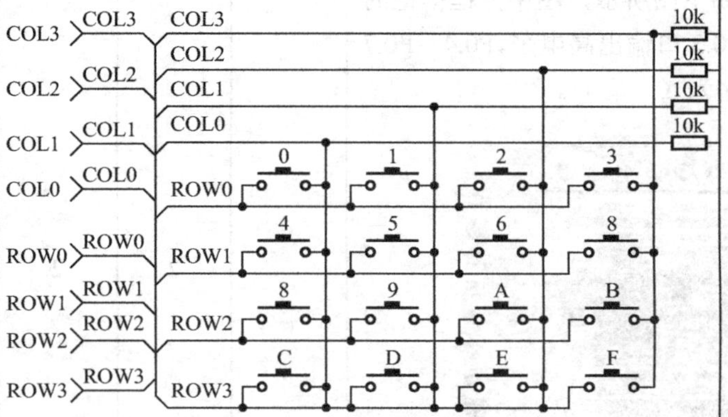

题号	试题	答案	组卷代码		
			类别	难度	考点

	sbit k=P2^0;
	main()
	{
	while(1)
	{
	if(k==0)______;
	else P1=0xff;
	}
	}
	A. P1=0x18 B. P1=0x81
	C. P1=0xe7 D. P1=0x7e				

105.	电路如下图所示，用按钮开关 K 控制 8 个发光二极管的亮与灭，按住开关，D1、D2 亮，其余灭；放开开关，D7、D8 亮，其余灭。C 语言控制程序中横线处应填写（ ）。
	
	sbit k=P2^0;
	main()
	{
	while(1)
	{
	if(k==0)______;
	else P1=0x3f;
	}
	}
	A. P1=0xcf B. P1=0x03
	C. P1=0x30 D. P1=0xfc
			2	2	3112

106.	电路如下图所示，用按钮开关 K 控制 8 个发光二极管的亮与灭，按住开关，D5～D8 亮，其余灭；放开开关，D2、D3 亮，其余灭。C 语言控制程序中横线处应填写（ ）。 		2	3	3112

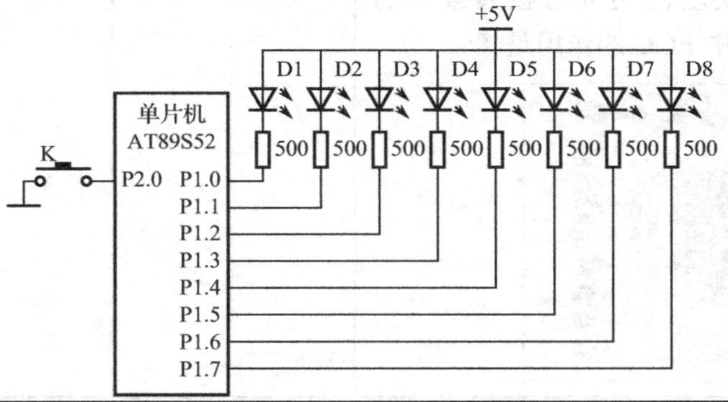

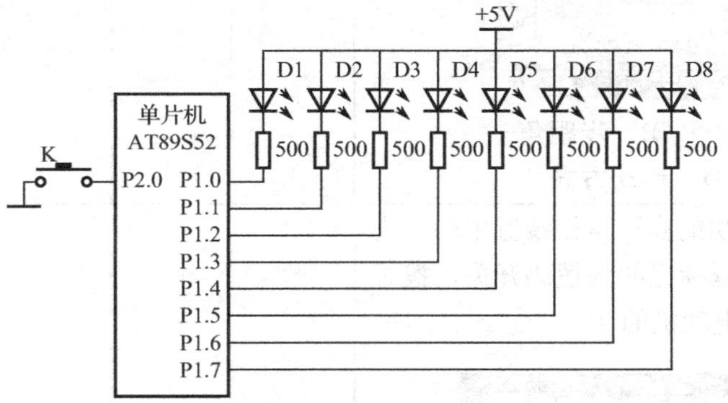

题号	试题	答案	组卷代码		
			类别	难度	考点

	sbit k=P2^0;
	main()
	{
	while(1)
	{
	if(k==0)P1=0x0f;
	else ______;
	}
	}
	A. P1=0xcf B. P1=0x03
	C. P1=0x30 D. P1=0xf9				

107.	下图为模块连接实物图，按钮开关 SB0～SB7 分别对应控制 LED0～LED7，如按下 SB0，LED0 亮，其余灭，放开则全灭，那么 C 语言控制程序中横线处应填写（ ）。
	
	sbit k1=P0^0;sbit k2=P0^1;sbit k3=P0^2;sbit k4=P0^3;
	sbit k5=P0^4;sbit k6=P0^5;sbit k7=P0^6;sbit k8=P0^7;
	sbit D1=P2^0;sbit D2=P2^1;sbit D3=P2^2;sbit D4=P2^3;
	sbit D5=P2^4;sbit D6=P2^5;sbit D7=P2^6;sbit D8=P2^7;
	____()
	{
	while(1)
	{
	if(k1==0)D1=0;
	else if(k2==0)D2=0;
	else if(k3==0)D3=0;
	else if(k4==0)D4=0;
	else if(k5==0)D5=0;
	else if(k6==0)D6=0;
	else if(k7==0)D7=0;
	else if(k8==0)D8=0;
	else P2=0xff;
	}
	}
	A. mani B. while
	C. if D. main
			2	2	3112

108.	下图为模块连接实物图，按钮开关 SB0～SB7 分别对应控制 LED0～LED7，如按下 SB0，LED0 亮，其余灭，放开则全灭，那么 C 语言控制程序中横线处应填写（ ）。		2	2	3112

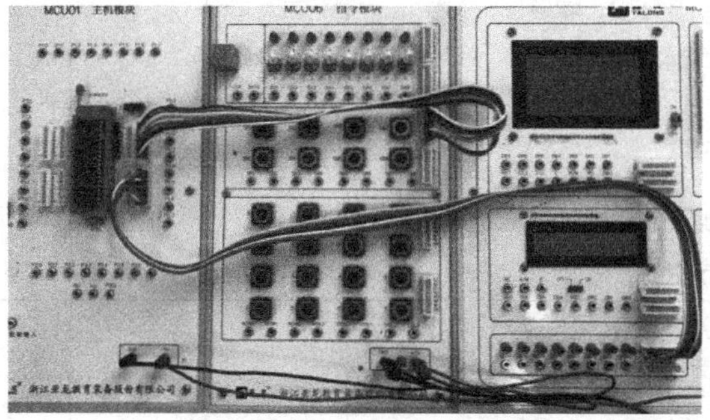

题号	试题	答案	组卷代码		
			类别	难度	考点

	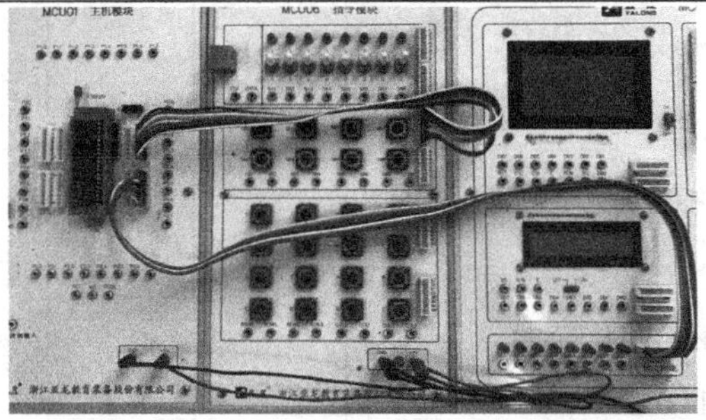
	
	``
	sbit k1=P0^0;sbit k2=P0^1;sbit k3=P0^2;sbit k4=P0^3;
	sbit k5=P0^4;sbit k6=P0^5;sbit k7=P0^6;sbit k8=P0^7;
	main()
	{
	    while(1)
	    {
	    if(k1==0)P2=0xfe;
	    else if(k2==0)P2=0xfd;
	    else if(k3==0)P2=0xfb;
	    else if(k4==0)P2=0xf7;
	    else if(k5==0)P2=0xef;
	    else if(k6==0)_____;
	    else if(k7==0)P2=0xbf;
	    else if(k8==0)P2=0x7f;
	    else P2=0xff;
	    }
	}
	``
	A．P2=0x7b B．P2=0x7d
	C．P2=0xe7 D．P2=0xdf				

109.	下图为模块连接实物图，按钮开关 SB0～SB7 分别对应控制 LED0～LED7，如按下 SB0，LED0 亮，其余灭，放开则全灭，那么 C 语言控制程序中横线处应填写（ 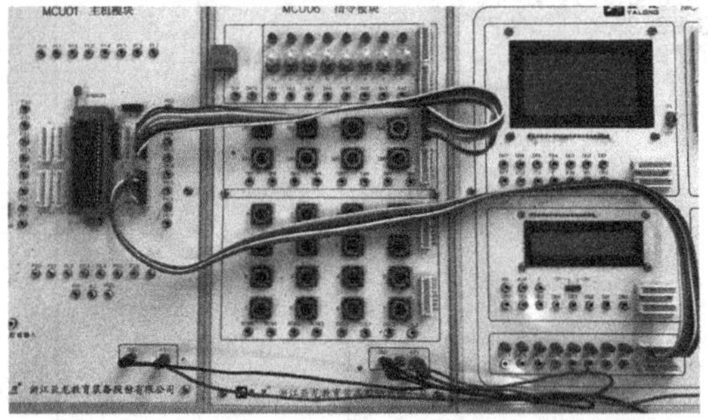　　）。
	
	``
	sbit k1=P0^0;sbit k2=P0^1;sbit k3=P0^2;sbit k4=P0^3;
	sbit k5=P0^4;sbit k6=P0^5;sbit k7=P0^6;sbit k8=P0^7;
	main()
	{
	    while(1)
	    {
	    if(k1==0)P2=0xfe;
	    else if(k2==0)P2=0xfd;
	    else if(k3==0)P2=0xfb;
	    else if(k4==0)P2=0xf7;
	    else if(k5==0)P2=0xef;
	    else if(k6==0)P2=0xdf;
	    else if(k7==0)P2=0xbf;
	    else if(k8==0)P2=0x7f;
	    else _____;
	    }
	}
	``
			2	2	3112

题号	试题	答案	组卷代码		
			类别	难度	考点
	A．P2=0xeb B．P2=0x7d C．P2=0xff D．P2=0x00				
110.	下图为 YL-236 单片机控制功能实训考核装置中的步进电动机模块驱动器，图中方框标记的为拨码开关，拨码开关 1、2、3 用于设置步进电动机的（ 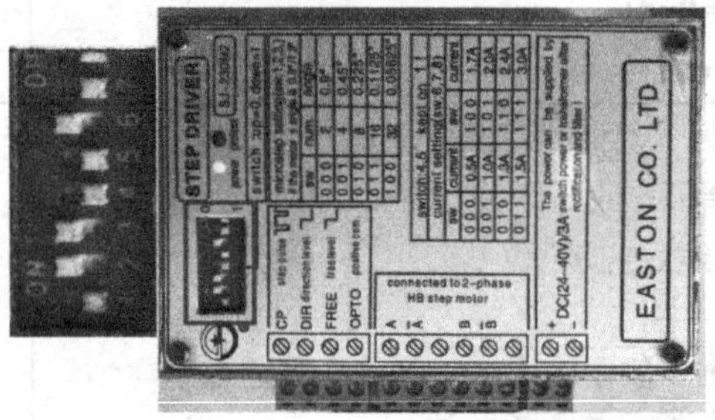　　）。 A．驱动电流 B．步距角 C．工作电压 D．移动方向		2	2	3112
111.	下图为 YL-236 单片机控制功能实训考核装置中的步进电动机模块驱动器，图中方框标记的为拨码开关，拨码开关 6、7、8 用于设置步进电动机的（ 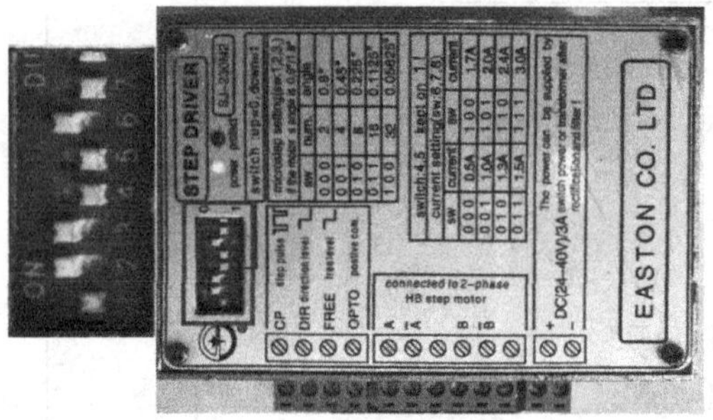　　）。 A．移动方向 B．步距角 C．工作电压 D．驱动电流		2	2	3112
112.	下图为 YL-236 单片机控制功能实训考核装置中的 ADC0809 模数转换模块，图中 EOC 的作用是（ 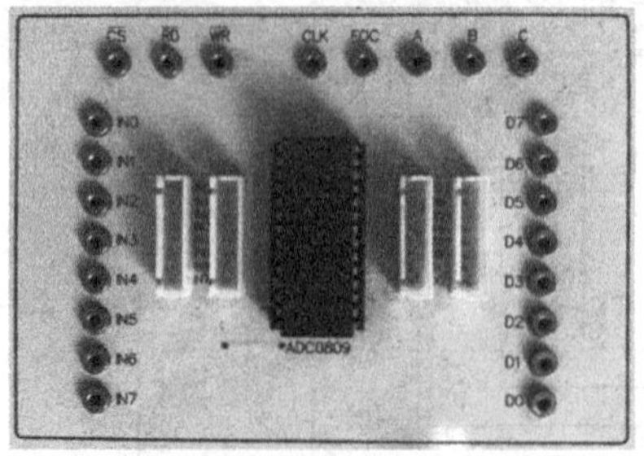　　）。 		2	3	3112

题号	试题	答案	组卷代码		
			类别	难度	考点
	A．A/D 转换是否结束信号　B．转换时钟信号 C．启动 A/D 转换　　　D．允许输出转换结果				
113.	下图为 YL-236 单片机控制功能实训考核装置中的 ADC0809 模数转换模块，图中 A、B、C 用于选择 AD 转换输入通道，若选择 IN2 通道，则 ABC 设置为（ 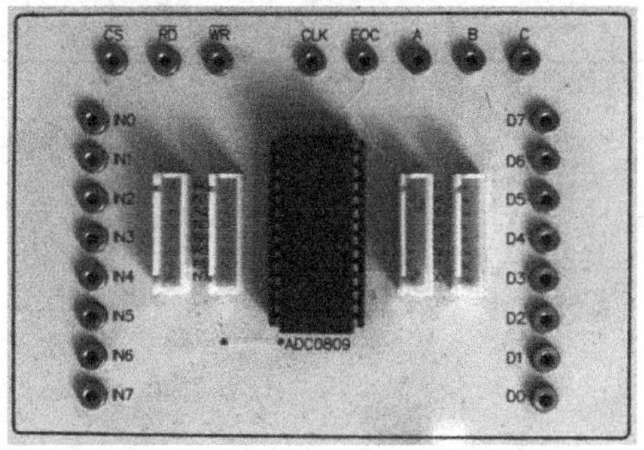　　）。 A．000　　　B．001　　　C．010　　　D．011		2	3	3112
114.	调用函数时，实参是一个数组名，则函数传送的是（　　）。 A．数组的长度　　　B．数组每个元素的值 C．数组的首地址　　　D．数组每个元素的地址		1	3	3112
115.	C 语言编程中，在一个函数内定义的变量是（　　）。 A．简单变量　　　B．全局变量 C．标准变量　　　D．局部变量		1	2	3112
116.	有以下程序段"int k=0; while(k)k++;"，则 while 循环执行的次数是（　　）。 A．无限次　　　B．一次也不执行 C．一次　　　D．语法有误，不执行		1	2	3112
117.	在 C 语言中引用数组元素时，其数组下标的数据类型允许是（　　）。 A．字符变量 B．整型变量和整型表达式 C．浮点型常量 D．任何类型表达式		1	2	3112
118.	C 语言中运算对象必须是整型的运算符是（　　）。 A．<=　　　B．=　　　C．%=　　　D．/		1	2	3112
119.	下列选项中（　　）不是单片机编程软件。 A．Keil C51　　　B．MedWin V3 C．TKStudio V3　　　D．SL-ISP		2	1	3112

题号	试题	答案	组卷代码		
			类别	难度	考点
120.	用汇编语言编程，新建文件的扩展名为（　　）。 A．".c"　　　B．".asm" C．".txt"　　　D．".docx"		2	1	3112
121.	用 Keil 软件编写程序，编译下载到单片机里的文件为（　　）。 A．C 文件　　　B．ASM 文件 C．TXT 文件　　　D．HEX 文件		2	1	3112
122.	注释程序的正确格式为（　　）。 A．//注释//　　　B．/* 注释 */ C．*/ 注释 */　　　D．/ 注释 /		2	1	3112
123.	AT89S52 单片机端口中除了常用 I/O 口，还具有外中断、串行通信等第二功能的端口是（　　）。 A．P0 口　　　B．P1 口 C．P2 口　　　D．P3 口		1	2	3112
124.	AT89S52 单片机的 4 个 I/O 口中，内部不带上拉电阻，在应用时要求外加上拉电阻的是（　　）。 A．P0 口　　B．P1 口　　C．P2 口　　D．P3 口		2	2	3112
125.	单片机 C51 中改变寄存器组用关键字（　　）。 A．interrupt　　　B．unsigned C．using　　　D．define		1	2	3112
126.	一个可执行的 C 程序的开始执行点是（　　）。 A．名为 main 的函数 B．程序中的第一个函数 C．程序中的第一个语句 D．包含文件中的第一个函数		2	2	3112
127.	在 C 语言中通常用一个字符数组来存放一个字符串，已定义字符串的结束标志是（　　）。 A．'/0'　　B．'\0'　　C．'0\'　　D．'/0'		2	3	3112
128.	在 C 语言中，定义 int *a，含义是（　　）。 A．变量 a 是一个指针变量 B．定义变量 a 为字符型 C．定义变量 a 为单精度型 D．定义变量 a 为位变量		1	3	3112
129.	如下图所示，AVR-ISP 是（　　）。		1	2	3112

题号	试题	答案	组卷代码		
			类别	难度	考点
	 A．程序仿真器　　B．USB 转串口 C．程序下载器　　D．串口通信模块				
130.	用线反转法识别有效按键时，如果读入的列线值不全为 1，则说明（　　）。 A．有键被按下 B．一定只有一个键被按下 C．一定有多个键被按下 D．没有键被按下		1	2	3112
131.	可以将 P1 口的低 4 位全部置高电平的表达式是(　　)。 A．P1&=0x0f　　B．P1|=0x0f C．P1^=0x0f　　D．P1=~P1		2	2	3112
132.	可以将 P0 口的高 4 位全部置低电平的表达式是(　　)。 A．P1&=0x0f　　B．P1|=0x0f C．P1^=0x0f　　D．P1=~P1		2	2	3112
133.	ADC0809 启动转换的信号是（　　）。 A．ALE　　B．EOC C．CLOCK　　D．START		2	2	3112
134.	AT89S52 单片机所用的电源是（　　）。 A．±15V　　B．+15V　　C．+5V　　D．±5V		2	1	3112
135.	AT89S52 单片机全部使用外接 ROM 时，（　　）引脚必须接地。 A．PSEN　　B．ALE　　C．RD　　D．EA		2	2	3112
136.	C 语言中，程序 P3|=0x0f 的执行过程是（　　）。 A．读—修改—写　　B．读—写—修改 C．修改—读—写　　D．写—修改—读		2	3	3112
137.	C 语言中，#define 是（　　）。 A．预处理　　B．宏定义 C．位定义　　D．引脚定义		2	2	3112

题号	试题	答案	组卷代码		
			类别	难度	考点
138.	51 单片机上电复位后，各 I/O 口的状态是（　　）。 A．随机数　　B．维持原有内容 C．0x00　　D．0xFF		2	2	3112
139.	C 语言程序中，a=6，b=2，c=10，d=16，执行 d=a/b+c%a 的结果为（　　）。 A．2　　B．5　　C．3　　D．7		1	2	3112

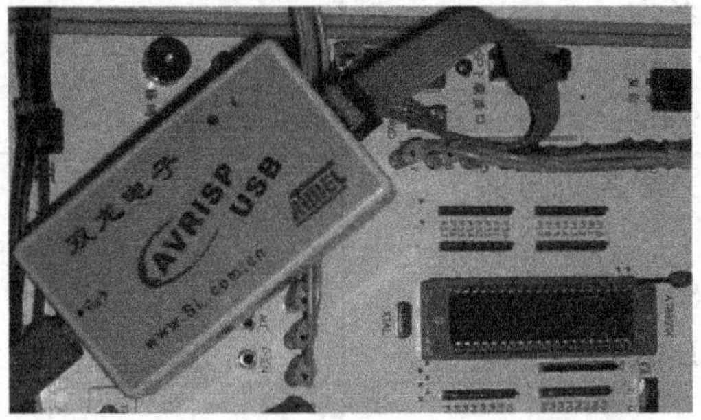

3.3 填空题

题号	试题	答案	组卷代码		
			类别	难度	考点
1.	C 语言中的识别符只能由字母、下画线和________组成。		1	1	3113
2.	AT89S52 单片机内部资源包含在________头文件里。		2	2	3113
3.	C 语言编程用________定义单片机引脚。		2	1	3113
4.	AT89S52 单片机的 ROM 空间大小为________。		2	2	3113
5.	如下图所示，在 YL-236 单片机实训考核装置中，单片机输出________点亮 LED 灯。 		2	1	3113
6.	AT89S52 单片机的 RAM 空间大小为________字节。		1	2	3113
7.	AT89S52 单片机的定时器 T0 有________种工作方式。		1	2	3113
8.	AT89S52 单片机中 TR1=1 的作用是启动定时器________。		1	2	3113
9.	AT89S52 单片机是________电平复位。		2	2	3113
10.	AT89S52 单片机实现串口通信，晶振频率选择________MHz。		2	3	3113
11.	51 单片机中 $\overline{EA}$ 的作用是________选择。		1	2	3113
12.	51 单片机 16 脚 $\overline{WR}$ 的作用是写________信号。		1	3	3113
13.	单片机特殊功能寄存器 TMOD 的功能是以________方式控制寄存器。		2	2	3113
14.	下图为 Keil 编程软件输出文件设置界面，方框所标记内容的作用是编译产生________文件。 		2	2	3113
15.	执行 C 语言程序，程序的起点是主函数________。		1	2	3113
16.	在 Keil 软件中，下列图标的含义是软件________。 Start/Stop Debug Session Ctrl+F5		2	2	3113
17.	如下图所示，利用 Keil 软件编写程序后，需要查看是否能通过编译，图中方框内的提示为 0 错误、________。 		2	2	3113
18.	C 语言中 i++和________功能一致。		1	1	3113
19.	用 unsigned int 定义变量 m，m 的取值范围为________。		1	2	3113
20.	用 unsigned char 定义变量 t，t 的取值范围为________。		1	2	3113
21.	下图为 YL-236 单片机实训考核装置中的钮子开关，C 语言编程时用________语句来判断钮子开关是否闭合。 		2	2	3113
22.	下图为 YL-236 单片机实训考核装置中的钮子开关，若 51 单片机 P0.1 口接钮子开关 SA1，则 C 语言编程时用________定义连接关系。 		2	2	3113
23.	下图为 YL-236 单片机实训考核装置中的钮子开关，若钮子开关 SA3 闭合，则 SA3 插孔输出________。 		2	1	3113
24.	下图为 YL-236 单片机实训考核装置中的按钮开关，若按钮开关 SA2 闭合，则 SA2 插孔输出________。 		2	1	3113

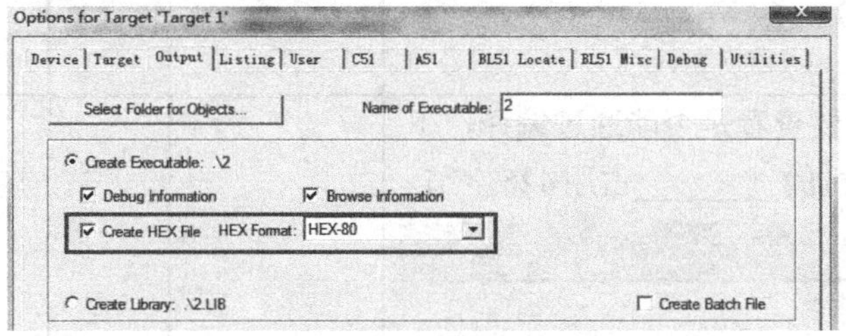

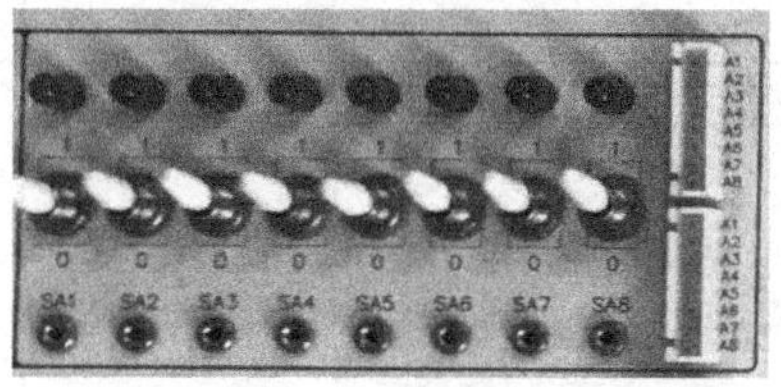

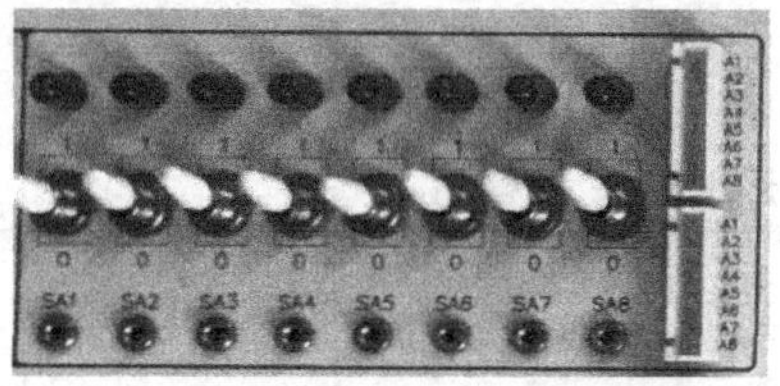

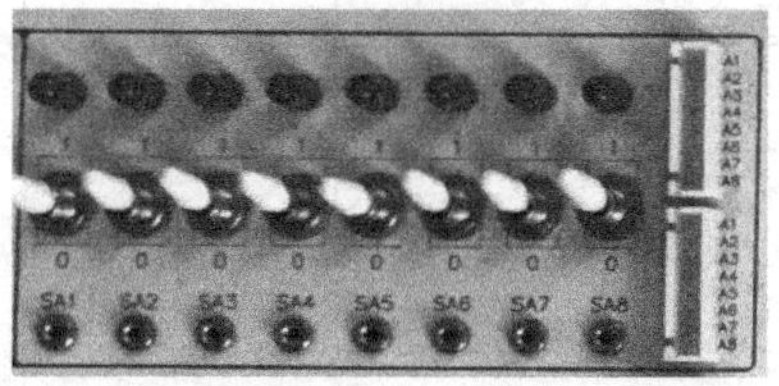

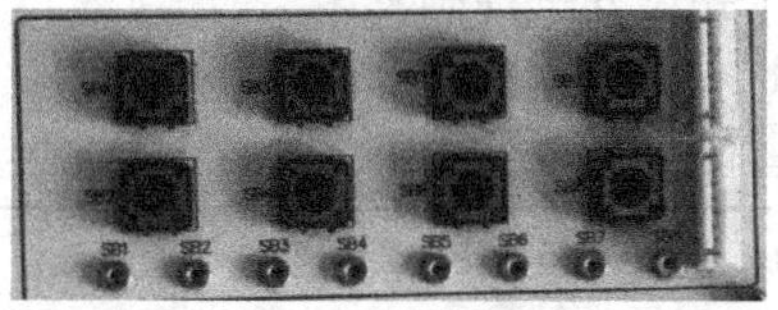

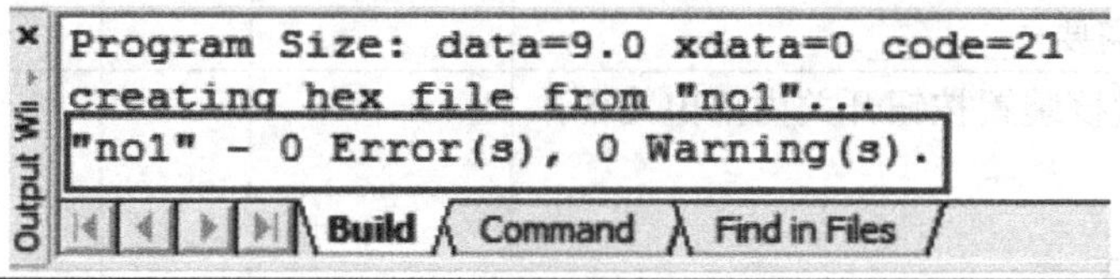

题号	试题	答案	类别	难度	考点
25.	在 YL-236 单片机实训考核装置中,编程实现按钮开关功能时,由于机械触点不稳定,需要_____。		2	2	3113
26.	下图为 YL-236 单片机实训考核装置按钮开关内部电路图,电阻 R1 的作用是_____。 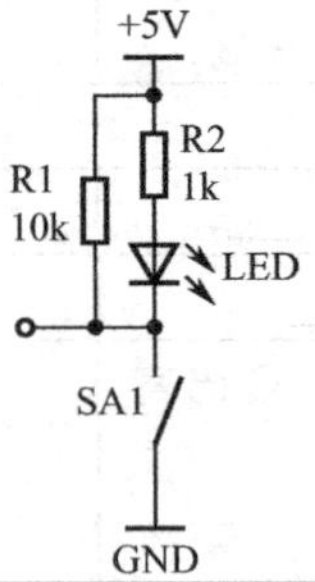 +5V / R2 1k / R1 10k / LED / SA1 / GND		1	2	3113
27.	下图为 YL-236 单片机实训考核装置按钮开关内部电路图,电阻 R2 的作用是_____。 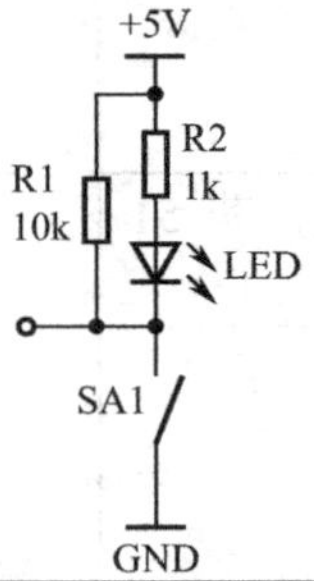 +5V / R2 1k / R1 10k / LED / SA1 / GND		1	2	3113
28.	C 语言中 if 语句有 if、_____、if-else if-else 三种格式。		1	2	3113
29.	C 语言中循环语句有 while、do-while 和_____三种循环结构。		2	2	3113

30.	在 YL-236 单片机实训考核装置中,用一个钮子开关控制发光二极管的亮与灭,若开关闭合,LED 灯亮,否则灯灭,那么下列 C 语言控制程序中横线处应填写_____。
	`sbit sw=P1^0;`
	`sbit LED1=P1^1;`
	`main(){`
	`    while(1)`
	`    {`
	`        if(sw==0)LED1=0;`
	`        ____LED1=1;`
	`    }`
	`}`
			2	2	3113

31.	在 YL-236 单片机实训考核装置中,用一个钮子开关控制发光二极管的亮与灭,若开关闭合,LED 灯灭,否则灯亮,那么下列 C 语言控制程序中横线处应填写_____。		2	2	3113

题号	试题	答案	类别	难度	考点

	`sbit s=P1^0;`
	`sbit D1=P1^1;`
	`main(){`
	`    while(1)`
	`    {`
	`        if(____)D1=1;`
	`        else D1=0;`
	`    }`
	`}`				

32.	在 YL-236 单片机实训考核装置中,用一个钮子开关控制发光二极管的亮与灭,若开关闭合,LED 灯亮,否则灯灭,那么下列 C 语言控制程序中横线处应填写_____。
	`sbit s=P1^0;`
	`sbit D1=P1^1;`
	`main(){`
	`    while(1)`
	`    {`
	`        if(s==0)____;`
	`        else D1=1;`
	`    }`
	`}`
			2	2	3113

33.	利用 Keil 软件编写程序后,需要查看是否能通过编译,下图所示方框内的 data 是指单片机的_____占用 35.1 字节。 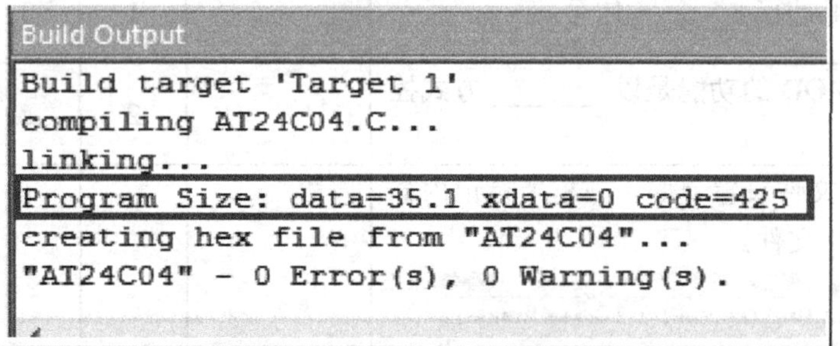 Build Output Build target 'Target 1' compiling AT24C04.C... linking... Program Size: data=35.1 xdata=0 code=425 creating hex file from "AT24C04"... "AT24C04" - 0 Error(s), 0 Warning(s).		2	2	3113
34.	利用 Keil 软件编写程序后,需要查看是否能通过编译,下图所示方框内的 code 是指单片机的_____占用 425 字节。 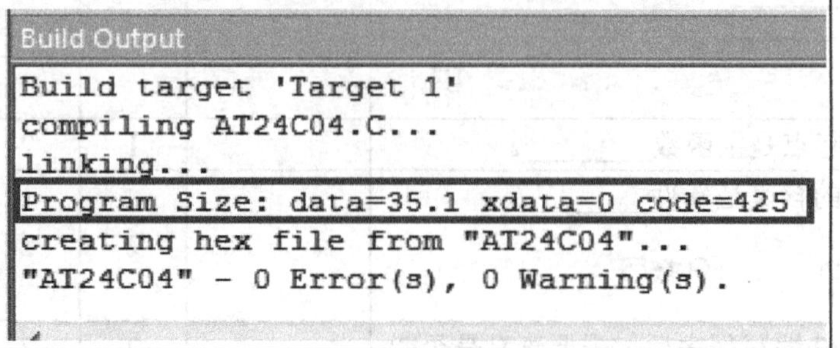 Build Output Build target 'Target 1' compiling AT24C04.C... linking... Program Size: data=35.1 xdata=0 code=425 creating hex file from "AT24C04"... "AT24C04" - 0 Error(s), 0 Warning(s).		2	2	3113

题号	试题	答案	组卷代码		
			类别	难度	考点

35.	电路如下图所示，用 SW 控制发光二极管 LED1、LED2、LED3，若 SW 闭合，则 LED1、LED3 亮，LED2 灭；若 SW 断开，则 LED2 亮，LED1、LED3 灭。相应的 C 语言控制程序中横线处应填写_____。 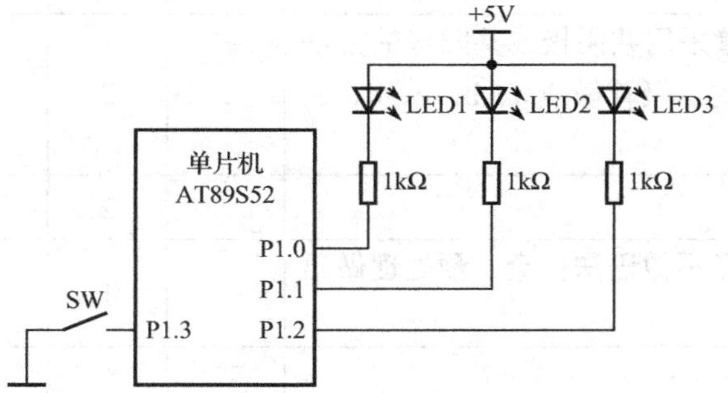
	
	``
	sbit SW=P1^3;
	sbit LED1=P1^0;
	sbit LED2=P1^1;
	sbit LED3=P1^2;
	main()
	{
	    while(1)
	    {
	        if(SW==0){ _____ }
	        else{LED1=1;LED2=0;LED3=1;}
	    }
	}
	``
			2	2	3113

36.	电路如下图所示，用 SW 控制发光二极管 LED1、LED2、LED3，若 SW 闭合，则 LED1、LED2 亮，LED3 灭；若 SW 断开，则 LED3 亮，LED1、LED2 灭。相应的 C 语言控制程序中横线处应填写_____。 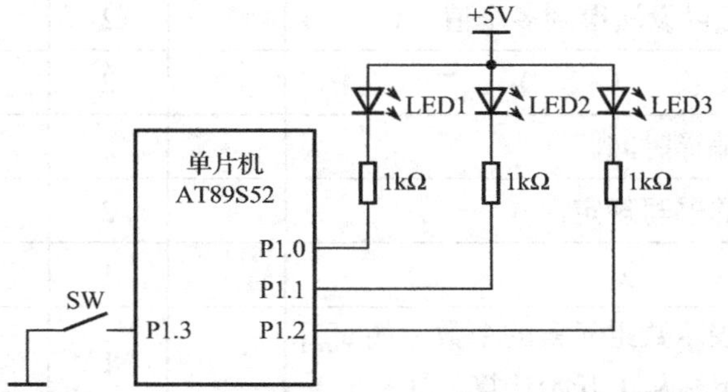 		2	2	3113

题号	试题	答案	组卷代码		
			类别	难度	考点

	``
	sbit LED1=P1^0;
	sbit LED2=P1^1;
	sbit LED3=P1^2;
	_____
	main()
	{
	    while(1)
	    {
	        if(SW==0){LED1=0;LED2=0;LED3=1;}
	        else{LED1=1;LED2=1;LED3=0;}
	    }
	}
	``				

模块4

数码管控制操作

组卷代码说明

- 试题类别

  1—理论、2—技能

- 试题难度系数

  1—较容易、2—容易、3—较难

- 考点代码：四位数字

  第一位数字：模块名称代码，模块 1～8 分别为 1、2、3、4、5、6、7、8

  第二位和第三位数字：任务代码

  第四位数字：题型代码，1—判断题、2—选择题、3—填空题

答案解析说明

- 请扫描二维码查阅本模块试题答案
- 试题解析请登录华信教育资源网（www.hxedu.com.cn）下载查阅

4.1 判断题

题号	试题	答案	组卷代码		
			类别	难度	考点
1.	如果选择了共阳极数码管，就应采用拉电流方式连接。（ ）		2	1	4111
2.	7 段数码管是由 7 个独立的二极管采用共阴极或共阳极的方法连接而成的。通常将这 7 个独立的二极管做成 a、b、c、d、e、f、g 这 7 个笔画。（ ）		2	2	4111
3.	宏定义中的宏名一般用小写。（ ）		2	1	4111
4.	预处理是在编译之前的处理，编译不做语法检查，预处理做语法检查。（ ）		1	1	4111
5.	宏定义末尾应该加分号。（ ）		2	2	4111
6.	宏定义写在函数的花括号外边，作用域为其后的程序，通常在文件的最开头。（ ）		1	2	4111
7.	使用宏可提高程序的通用性和易读性，降低不一致性，减少输入错误和便于修改。例如，数组大小常用宏定义。（ ）		1	2	4111
8.	不可以用#undef 命令终止宏定义的作用域。（ ）		2	1	4111
9.	宏定义写在函数的花括号外边，作用域为其后的程序，通常在文件的最中间。（ ）		1	2	4111
10.	对于带参数的宏定义，宏名和参数的括号间必须有空格。（ ）		1	2	4111
11.	宏替换只做替换，不做计算，不做表达式求解。（ ）		1	2	4111
12.	宏替换和函数调用在编译后程序运行时进行，并且分配内存。（ ）		1	2	4111
13.	宏的参数不存在类型，也没有类型转换。（ ）		1	2	4111
14.	函数只有一个返回值，利用宏则可以设法得到多个值。（ ）		2	2	4111
15.	宏展开和函数调用都会使源程序变长。（ ）		2	1	4111
16.	宏展开占运行时间，函数调用占编译时间。（ ）		2	2	4111
17.	数组名的书写规则应符合标识符的书写规定。（ ）		2	2	4111
18.	数组名可以与其他变量名相同。（ ）		1	1	4111
19.	一维数组方括号中的常量表达式表示数组元素的个数，如 a[5] 表示数组 a 有 5 个元素，但是其下标从 1 开始计算。（ ）		1	2	4111
20.	不能在方括号中用变量来表示数组元素的个数。（ ）		1	2	4111
21.	不允许在同一个类型说明中，说明多个数组和多个变量。（ ）		1	2	4111
22.	数组中的数据在实际中是随机存放在内存中的。（ ）		1	2	4111

题号	试题	答案	组卷代码		
			类别	难度	考点
23.	数组的使用方法为“数组名[下标号]”，这样就可将数组中的值取出来了。（ ）		2	2	4111
24.	在 C 语言中，二维数组是按列排列的，放完一列之后顺次放入第二列，即按列顺次存放。（ ）		1	2	4111
25.	二维数组可按行分段赋值，也可按行连续赋值。（ ）		1	2	4111
26.	定义一个变量时，必须对变量赋初值。（ ）		1	2	4111
27.	定义同一类型的变量，每次只能定义一个变量，不能同时定义多个变量。（ ）		1	2	4111
28.	修饰符中有 signed、unsigned、long、short，不能有 double。（ ）		1	2	4111
29.	在调用函数值时，必须向调用者返回一个函数值。（ ）		2	2	4111
30.	51 单片机中的中断可以用 EA 和 EX0 或 EX1 来控制，也可以用中断寄存器 IE 来控制。（ ）		1	2	4111
31.	TMOD 中 GATE=1 时，表示由两个信号控制定时器的启停。（ ）		1	2	4111
32.	执行返回指令时，返回的断点是调用指令的首地址。（ ）		1	3	4111
33.	如果数码管采用灌电流连接，就要相应地选择共阴极数码管。（ ）		1	2	4111
34.	将数码管的正端连接在一起并接到电源的正极，负端连接 abcdefgh，这种连接方式称为共阳极接法。（ ）		1	2	4111
35.	预处理（预编译）工作也称宏展开，即将宏名替换为字符串。（ ）		2	2	4111
36.	掌握“宏”概念的关键是“换”。一切以“换”为前提，做任何事情之前先要“换”，准确理解之前就要“换”，即在对相关命令或语句的含义和功能做具体分析之前就要“换”。（ ）		1	2	4111
37.	可以用#indef 命令终止宏定义的作用域。（ ）		2	2	4111
38.	宏定义可以嵌套。（ ）		1	1	4111
39.	字符串中永远都包含宏。（ ）		1	2	4111
40.	宏定义分配内存，变量定义不分配内存。（ ）		1	1	4111
41.	对于带参数的宏定义，除了一般的字符串替换，还要做参数代换。（ ）		1	2	4111
42.	函数调用在编译后程序运行时进行，并且分配内存；宏替换在编译前进行，不分配内存。（ ）		1	2	4111
43.	函数调用和宏展开都占运行时间。（ ）		2	2	4111
44.	执行程序“int a=1；a++；”后，a 的值变为 1。（ ）		1	2	4111

题号	试题	答案	组卷代码		
			类别	难度	考点
45.	要使共阴极数码管显示字母“E”，则 abcdefg 的值为 0110010。（ ）		2	2	4111
46.	如果将共阳极数码管 abcdefg 的值设置为 0111000，则数码管显示字母“F”。（ ）		2	3	4111
47.	一个数组可以分解为多个数组元素，这些数组元素可以是基本数据类型或构造类型。（ ）		1	2	4111
48.	数组按数组元素的类型不同，可以分为字符数组、结构数组和堆栈数组。（ ）		1	3	4111
49.	数组的类型实际上是指数组元素的取值类型。对于同一个数组，其所有元素的数据类型都是相同的。（ ）		1	1	4111
50.	数组名的书写规则应符合类型说明符的书写规定。（ ）		2	2	4111
51.	一维数组方括号中的常量表达式表示数组元素的个数减 1。（ ）		1	2	4111
52.	一维数组中可以用符号常数或常量表达式来表示数组元素的个数。（ ）		1	2	4111
53.	下述说明方式是正确的。（ ） “char m=5； Char a[m]；”		2	2	4111
54.	允许在同一个类型说明中，说明多个数组和多个变量。（ ）		2	1	4111
55.	数组的使用方法为“下标号[数组名]”，这样就可将数组中的值取出来了。（ ）		2	1	4111
56.	二维数组的声明为“类型说明符 数组名[常量 1][常量 2]”，其中常量 1 表示第二维下标的长度，常量 2 表示第一维下标的长度。（ ）		2	2	4111
57.	程序“int a[4][5]；”声明了一个 5 行 4 列的数组，数组名为 a，其下标变量的类型为整型。（ ）		2	2	4111
58.	二维数组的表示形式为“数组名[下标][下标]”。（ ）		2	1	4111
59.	二维数组中的下标应为整型常量或整型表达式。（ ）		1	1	4111
60.	数组说明和数组元素的下标没有任何区别，意义完全一样。（ ）		1	2	4111
61.	数组元素中的下标是该元素在数组中的位置标识。（ ）		1	1	4111
62.	二维数组初始化是在类型说明时给各下标变量赋以初值。（ ）		1	2	4111
63.	二维数组初始化可以只对部分元素赋初值，未赋初值的元素自		1	2	4111

题号	试题	答案	组卷代码		
			类别	难度	考点
	动取 1。（　）				
64.	程序“int a[2][2]={{1}，{2}}；”是对每一列的第一行元素赋值。（　）		2	3	4111
65.	二维数组中如对全部元素赋初值，则第一维的长度可以不给出。（　）		2	3	4111
66.	点亮每个 7 段数码管的每一段的流程如下：开始→选择数码管→点亮对应的那段数码管→无限循环→延时→选择数码管。（　）		2	3	4111
67.	程序“#include<reg51.h>”是定义一个 8051 寄存器的尾文件。（　）		2	2	4111
68.	程序“unsigned char a，b，xt；”声明了无符号字符型变量 a、b、xt。（　）		2	1	4111
69.	需要进行循环移位时，只要将 ITNRINS.h 头文件包含进去，在程序中即可使用 6 个移位函数。（　）		2	1	4111
70.	整型数据/整型数据=整型数据。（　）		1	1	4111
71.	浮点型数据/整型数据（或整型数据/浮点型数据）=浮点型数据。（　）		2	2	4111
72.	执行以下程序后，c 的值为 3.33…。（　） int a=10，b=3，c； c=a/b；		2	2	4111
73.	在 C 语言中表示取模的表达式是 A%B，其意思就是求 A/B 的余数。（　）		2	1	4111
74.	执行程序“C=20%3；”后，C 的值为 6。（　）		2	2	4111
75.	学习多个数码管显示的程序控制作业流程如下：开始→识读电路图→安装电路→编写程序→调试程序→结束。（　）		2	3	4111
76.	在同一文件中，当函数定义写在前面、主调函数写在后面时，可以进行函数声明。（　）		2	2	4111
77.	声明一个常量的方式必须是“数据类型 变量名=初始值”。（　）		2	1	4111
78.	C 语言中的常量是不接受程序修改的固定值，常量可为任意数据类型。（　）		1	2	4111
79.	一个变量应该有一个标识符，在内存中占据一定的存储单元，在该存储单元中存放变量的值。（　）		1	1	4111
80.	在 C 语言中，数据类型可分为基本数据类型和构造数据类型两大类。（　）		1	1	4111

题号	试题	答案	组卷代码		
			类别	难度	考点
81.	基本数据类型的值可以再分解为其他类型。（　）		1	1	4111
82.	数据类型是按被定义变量的性质、表示形式、占据存储空间的多少、构造特点来划分的。（　）		1	2	4111
83.	构造数据类型可分为数组类型、结构体类型、指针类型。（　）		1	1	4111
84.	对定时/计数器的控制可分为 3 步：①设置工作方式；②开中断；③设置定时/计数器初值。（　）		2	3	4111
85.	51 系统单片机的工作方式主要是通过内部特殊寄存器 TNOD 来设置的。（　）		2	2	4111
86.	TNOD 是一个逐位定义的 8 位寄存器，但只能使用字节寻址的寄存器，字节地址为 89H。（　）		2	2	4111
87.	GATE=0 时，由外部中断引脚 INT0、INT1 和控制寄存器的 TR0、TR1 来启动定时器。（　）		2	2	4111
88.	GATE=1 时，仅由 TR0、TR1 置位分别启动定时器 T0、T1。（　）		2	2	4111
89.	功能选择位 C/T 清零时选择计数功能，置位时选择定时功能。（　）		2	1	4111
90.	计数器选择方式 2 时为 16 位计数器模式。（　）		2	1	4111
91.	计数器选择方式 3 时为自动重装 8 位计数器模式。（　）		2	2	4111
92.	计数器选择方式 1 时为 13 位计数器模式。（　）		2	1	4111
93.	字符串常量“12345”在内存中占用 6 字节的单元空间。（　）		2	3	4111
94.	函数的定义可以嵌套，函数的调用不可以嵌套。（　）		2	2	4111
95.	在同一文件中，当函数定义写在前面、主调函数写在后面时，可以不要函数声明。（　）		1	2	4111
96.	若 i=3，则执行“j=i++；j=++i；”之后 j 的值为 5。（　）		2	2	4111
97.	根据语句“int b[3][3]={2，2，9，4，5，3，6，7，8}；”可知 b[1][1] 的值为 4。（　）		2	3	4111
98.	引用数组的元素时，下标不能使用变量。（　）		2	1	4111
99.	数组的下标可以是 float 数据类型。（　）		1	1	4111
100.	若有常量定义“#define N 1”，则语句“N++；”是合法的 C 语句。（　）		2	3	4111

4.2 选择题

题号	试题	答案	组卷代码		
			类别	难度	考点
1.	7段数码管采用共阳极接法，如果abcdefg的取值为1001100，则数码管显示十进制数（　　）。 A. 2　　B. 4　　C. 6　　D. 9		1	2	4112
2.	宏定义的格式：#define（　　）字符串。 A. 操作数　B. 标识符　C. 标名　D. 操作符		1	2	4112
3.	7段数码管采用共阴极接法，如果abcdefg的取值为1011111，则数码管显示十进制数（　　）。 A. 2　　B. 4　　C. 6　　D. 9		1	2	4112
4.	7段数码管采用共阳极接法，如果abcdefg的取值为0010010，则数码管显示十进制数（　　）。 A. 2　　B. 4　　C. 6　　D. 9		1	2	4112
5.	7段数码管采用共阴极接法，如果abcdefg的取值为1111011，则数码管显示十进制数（　　）。 A. 2　　B. 4　　C. 6　　D. 9		1	2	4112
6.	如果采用了（　　）连接，就要相应地选择共阳极数码管。 A. 灌电流　B. 拉电流　C. 大电流　D. 小电流		1	2	4112
7.	如果采用了（　　）连接，就要相应地选择共阴极数码管。 A. 灌电流　B. 拉电流　C. 大电流　D. 小电流		1	2	4112
8.	（　　）操作会进行语法检查。 A. 预处理　B. 编译　C. 预编译　D. 转换		1	2	4112
9.	（　　）命令可以终止宏定义的作用域。 A. #enddef　B. #indef　C. #undef　D. #define		2	2	4112
10.	以下程序执行后Sum的值为（　　）。 　"#define K(a，b) a+b 　Sum=K(2，4)；" A. 2　　B. 4　　C. 6　　D. 8		2	3	4112
11.	（　　）不属于函数调用时占用的运行时间。 A. 编译　　　　　　B. 分配内存 C. 值传递　　　　　D. 保留现场		1	2	4112
12.	"unsigned char"是定义（　　）。 A. 有符号字符　　　B. 无符号字符 C. 有符号整数　　　D. 无符号整数		2	1	4112
13.	"#include<reg51.h>"是定义8051寄存器的（　　）。 A. 中间文件　　　　B. 头文件 C. 尾文件　　　　　D. 结束文件		2	1	4112
14.	"unsigned int"是定义（　　）。 A. 有符号字符　　　B. 无符号字符 C. 有符号整数　　　D. 无符号整数		2	1	4112
15.	"while(1)"是指（　　）。 A. 循环1次　　　　B. 循环2次 C. 有限循环　　　　D. 无限循环		2	2	4112
16.	"P2=0x01"是指（　　）。 A. P2.0=1　　　　　B. P2.1=1 C. P2.7=1　　　　　D. P2.8=1		2	3	4112
17.	程序编写好后，使用（　　）下载方式进行程序下载。 A. RS458　　　　　B. R232 C. RJ485　　　　　D. SUB		2	2	4112
18.	（　　）是程序排列的同类数据元素的集合数据结构。 A. 函数　B. 队列　C. 数组　D. 堆栈		1	1	4112
19.	"int tab[10]；"说明（　　）数组tab有（　　）个元素。 A. 短型，10　　　　B. 整型，10 C. 短型，11　　　　D. 整型，11		2	1	4112
20.	二维数组可以只对部分元素赋初值，未赋初值的元素自动取（　　）。 A. 1　　B. 0　　C. #　　D. *		1	1	4112
21.	在单片机中，（　　）文件中定义循环移位函数。 A. INTRINS.h　　　　B. INCLUDE.h C. INTIRNS.h　　　　D. INTNRIS.h		2	2	4112
22.	表达式5/2的结果为（　　）。 A. 5　　B. 2　　C. 2.5　　D. 5.2		2	2	4112
23.	表达式5%2的结果为（　　）。 A. 1　　B. 2　　C. 2.5　　D. 5		2	2	4112
24.	下列选项中（　　）全是PNP型三极管。 A. 8050，9012　　　B. 8550，9012 C. 8050，9013　　　D. 8550，9013		2	1	4112
25.	程序"TMOD=0x01；"是指选择工作方式，定时器（　　）工作在定时（　　）状态。 A. T0，1　　　　　B. T1，1		2	1	4112

题号	试题	答案	组卷代码 类别	难度	考点
	C. T0, 0　　　　　　　　D. T1, 0				
26.	程序"ET0=1;"表示允许（　　）中断。 A. 定时器 T0　　　　　　B. 定时器 T1 C. 计数器 C0　　　　　　D. 计数器 C1		2	1	4112
27.	程序"TR0=1;"表示启动（　　）。 A. 定时器 T0　　　　　　B. 定时器 T1 C. 计数器 C0　　　　　　D. 计数器 C1		2	1	4112
28.	表达式 51/2%4 的结果为（　　）。 A. 3　　　B. 2　　　C. 1　　　D. 0		2	2	4112
29.	数据类型中单精度型和双精度型属于（　　）。 A. 整型　　　　　　　　B. 字符型 C. 实型　　　　　　　　D. 枚举类型		1	1	4112
30.	下列数据类型中不属于构造数据类型的是（　　）。 A. 数组类型　　　　　　B. 结构体类型 C. 共用体类型　　　　　D. 枚举类型		1	2	4112
31.	在 C 语言中，数据类型可分为（　　）大类。 A. 1　　　B. 2　　　C. 3　　　D. 4		1	1	4112
32.	（　　）类型的特点是其值不可以再分解为其他类型，是自我说明的。 A. 基本数据　　　　　　B. 构造数据 C. 指针　　　　　　　　D. 空		1	2	4112
33.	（　　）类型是根据已定义的一个或多个数据类型用构造的方法来定义的。 A. 基本数据　　　　　　B. 构造数据 C. 指针　　　　　　　　D. 空		1	2	4112
34.	（　　）类型的值用来表示某个变量在内存储器中的地址。 A. 基本数据　　　　　　B. 构造数据 C. 指针　　　　　　　　D. 空		1	3	4112
35.	（　　）类型是指调用后不需要向调用者返回函数值。 A. 基本数据　　　　　　B. 构造数据 C. 指针　　　　　　　　D. 空		1	2	4112
36.	（　　）类型前面不可以有各种修饰符。 A. 基本数据　　　　　　B. 构造数据 C. 指针　　　　　　　　D. 空		1	2	4112
37.	51 系列单片机的工作方式主要是通过内部特殊寄存器（　　）来设置的。		1	2	4112

题号	试题	答案	组卷代码 类别	难度	考点
	A. GATE　　　B. M1　　　C. M0　　　D. TMOD				
38.	（　　）寄存器是一个逐位定义的 8 位寄存器。 A. GATE　　　B. M1　　　C. M0　　　D. TMOD		1	2	4112
39.	TMOD 中的低 4 位定义定时/计数器（　　）。 A. T0　　　B. T1　　　C. C0　　　D. C1		2	2	4112
40.	TMOD 中的高 4 位定义定时/计数器（　　）。 A. T0　　　B. T1　　　C. C0　　　D. C1		2	2	4112
41.	M0、M1 具有方式选择功能，当 M0=1，M1=0 时，计数模式为（　　）。 A. 13 位计数器　　　　　B. 14 位计数器 C. 15 位计数器　　　　　D. 16 位计数器		2	2	4112
42.	M0、M1 具有方式选择功能，当 M0=0，M1=1 时，计数模式为（　　）。 A. 13 位计数器　　　　　B. 14 位计数器 C. 15 位计数器　　　　　D. 16 位计数器		2	2	4112
43.	如要将 T0 分为 2 个 8 位计数器，使 T1 为波特率发生器，则 M1、M0 的取值应为（　　）。 A. TMOD=0x00　　　　　B. TMOD=0x01 C. TMOD=0x02　　　　　D. TMOD=0x03		2	2	4112
44.	如要将计数器模式选为自动重装 8 位计数器，则 M1、M0 的取值应为（　　）。 A. TMOD=0x00　　　　　B. TMOD=0x01 C. TMOD=0x02　　　　　D. TMOD=0x03		2	2	4112
45.	功能选择位 C/T=0 时，选择（　　）功能。 A. 计数　　　　　　　　B. 定时 C. 允许中断　　　　　　D. 禁止中断		2	2	4112
46.	功能选择位 C/T=1 时，选择（　　）功能。 A. 计数　　　　　　　　B. 定时 C. 允许中断　　　　　　D. 禁止中断		2	2	4112
47.	当 EA=1，EX0=1，EX1=0 时，正确的是（　　）。 A. T0 允许中断，T1 允许中断 B. T0 禁止中断，T1 允许中断 C. T0 允许中断，T1 禁止中断 D. T0 禁止中断，T1 禁止中断		2	2	4112
48.	当 EA=1，EX0=0，EX1=1 时，正确的是（　　）。 A. T0 允许中断，T1 允许中断		2	2	4112

题号	试题	答案	组卷代码		
			类别	难度	考点
	B．T0 禁止中断，T1 允许中断 C．T0 允许中断，T1 禁止中断 D．T0 禁止中断，T1 禁止中断				
49.	当 GATE=（　）时，需要 TR0（或 TR1）和 INT0（或 INT1）同时为高电平才能启动对应的定时/计数器工作。 A．0　B．1　C．2　D．−1		2	2	4112
50.	程序“TH0=0x08；”代表将定时/计数器 T0 的（　）设置为 0x08。 A．高字节　B．低字节 C．高电平　D．低电平		2	2	4112
51.	定时器 T0 工作于计数方式，外加计数脉冲信号应接到（　）引脚。 A．P3.2　B．P3.3　C．P3.4　D．P3.5		1	3	4112
52.	在同一优先级的中断源同时申请中断时，51 单片机 CPU 首先响应（　）。 A．外部中断 0　B．外部中断 1 C．定时器 0　D．定时器 1		1	3	4112
53.	要使 51 单片机能响应外部中断 1 和定时器 T0 中断，则中断允许寄存器 IE 的内容应该是（　）。 A．98H　B．86H　C．22H　D．A2H		1	2	4112
54.	下列运算符中不是关系运算符的是（　）。 A．>　B．<　C．=　D．! =		1	2	4112
55.	设 A=0x7f，b=a<<2，则 b 的值为（　）。 A．7FH　B．0F7H　C．0CFH　D．0FCH		1	1	4112
56.	如果函数类型说明符用 void 表示，则函数执行结果返回值的数据类型是（　）。 A．整型　B．字符型　C．无返回值　D．指针型		2	1	4112
57.	定时器 T0 计数溢出后，（　）置 1。 A．TF1　B．TF0　C．TI　D．RI		2	1	4112
58.	共阴极 8 段数码管“1”的字形码为（　）。 A．0x3f　B．0x06　C．0xc0　D．0xf9		2	2	4112
59.	发光二极管的导通压降一般为（　）。 A．0.7V　B．1.2～1.8V　C．3.3V　D．5V		1	2	4112
60.	定时器 T1 的中断向量号为（　）。 A．0　B．1　C．2　D．3		1	2	4112
61.	变量的存储器类型是指（　）。		1	2	4112

题号	试题	答案	组卷代码		
			类别	难度	考点
	A．变量在内存中的排列顺序 B．变量在程序执行过程中的作用范围 C．变量占用的物理空间大小 D．变量所处的存储区域				
62.	要使无符号字符型变量 a 中的数高 4 位为 0，低 4 位不变，则执行（　）。 A．a=a&0x0F　B．a=a&0xF0 C．a=a|0x0F　D．a=a|0xF0		2	2	4112
63.	若定义“unsigned char x[5], *pb”，则正确的赋值表达式是（　）。 A．pb=x　B．pb=x++ C．*pb=&x　D．*pb=*x[0]		2	3	4112
64.	中断开启时，除了将各自的中断允许控制位置“1”外，还要将（　）置“1”。 A．ET0　B．EA　C．ES　D．ST2		1	2	4112
65.	以下能正确定义一维数组的选项是（　）。 A．int a[5]={0,1,2,3,4,5}； B．char a[]={0,1,2,3,4,5}； C．char a={‘A’，‘B’，‘C’}； D．int a[5]=“0123”；		2	2	4112
66.	发光二极管的工作电流一般为（　）。 A．10μA　B．40μA C．10mA　D．40mA		1	2	4112
67.	定时器 T1 工作在计数方式时，其外加的计数脉冲信号应连接到（　）引脚。 A．P3.2　B．P3.3 C．P3.4　D．P3.5		2	2	4112
68.	定时器若工作在循环状态或循环计数场合，应选用（　）。 A．工作方式 0　B．工作方式 1 C．工作方式 2　D．工作方式 3		1	1	4112
69.	MCS-51 单片机外部中断 1 的中断请求标志是（　）。 A．ET1　B．TF1　C．IT1　D．IE1		1	2	4112
70.	7 段共阳极发光二极管显示字符“H”，段码应为（　）。 A．76H　B．90H　C．91H　D．6EH		1	2	4112
71.	8051 单片机内有（　）个 16 位定时/计数器，每个定时/计数器都有（　）种工作方式。 A．4，5　B．2，4　C．5，2　D．2，3		1	1	4112

题号	试题	答案	组卷代码		
			类别	难度	考点
72.	实验室基本操作安全不包括（　　）。 A．人身安全　　B．仪表安全 C．电气火灾　　D．电磁干扰		2	1	4112
73.	下列选项中（　　）为隐形用电安全。 A．电磁污染　　B．环境 C．电击　　D．资源		2	1	4112
74.	为了节省计算机内存，除必须安装在（　　）盘的文件外，其他文件最好安装在其他盘。 A．C　　B．D　　C．E　　D．F		1	1	4112
75.	设 x 的值为 15，n 的值为 2，则执行运算表达式“x%=(n+=3)”后，x 的值是（　　）。 A．0　　B．1　　C．2　　D．3		2	1	4112
76.	若 a=5，b=2，c=1，则表达式“a-b<c ‖ b==c”的值是（　　）。 A．0　　B．1　　C．2　　D．3		2	2	4112
77.	一个循环的循环体中套有另一个循环称为（　　）。 A．死循环　　B．循环嵌套 C．单向循环　　D．多重循环		1	2	4112
78.	在程序执行过程中，其存储空间中的值不发生改变的量称为（　　）。 A．常量　　B．变量　　C．矢量　　D．向量		1	1	4112
79.	在程序执行过程中，其存储空间中的值可变的量称为（　　）。 A．常量　　B．变量　　C．矢量　　D．向量		1	1	4112
80.	设有说明“char w; int x; float y; double z;”，则表达式“w*x+z-y”值的数据类型为（　　）。 A．float　　B．char　　C．int　　D．double		2	1	4112
81.	设有定义“int x=0，*p；”，然后执行以下语句，则正确的语句是（　　）。 A．p=x;　　B．*p=x; C．p=NULL　　D．*p=NULL		2	3	4112
82.	C 语言中，int 类型数据占（　　）字节。 A．3　　B．4　　C．1　　D．2		1	1	4112
83.	以下选项中有语法错误的是（　　）。 A．char *srt[]={ " guest " }; B．char str[10]={ " guest " }; C．char *srt[3],*srt[1]={ " guest " }; D．char str[3][10]；str[1]={ " guest " };		2	2	4112
84.	设有定义语句“int m[ ]={2，4，6，8}，*k=m；”，则以下选项		2	3	4112
	中，表达式的值为 6 的是（　　）。 A．*(k+2)　　B．k+2　　C．*k+2　　D．*k+=2				
85.	以下定义数组的语句中错误的是（　　）。 A．int num[]={1，2，3，4，5，6}; B．int num[][3]={{1，2}，3，4，5，6}; C．int num[2][4]={{1，2}，{3，4}，{5，6} }; D．int num[][4]= {1，2，3，4，5，6} ;		2	2	4112
86.	若有定义语句“int x=12, y=8, z;”，在其后执行语句“z=0.9+x/y;”，则 z 的值为（　　）。 A．1.9　　B．1　　C．2　　D．2.4		2	1	4112
87.	若有定义语句“int a=10; double b=3.14;”，则表达式“'A'+a+b”值的类型是（　　）。 A．char　　B．int　　C．double　　D．float		2	2	4112
88.	以下选项中，关于 C 语言常量叙述错误的是（　　）。 A．所谓常量，是指在程序运行过程中，其值不能被改变的量 B．常量分为整型常量、实型常量、字符常量和字符串常量 C．常量可分为数值常量和非数值常量 D．经常被使用的变量可以定义成常量		1	1	4112
89.	以下叙述中错误的是（　　）。 A．C 语言编写的函数源程序，其文件扩展名可以是.c B．C 语言编写的每个函数都可以作为一个独立的源程序文件 C．C 语言编写的每个函数都可以进行独立编译并执行 D．一个 C 语言程序只有一个主函数		1	1	4112
90.	若有定义语句“char s[3][10]，（*k）[3]，*p；”，则以下赋值语句中正确的是（　　）。 A．p=s;　　B．p=k　　C．p=s[0];　　D．k=s;		2	2	4112
91.	i 和 k 都是 int 类型变量，有以下 for 语句： for(i=0，k=-1；k=1；k++)print(" *****\n "); 下面关于语句执行情况的叙述中正确的是（　　）。 A．循环体执行两次　　B．循环体执行一次 C．循环体一次也不执行　　D．构成无限循环		2	2	4112
92.	设“int a=2，b=2；”，则“++a+b”的结果是（　　）。 A．2　　B．3　　C．4　　D．5		2	1	4112
93.	以下选项中，正确的整型常量是（　　）。 A．160　　B．0x56g　　C．0678　　D．01a		1	2	4112

题号	试题	答案	组卷代码		
			类别	难度	考点
94.	设有语句"char ch='\101';"，则变量 ch（　）。 A. 包含 1 个字符　　　　　B. 包含 3 个字符 C. 包含 4 个字符　　　　　D. 不合法		2	3	4112
95	在 C 语言中，最简单的数据类型包括（　）。 A. 整型、实型、逻辑型　　B. 整型、实型、字符型 C. 整型、字符型、逻辑型　D. 字符型、实型、逻辑型		1	1	4112
96.	在 C 语言的类型说明中，int、char、short 等类型数据的长度是（　）。 A. 固定的　　　　　　　　B. 由用户自己定义的 C. 任意的　　　　　　　　D. 与机器字的长度有关		1	2	4112
97.	设"int a=2;"，则表达式"a++*1/3"的值是（　）。 A. 0　　　B. 1　　　C. 2　　　D. 3		2	2	4112
98.	若变量 a 和 i 已正确定义，且 i 已正确赋值，则下列语句中合法的是（　）。 A. a=1, b=2　　　　　　　B. ++i; C. a=a++=5;　　　　　　　D. a=int(i);		2	3	4112
99.	下列 4 个选项中，叙述不正确的是（　）。 A. 宏替换不占用程序运行时间 B. 宏名无类型 C. 宏名必须用大写字母表示 D. 宏替换只是字符替换		1	2	4112
100.	在宏定义语句"#define PI 3.1415926"中，宏名 PI 代替的是（　）。 A. 一个常量　　　　　　　B. 一个单精度数 C. 一串字符　　　　　　　D. 一个双精度数		1	2	4112

4.3 填空题

题号	试题	答案	组卷代码		
			类别	难度	考点
1.	当外加正向电压时，发光二极管可以将电能转换为_____，从而能够发出清莹悦目的光线。		1	1	4113
2.	如果采用了灌电流连接，就要相应地选择_____极数码管。		1	2	4113
3.	如果采用了拉电流连接，就要相应地选择_____极数码管。		1	2	4113
4.	预处理工作也称宏展开，将_____替换为字符串。		1	2	4113
5.	"define QF 2.718"实现把程序中出现的 QF 全部换成_____。		2	2	4113
6.	数组的类型实际上是指数组_____的取值类型。		1	1	4113
7.	_____是用户定义的数组标识符。		1	1	4113
8.	如对二维数组的全部元素赋初值，则_____的长度可以不给出。		1	2	4113
9.	设 a=0x45，则将 a 循环左移 1 次后，a 的值为_____。		2	2	4113
10.	设 a=0x59，则将 a 循环右移 1 次后，a 的值为_____。		2	2	4113
11.	在程序执行过程中，其存储空间中的值不发生改变的量称为_____。		1	1	4113
12.	在程序执行过程中，其存储空间中的值可变的量称为_____。		1	1	4113
13.	C 语言中的_____是不接受程序修改的固定值，可为任意数据类型。		1	1	4113
14.	若有 C51 语句"unsigned char temp"，那么变量 temp 占用_____字节。		2	1	4113
15.	对于定时器 T0，当 GATE 位设置为 0 时，TR0=_____开始定时。		2	1	4113
16.	若 IT1=0，当引脚_____为低电平时，INT0 的中断标志位 IE0 才能复位。		2	3	4113
17.	_____写在函数的花括号外边，作用域为其后的程序，通常在文件的最开头。		1	2	4113
18.	可以用#undef 命令_____宏定义的作用域。		2	1	4113
19.	宏展开不占运行时间，只占_____时间。		1	1	4113
20.	在安装软件时一定要采用正版软件，在安装前还要进行计算机_____扫描，以保证安装的软件正常使用。		2	2	4113

题号	试题	答案	组卷代码		
			类别	难度	考点
21.	程序“int tab[10]；”说明整形数组 tab 有________个元素。		2	2	4113
22.	数组的使用方法为“数组名[________]”，这样就可将数组中的值取出来。		2	2	4113
23.	二维数组可以只对部分元素赋初值，未赋初值的元素自动取________。		1	1	4113
24.	基本操作安全中的人身安全包括电击、________等直接人身损害。		2	1	4113
25.	程序“while(1){}；”为一________循环。		2	3	4113
26.	已知 a=0x59，若要将 a 的值变为 0x2b，则须将 a 循环右移________次。		2	3	4113
27.	已知 a=0x45，若要将 a 的值变为 0x25，则须将 a 循环左移________次。		2	3	4113
28.	C 语言规定：浮点型数据/整型数据=________型数据。		1	1	4113
29.	执行程序语句“b=34%4；”后，b 的值为________。		2	2	4113
30.	C 语言中的常量是不接受程序修改的________值，常量可以为任意数据类型。		1	1	4113
31.	程序“long int 35000；”是定义一个长整型的________。		2	1	4113
32.	基本数据类型可分为整型、字符型、________和枚举类型。		1	1	4113
33.	构造数据类型可分为数组类型、结构体类型和________类型。		1	2	4113
34.	在 C 语言中，数据类型可分为基本数据类型、构造数据类型、指针类型和________类型。		1	2	4113
35.	指针是一种既特殊又具有重要作用的数据类型，其值用来表示某个变量在内存储器中的________。		1	2	4113
36.	除________类型外，基本数据类型的前面可以有各种修饰符。		1	2	4113
37.	制作频率计时，外部信号输入接在 T1 输入脚即________上。		2	2	4113
38.	51 单片机的工作方式主要是通过内部特殊寄存器________来设置的。		1	2	4113
39.	内部特殊寄存器的低 4 位定义定时/计数器________。		2	2	4113
40.	内部特殊寄存器的高 4 位定义定时/计数器________。		2	2	4113
41.	功能选择位 C/T 置位时选择________功能。		2	2	4113
42.	功能选择位 C/T 清零时选择________功能。		2	2	4113
43.	M0、M1 工作方式选择方式________时，为 16 位计数器模式。		2	2	4113
44.	M0、M1 工作方式选择方式________时，为自动重装 8 位计数器模式。		2	2	4113

题号	试题	答案	组卷代码		
			类别	难度	考点
45.	51 系列为二级中断，因而中断要开________次。		2	3	4113
46.	当 GATE=________时，TR0 或 TR1 为高电平，即可控制对应的定时/计数器工作。		2	2	4113
47.	字符串“hello！”在内存中占________字节。		2	3	4113
48.	表达式 3.5+1/2+56%10 的计算结果是________。		1	2	4113
49.	若 k 为 int 型且值为 12，则表达式 k%=k 的值是________。		2	2	4113
50.	'\72'在内存中占________字节。		1	2	4113
51.	'\72'在内存中占________字节。		1	2	4113
52.	在 C 语言程序中，每条语句都以________结尾。		1	1	4113
53.	设 x 的值为 15，n 的值为 2，则执行运算表达式 x%=(n+=5)后 x 的值是________。		2	2	4113
54.	若自定义函数要求返回一个值，则应在该函数体中添加一条________语句。		2	2	4113
55.	在数组 int score[10]=｛1，2，3，4，5，6｝中，score[8]的值为________。		2	2	4113
56.	在 C 语言程序中，从/*开始到*/结束的内容为注释信息，并且注释信息________（可以/不可以）出现在程序中的任何地方。		1	2	4113
57.	C 语言程序总是从________函数开始执行，而不论该函数在整个程序中的位置如何。		1	2	4113
58.	一个函数通常由函数头和________两部分组成。		1	1	4113
59.	用________括起来的一组语句称为复合语句。		1	1	4113
60.	用花括号括起来的语句，在语法上等于________条语句。		1	2	4113

模块5

继电器及其设备控制操作

组卷代码说明

- 试题类别
  1—理论、2—技能
- 试题难度系数
  1—较容易、2—容易、3—较难
- 考点代码：四位数字
  第一位数字：模块名称代码，模块 1～8 分别为 1、2、3、4、5、6、7、8
  第二位和第三位数字：任务代码
  第四位数字：题型代码，1—判断题、2—选择题、3—填空题

答案解析说明

- 请扫描二维码查阅本模块试题答案
- 试题解析请登录华信教育资源网（www.hxedu.com.cn）下载查阅

5.1 判断题

题号	试题	答案	组卷代码		
			类别	难度	考点
1.	C 语言程序中，对于没有参数的函数，它的参数列表可以写 void，也可以不写。（　　）		1	1	5111
2.	C 语言程序是由函数组成的。（　　）		1	1	5111
3.	C 语言程序中，对于没有参数的函数，写上 void 可以明确地表明该函数没有参数。（　　）		1	1	5111
4.	C 语言程序中函数的参数为 void 时，表示这个函数被屏蔽了。（　　）		1	1	5111
5.	C 语言程序中可以没有子函数。（　　）		1	1	5111
6.	C 语言程序中必须有主函数和子函数。（　　）		1	1	5111
7.	C 语言程序中可以只有子函数，没有主函数。（　　）		1	1	5111
8.	C 语言程序中的主函数是唯一的。（　　）		1	1	5111
9.	C 语言程序中可以有多个主函数和多个子函数。（　　）		1	1	5111
10.	C 语言程序是从主函数开始执行的。（　　）		1	1	5111
11.	main()函数括号中所添加的是参数，又称形参。它可以有参数，也可以没有参数，主要看是否要用到参数。一般情况下，main()函数很少用到参数。（　　）		1	1	5111
12.	如果在 main()中调用函数，那么这个函数必须在 main()函数的前面，也可以在 main()函数的前面声明。（　　）		1	1	5111
13.	void A(int a)是有参函数，viod A()是无参函数。（　　）		1	1	5111
14.	采用 C 语言开发单片机时，只能利用 C51 语言书写程序，不能嵌套汇编语言。（　　）		1	1	5111
15.	用 C 语言编写 AT89C51 单片机程序时，必须添加的头文件是“stdio.h”。（　　）		1	1	5111
16.	#include <reg51.h>与#include "reg51.h"是等价的。（　　）		1	1	5111
17.	用单片机控制继电器可以实现电路以弱电控制强电的功能。（　　）		1	1	5111
18.	在某些单片机电路中采用电磁继电器，不仅可以为电子电路和电器电路提供良好的电隔离，还可以保护电子电路和人员安全。（　　）		1	1	5111
19.	一个函数利用 return 不可能同时返回多个值。（　　）		1	1	5111

题号	试题	答案	组卷代码		
			类别	难度	考点
20.	在 C 语言程序中，主函数是不能被其他函数所调用的。（　）		1	1	5111
21.	如果在函数定义时没有写明函数类型，则默认为字符型。（　）		1	1	5111
22.	在步进电动机转动过程中改变绕组励磁顺序可改变转动方向。（　）		1	1	5111
23.	return 语句的一般形式为"return 表达式"，而不能为"return （表达式）"。（　）		1	1	5111
24.	单片机能直接处理任何数据类型的变量，因此对变量的定义无特殊要求。（　）		1	1	5111
25.	继电器线圈未通电时处于断开状态的触点称为常开触点。（　）		1	1	5111
26.	继电器线圈未通电时处于接通状态的触点称为常闭触点。（　）		2	1	5111
27.	当电磁铁的线圈中有电流通过时，衔铁被电磁铁吸引，就会改变触点的状态。（　）		2	1	5111
28.	固态继电器是一种两个接线端为输入端、另两个接线端为输出端的四端元件。（　）		2	1	5111
29.	固态继电器按负载电源类型可分为交流型和直流型。（　）		1	1	5111
30.	固态继电器按开关形式可分为常开型和常闭型。（　）		2	1	5111
31.	在单片机控制系统中，继电器是重要的驱动设备。（　）		1	1	5111
32.	在继电器驱动电路中，二极管的阴极接地。（　）		2	1	5111
33.	在进行计算机操作时不仅要防止触电，还要注意设备及仪表安全。（　）		2	1	5111
34.	在进行单片机编程时可以不考虑内存问题。（　）		1	1	5111
35.	单片机盗版软件不仅是免费的，而且在使用时与正版软件差不多，所以提倡使用盗版软件。（　）		1	1	5111
36.	若直流继电器线圈两引脚之间的电阻值为几欧或几十欧，给线圈加上额定电压后无反复吸合的响声，吸合后常闭触点与公共端之间的电阻值为无穷大，常开触点与公共端之间的电阻值接近零，则说明此继电器可用。（　）		2	1	5111
37.	直流继电器线圈两引脚之间的电阻值一般为几欧或者几十欧。（　）		2	1	5111
38.	下图为继电器驱动电路，此电路为高电平有效。（　）		2	1	5111

题号	试题	答案	组卷代码		
			类别	难度	考点
	VCC 电路图				
39.	当继电器的驱动元件为 NPN 型三极管时，电路为高电平有效。（　）		2	1	5111
40.	在检测继电器时，指针式万用表一般选择 $R×1$ 或 $R×10$ 挡。（　）		2	1	5111
41.	在函数调用时，主函数将传递实际参数的值给形式参数。（　）		1	1	5111
42.	bit 和 sbit 都是用来定义位变量的，所以两者之间没有区别，可以随便替换使用。（　）		1	1	5111

43.	下列函数的作用是比较 a 和 b 的大小，将小值返回。（　）
	`int min(int a, int b)`
	`{`
	`    if(a<b)  return a;`
	`    else return b;`
	`}`
			1	2	5111

44.	下列函数是带参函数。（　）
	`int min(int a, int b)`
	`{`
	`    if(a<b)  return a;`
	`    else return b;`
	`}`
			1	2	5111

45.	下列函数的形参是 a 和 b。（　）
	`int min(int a, int b)`
	`{`
	`    if(a<b)  return a;`
	`    else return b;`
	`}`
			1	2	5111

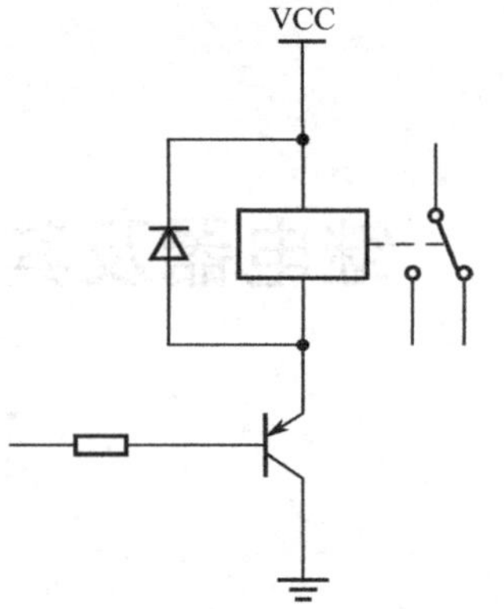

题号	试题	答案	组卷代码		
			类别	难度	考点
46.	实参只出现在主调函数中。（　　）		1	1	5111
47.	实参可以没有最终值。（　　）		1	1	5111
48.	函数调用的过程能将实参的值赋给形参，反过来也可以。（　　）		1	1	5111
49.	如在函数定义时没有写明函数类型，则默认为整型。（　　）		1	1	5111
50.	如果是有参函数，那么实际参数表中的参数可以是常数、变量或者其他构造类型数据及表达式。（　　）		1	1	5111
51.	下图是通过按键来控制步进电动机正转和反转的仿真图，S2 的作用是控制电动机正转。（ 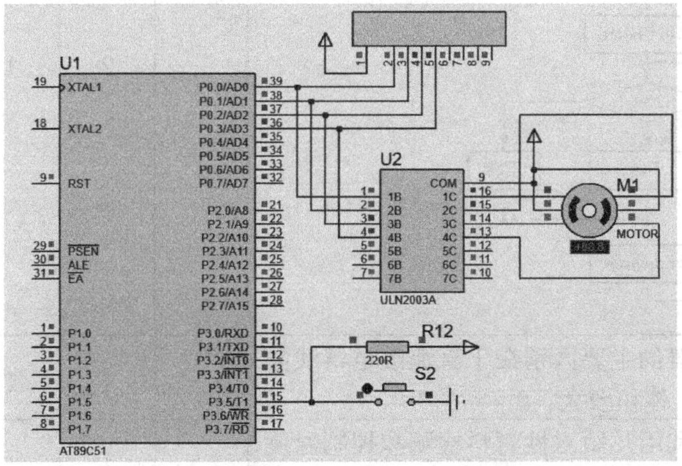　　） 		2	1	5111
52.	函数定义好后，要被其他函数调用才能被执行。（　　）		1	1	5111
53.	一个函数体中可以调用数个其他函数，这些被调用的函数不能调用其他函数。（　　）		1	1	5111
54.	函数表达式 c=min(a,b)是一个赋值表达式，把函数 min 的返回值赋予变量 c。（　　）		1	1	5111
55.	printf("d%",min(x,y));的作用是将 min 函数的返回值作为 printf 函数的实参。（　　）		1	1	5111
56.	C 语言规定，如果被调函数的返回值类型是整型或字符型，可以不做函数说明而直接调用，编译器会自动将被调函数返回值按整型处理。（　　）		1	1	5111
57.	C 语言规定，如果被调函数的定义出现在主调函数之前，可以不对被调函数做说明而直接调用。（　　）		1	1	5111
58.	以下两幅图中，左图是步进电动机的实物图，右图是步进电动机的结构图。（　　）		2	1	5111

题号	试题	答案	组卷代码		
			类别	难度	考点
	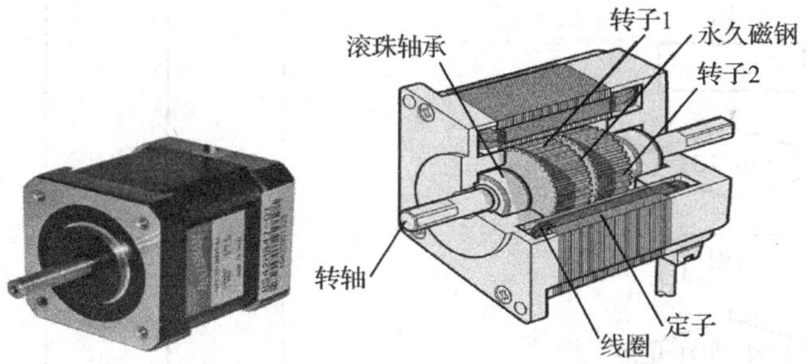				
59.	C 语言规定，如在所有函数定义之前，在主函数外先说明了各函数的类型，那么在后面的各主调函数中，可以不再对被调函数做说明。（　　）		1	1	5111
60.	C 语言规定，对系统库函数的调用无须再加以说明，但必须把该函数相应的头文件用 include 命令包含于源文件前部。（　　）		1	1	5111
61.	在一般传值调用的机制中只能把实参的值传送给形参，而不能把形参的值反向地传送给实参。（　　）		1	1	5111
62.	下图中有两个继电器。（ 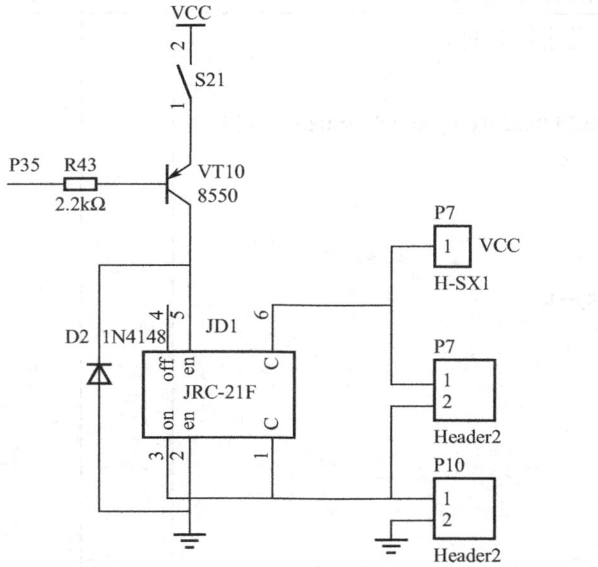　　） 		2	1	5111
63.	下图是使用继电器常闭端口控制交通灯的流程图。从图中可以看出，当 JD2 工作时，JD1 就停止工作；当 JD2 停止工作时，JD1 就工作。（　　）		2	1	5111

题号	试题	答案	类别	难度	考点
	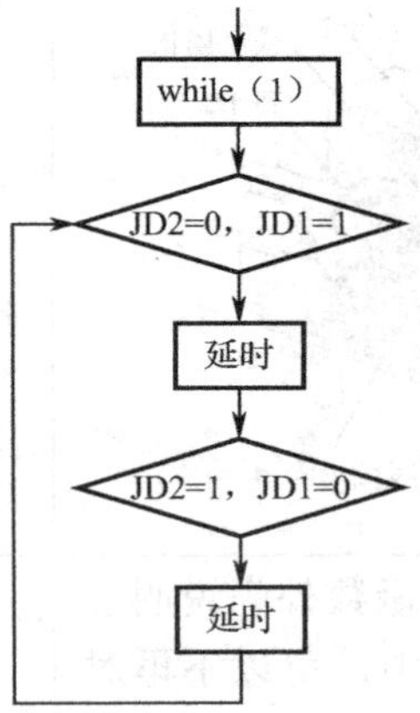				
64.	void main(void)　　//void 表示没有输入参数，也没有函数返回值，这是单片机运行的复位入口。（　　）		1	1	5111
65.	P1_3=1 表示给 P1_3 赋值 1，引脚 P1_3 就能输出高电平 VCC。（　　）		1	1	5111
66.	在 C 语言中，所有定义在主函数之前的函数无须进行声明。（　　）		1	1	5111
67.	直流继电器和交流继电器的工作原理相同。（　　）		1	1	5111

68.	以下程序能实现步进电动机正转功能。（　　）
	
	``c
	#include <reg51.h>
	unsignedint tab[]={0x01,0x03,0x02,0x06,0x04,0x0c,0x08,0x09};
	void delay1ms(unsigned int z)
	{
	    unsigned int x,y;
	    for(x=z;x>0;x--)
	        for(y=114;y>0;y--);
	}
	
	void main(void)
	{
	    unsigned char i;
	    P0=0x00;
	    while(1)
	    {
	        for(i=0;i<8;i++)
	        {
	            P0=tab[i];
	            delay1ms(1000);
	``
			2	2	5111

题号	试题	答案	类别	难度	考点

	``
	        }
	    }
	}
	``				

69.	直流继电器的电源必须是直流电源，交流继电器的电源必须是交流电源。（　　）		1	2	5111
70.	下图是步进电动机正反转流程图。通过该流程图可看出：程序开始时，S2 松开，步进电动机反转；按住 S2，步进电动机正转。（ 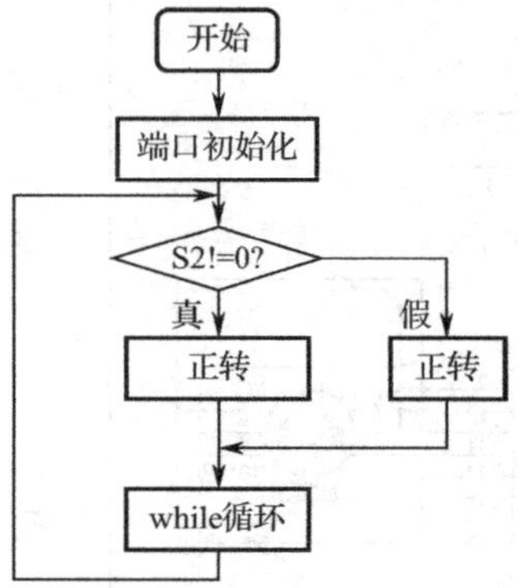　　） 		2	1	5111
71.	直流继电器与交流继电器的主要区别在于直流继电器线圈的电阻较大，匝数较多，体积较大。（　　）		1	1	5111
72.	热敏干簧继电器是一种利用热敏磁性材料检测和控制温度的新型热敏开关。（　　）		1	1	5111
73.	对于继电器的常开、常闭触点，可以这样来区分：继电器线圈未通电时处于断开状态的静触点称为常开触点，处于接通状态的静触点称为常闭触点。（　　）		1	1	5111
74.	热敏干簧继电器不用线圈励磁，而由恒磁环产生的磁力驱动开关动作。（　　）		1	1	5111
75.	恒磁环能否向干簧管提供磁力是由感温磁环的温控特性决定的。（　　）		1	1	5111
76.	步进电动机随供给电源的脉冲一步一步地转动，它是一种数字电动机。（　　）		2	1	5111
77.	步进电动机能随供给电源的脉冲数转动相应的步数。（　　）		2	1	5111
78.	下图为两个继电器的控制电路图，图中二极管的极性接反了。（　　）		2	2	5111

题号	试题	答案	组卷代码		
			类别	难度	考点
	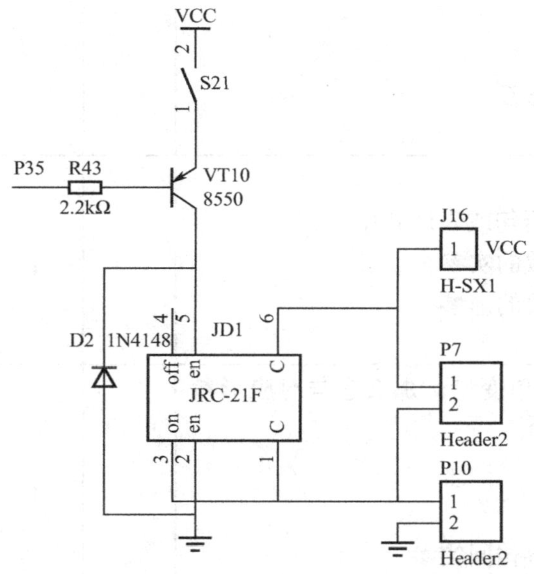				
79.	步进电动机的转子和铁芯是由冲制的硅钢片叠制而成的。（　　）		1	1	5111
80.	交通灯的控制只能用单片机程序实现。（　　）		1	1	5111
81.	全局变量不属于哪一个函数，而是属于整个程序的变量。（　　）		1	1	5111
82.	当在同一个源文件中，全局变量和局部变量同名时，即使在局部变量的作用范围内，全局变量也会起作用。（　　）		1	1	5111
83.	步进电动机主要由定子和转子两部分构成。（　　）		1	1	5111
84.	步进电动机的铜损和铁损都会以发热的形式表现出来，从而影响电动机的效率。（　　）		2	1	5111
85.	步进电动机在非超载的情况下，其转速、停止的位置只取决于脉冲信号的频率和脉冲数，而不受负载变化的影响。（　　）		2	1	5111
86.	步进电动机工作时，每相绕组由专门的驱动电源通过"环形分配器"按一定规律轮流通电。（　　）		2	1	5111
87.	现在比较常用的步进电动机有反应式步进电动机（VR）、永磁式步进电动机（PM）、混合式步进电动机（HB）。（　　）		2	1	5111
88.	每输入一个电脉冲，电动机就转动一个角度并前进两步。（　　）		1	1	5111
89.	步进电动机输出的角位移与输入的脉冲数成反比，转速与脉冲频率成反比。（　　）		1	1	5111

题号	试题	答案	组卷代码		
			类别	难度	考点
90.	电动机的铁芯是用硅钢片叠加而成的，目的是减少磁滞涡流损耗。（　　）		1	1	5111
91.	void A(int a)是有参函数，void A(int a, int b)是无参函数。（　　）		1	1	5111
92.	函数的调用是一级调用一级，可以嵌套，但不能自己调用自己。（　　）		1	1	5111
93.	参数的数目直接影响调用函数的速度，参数越多，调用函数就越慢。（　　）		1	1	5111
94.	反应式步进电动机可实现大转矩输出。（　　）		1	1	5111
95.	反应式步进电动机的步进角一般为5°。（　　）		1	1	5111
96.	在使用按键时要消除按键的抖动，可以通过改进硬件或软件编程的方法来实现。（　　）		1	1	5111
97.	对按键进行扫描时采用软件延时来去除抖动，延时时间越短越好。（　　）		1	1	5111

5.2 选择题

题号	试题	答案	组卷代码		
			类别	难度	考点
1.	C 语言程序是由（　　）构成的。 A. 主程序和子程序 B. 一个主函数和若干子函数 C. 一个主函数和一个其他函数 D. 主函数和子程序		1	1	5112
2.	以下说法中正确的是（　　）。 A. C 语言程序总是从第一个函数开始执行 B. 在 C 语言程序中，要调用的函数必须在 main()函数中定义 C. C 语言程序总是从 main()函数开始执行 D. C 语言程序中的 main()函数必须放在程序的开始部分		1	1	5112
3.	以下有关 C 语言函数的描述中，正确的是（　　）。 A. 调用函数时，只能把实参的值传送给形参，形参的值不能传送给实参 B. C 语言函数既可以嵌套定义，又可以递归调用 C. 函数必须有返回值，否则不能使用函数 D. C 语言程序中有调用关系的所有函数必须放在同一个源程序文件中		1	1	5112
4.	C 语言程序中，当函数调用时（　　）。 A. 实参和形参各占一个独立的存储单元 B. 实参和形参共用一个存储单元 C. 可以由用户指定是否共用存储单元 D. 计算机系统自动确定是否共用存储单元		1	1	5112
5.	关于 return 语句，下列说法中正确的是（　　）。 A. 在主函数和其他函数中均要出现 B. 必须在每个函数中出现 C. 可以在同一个函数中出现多次 D. 只能在除主函数之外的函数中出现一次		1	1	5112
6.	函数返回值的类型是由（　　）决定的。 A. return 语句中表达式的类型 B. 在调用函数时临时指定 C. 定义函数时指定的函数类型 D. 调用该函数的主调函数的类型		1	1	5112
7.	关于 C 语言函数，下列说法中正确的是（　　）。 A. 必须有形参 B. 形参必须是变量名 C. 可以有形参，也可以没有形参 D. 数组名不能作为形参		1	1	5112
8.	以下描述中正确的是（　　）。 A. 函数调用可以出现在执行语句或表达式中 B. 函数调用不能作为一个函数的实参 C. 函数调用可以作为一个函数的形参 D. 以上都不正确		1	1	5112
9.	在调用函数时，如果实参是简单变量，那么它与对应形参之间的数据传递方式是（　　）。 A. 地址传递 B. 单向值传递 C. 由实参传给形参，再由形参传回实参 D. 传递方式由用户指定		1	1	5112
10.	当调用函数时，实参是一个数组名，则向函数传送的是（　　）。 A. 数组的长度 B. 数组的首地址 C. 数组每一个元素的地址 D. 数组每个元素中的值		1	1	5112
11.	如果在一个函数的复合语句中定义了一个变量，则该变量（　　）。 A. 只在该复合语句中有效，在该复合语句外无效 B. 在该函数中任何位置都有效 C. 在本程序的源文件范围内均有效 D. 此定义方法错误，其变量为非法变量		1	1	5112
12.	下列说法中不正确的是（　　）。 A. 主函数中定义的变量在整个文件或程序中有效 B. 不同函数中可以使用相同名字的变量 C. 形式参数是局部变量 D. 在一个函数内部，可以在复合语句中定义变量，这些变量只在本复合语句中有效		1	1	5112
13.	在一个源程序文件中定义的全局变量的有效范围是（　　）。 A. 本源程序文件的全部范围		1	1	5112

题号	试题	答案	组卷代码		
			类别	难度	考点
	B．一个C语言程序的所有源程序文件 C．函数内全部范围 D．从定义变量的位置开始到源程序文件结束				
14.	以下叙述中不正确的是（　　）。 A．在不同的函数中可以使用相同名字的变量 B．函数中的形式参数是局部变量 C．在一个函数内定义的变量只在本函数范围内有效 D．在一个函数内的复合语句中定义的变量在本函数范围内有效		1	1	5112
15.	要限制一个变量只能为本文件所使用，必须通过（　　）来实现。 A．外部变量说明　　B．静态局部变量 C．静态外部变量　　D．局部变量说明		1	1	5112
16.	下列数据中（　　）不存放在动态存储区中。 A．函数形参变量 B．局部自动变量 C．函数调用时的现场保护和返回地址 D．局部静态变量		1	1	5112
17.	以下叙述中不正确的是（　　）。 A．函数中的自动变量可以赋初值，每调用一次，赋一次初值。 B．在调用函数时，实参和对应形参在类型上只需赋值兼容。 C．外部变量的隐含类型是自动存储类型。 D．函数形参可以声明为register变量。		1	1	5112
18.	下列选项中不属于安全型继电器特性的是（　　）。 A．空间特性　　B．电气特性 C．时间特性　　D．机械特性		1	1	5112
19.	只有在使用时才为该类型变量分配内存的存储类说明是（　　）。 A．auto 和 static　　B．auto 和 register C．register 和 static　　D．extern 和 register		1	2	5112
20.	在C语言中，函数值类型的定义可以默认，此时函数值的隐含类型是（　　）。 A．void　　B．int　　C．float　　D．double		1	2	5112
21.	若有以下程序，则下列叙述中不正确的是（　　）。		1	2	5112

	#include <stdio.h>
	void f(int n);
	main()
	{
	void f(int n);
	f(5);
	}
	void f(int n)
	{
	printf("%d\n",n);
	}
	A．若只在主函数中对函数f()进行说明，则只能在主函数中正确调用函数f()
	B．若在主函数前对函数f()进行说明，则在主函数和其后的其他函数中都可以正确调用函数f()
	C．对于以上程序，编译时系统会提示出错信息，即提示对函数f()重复说明
	D．函数f()无返回值，所以可用void将其类型定义为无值型				

22.	以下所列的各函数首部中，正确的是（　　）。 A．void play(var :Integer,var b:Integer) B．void play(int a,b) C．void play(int a,int b) D．Sub play(a as integer,b as integer)		1	2	5112
23.	有以下函数调用语句： fun(a+b,(x,y),fun(n+k,d,(a,b))); 该函数调用语句中实参的个数是（　　）。 A．3　　B．4　　C．5　　D．6		1	2	5112

24.	以下函数值的类型是（　　）。
	fun (float x)
	{
	float y;
	y= 3*x-4;
	return y;
	}
	A．int　　B．不确定　　C．void　　D．float
			1	2	5112

25.	下列选项中（　　）不属于继电器在电路中的作用。 A．自动调节　　B．升压控制		2	1	5112

题号	试题	答案	组卷代码		
			类别	难度	考点
	C．转换电路　　D．安全保护				
26.	printf()函数的功能是（　　）。 A．按指定的格式在屏幕上显示指定的内容 B．回车换行 C．水平跳格 D．蜂鸣器响		1	1	5112
27.	在 printf()函数中'\n'的作用是（　　）。 A．按指定的格式在屏幕上显示指定的内容 B．回车换行 C．水平跳格 D．蜂鸣器响		1	1	5112
28.	在 printf()函数中'\t'的作用是（　　）。 A．按指定的格式在屏幕上显示指定的内容 B．回车换行 C．水平跳格 D．蜂鸣器响		1	1	5112
29.	在 printf()函数中'\a'的作用是（　　）。 A．按指定的格式在屏幕上显示指定的内容 B．回车换行 C．水平跳格 D．蜂鸣器响		1	1	5112

30.	以下程序的输出结果是（　　）。
	fun(int　x, int　y, int　z)
	{　z=x*x+y*y; }
	main()
	{
	int　a=31;
	fun(5,2,a);
	printf("%d",a);
	}
	A．0　　B．29　　C．31　　D．无定值
			2	2	5112

31.	以下说法中正确的是（　　）。 A．实参和与其对应的形参各占用独立的存储单元 B．实参和与其对应的形参共占用一个存储单元 C．只有实参和与其对应的形参同名时才共占用相同的存储单元		2	2	5112
	D．形参是虚拟的，不占用存储单元				

32.	以下程序的输出结果是（　　）。
	int func(int a,int b)
	{ return(a+b);}
	main()
	{
	int　x=2,y=5,z=8,r;
	r=func(func(x,y),z);
	printf("%d\n",r);
	}
	A．12　　B．13　　C．14　　D．15
			2	2	5112

33.	以下程序的输出结果是（　　）。
	float fun(int x,int y)
	{ return(x+y); }
	main()
	{
	int a=2,b=5,c=8;
	printf("%3.0f\n",fun((int)fun(a+c,b),a-c));
	}
	A．编译出错　　B．9
	C．21　　D．9.0
			2	2	5112

34.	C 语言函数返回类型的默认定义类型是（　　）。 A．字符型　B．浮点型　C．整型　D．单精度型		1	1	5112

35.	以下程序中函数 reverse()的功能是将 a 所指数组中的内容进行逆置。该程序的输出结果是（　　）。
	void reverse(int a[ ],int n)
	{
	int　i,t;
	for(i=0;i<n/2;i++)
	{
	t=a[i]; a[i]=a[n-1-i];a[n-1-i]=t;
	}
	}
	main()
	{
	int　b[10]={1,2,3,4,5,6,7,8,9,10}; int i,s=0;
	reverse(b,8);
	for(i=6;i<10;i++) s+=b[i];
	printf("%d\n",s);
			2	2	5112

<table>
<tr><th rowspan="2">题号</th><th rowspan="2">试题</th><th rowspan="2">答案</th><th colspan="3">组卷代码</th></tr>
<tr><th>类别</th><th>难度</th><th>考点</th></tr>
<tr><td></td><td>}
A．22 B．10 C．34 D．30</td><td></td><td></td><td></td><td></td></tr>
<tr><td>36.</td><td>以下正确的函数定义是（ ）。
A．double fun(int x, int y)
{ z=x+y ; return z ; }
B．double fun(int x,y)
{ int z ; return z ;}
C．fun (x,y)
{ int x, y ; double z ;
z=x+y ; return z ; }
D．double fun (int x, int y)
{ double z ;
return z ; }</td><td></td><td>1</td><td>2</td><td>5112</td></tr>
<tr><td>37.</td><td>以下正确的函数定义是（ ）。
A．double fun(int x , int y)
B．double fun(int x ; int y)
C．double fun(int x , int y) ;
D．double fun(int x,y)</td><td></td><td>1</td><td>2</td><td>5112</td></tr>
<tr><td>38.</td><td>以下程序的输出结果是（ ）。
long fun(int n)
{
long s;
if(n==1 || n==2) s=2;
else s=n-fun(n-1);
return s;
}
main()
{
printf("%ld\n", fun(3));
}
A．1 B．2 C．3 D．4</td><td></td><td>2</td><td>2</td><td>5112</td></tr>
<tr><td>39.</td><td>若调用一个函数，且此函数中没有 return 语句，则正确的说法是（ ）。
A．该函数没有返回值
B．该函数返回若干个系统默认值
C．能返回一个用户所希望的函数值
D．返回一个不确定的值</td><td></td><td>1</td><td>1</td><td>5112</td></tr>
<tr><td>40.</td><td>以下程序的输出结果是（ ）。
func(int x)
{
int p;
if(x==0||x==1) return(3);
p=x-func(x-2);
return p;
}
main()
{
printf("%d\n",func(9));
}
A．7 B．2 C．0 D．3</td><td></td><td>2</td><td>2</td><td>5112</td></tr>
<tr><td>41.</td><td>以下说法中不正确的是（ ）。
A．实参可以是常量、变量或表达式
B．形参可以是常量、变量或表达式
C．实参可以为任意类型
D．如果形参和实参的类型不一致，则以形参类型为准</td><td></td><td>1</td><td>1</td><td>5112</td></tr>
<tr><td>42.</td><td>以下程序的输出结果是（ ）。
#include "stdio.h"
int i=5;
main()
{
int i=3;
{ int i=10;i++;}
f1();
i+=1;
printf("%d\n",i);
}
int f1()
{
i=i+1;
return(i);
}
A．7 B．4 C．12 D．6</td><td></td><td>2</td><td>2</td><td>5112</td></tr>
<tr><td>43.</td><td>C 语言规定，函数返回值的类型是由（ ）决定的。
A．return 语句中的表达式类型
B．调用该函数的主调函数类型
C．调用该函数时由系统临时指定</td><td></td><td>1</td><td>1</td><td>5112</td></tr>
</table>

题号	试题	答案	组卷代码		
			类别	难度	考点
	D．定义函数时所指定的函数类型				

44.	以下程序的输出结果是（　　）。
	main()
	{
	int i;
	for(i=0;i<2;i++)　add();
	}
	add()
	{
	int x=0;static int y=0;
	printf("%d,%d\n",x,y);
	x++; y=y+2;
	}
	A．0,0
	0,0
	B．0,0
	0,2
	C．0,0
	1,0
	D．0,0
	1,2
			2	2	5112

45.	以下正确的描述是（　　）。 A．函数的定义可以嵌套，但函数的调用不可以嵌套 B．函数的定义不可以嵌套，但函数的调用可以嵌套 C．函数的定义和函数的调用均不可以嵌套 D．函数的定义和函数的调用均可以嵌套		1	1	5112
46.	若用数组名作为函数调用的实参，则传递给形参的是（　　）。 A．数组的首地址 B．数组中第一个元素的值 C．数组中全部元素的值 D．数组元素的个数		1	1	5112

47.	以下程序的输出结果是（　　）。
	int a=3;
	main()
	{
	int s=0;
	{ int a=5;　s+=a++; }
	s+=a++;printf("%d\n",s);
	}
	A．8　B．10　C．7　D．11
			2	1	5112

48.	下列程序的输出结果是（　　）。 int i=2 ; printf(“%d%d%d”,i*=2,++i,i++) ; A．8，4，2　B．8，4，3 C．4，4，5　D．4，5，6		1	2	5112
49.	以下正确的函数首部是（　　）。 A．double fun (int x, int y) B．double fun (int x　int y) C．double fun (x ,y); D．double fun (int x , y)		1	1	5112
50.	关于函数声明，以下说法中不正确的是（　　）。 A．如果函数定义出现在函数调用之前，可以不必加函数原型声明 B．如果在所有函数定义之前，在函数外部已做了声明，则各个主调函数不必再做函数原型声明 C．函数再次调用之前，一定要声明函数原型，保证编译系统进行全面的调用检查 D．标准库不需要函数原型声明		1	1	5112
51.	以下说法中不正确的是（　　）。 A．全局变量和静态变量的初值是在编译时指定的 B．静态变量如果没有指定初值，则其初值为 0 C．局部变量如果没有指定初值，则其初值不确定 D．函数中的静态变量在函数每次调用时都会重新设置初值		1	1	5112
52.	以下说法中不正确的是（　　）。 A．register 变量可以提高变量使用的执行效率 B．register 变量由于使用的是 CPU 的寄存器，其数目是有限制的 C．extern 变量定义的存储空间按变量类型分配 D．全局变量使得函数之间的“耦合性”更加紧密，不利于模块化的要求		1	1	5112

53.	以下函数值的类型是（　　）。
	fun(float x)
	{　float y;
	y=3*x-4;
	return y;
	}
	A．int　B．不确定　C．void　D．float
			1	2	5112

54.	有如下函数调用语句： fun(rec1,rec2+rec3,(rec4,rec5));		1	1	5112

题号	试题	答案	组卷代码		
			类别	难度	考点
	该函数调用语句中，含有的实参个数是（ ）。 A．3 B．4 C．5 D．有语法错误				
55.	有以下函数定义： void fun(int n,double x) {…} 若以下选项中的变量都已经正确定义且赋值，则对函数fun()的正确调用语句是（ ）。 A．fun(int y,double m); B．k=fun(10,12.5); C．fun(x,n); D．void fun(n,x);		2	2	5112

56.	以下程序的输出结果是（ ）。
	int f(int n)
	{ if(n= =1) return 1;
	else return f(n-1)+1;
	}
	main()
	{ int i,j=0;
	for(i=1;i<3;i++) j+=f(i);
	printf("%d\n",j);
	}
	A．4 B．3 C．2 D．1
			1	2	5112

57.	以下程序运行后，输出结果是（ ）。
	int d=1;
	fun (int p)
	{
	int d=5;
	d+=p++;
	printf("%d",d);
	}
	main()
	{
	int a=3;
	fun(a);
	d+=a++;
	printf("%d\n",d);
	}
	A．84 B．99 C．95 D．44
			2	1	5112

58.	以下程序的输出结果是（ ）。 int f() {		2	2	5112

题号	试题	答案	组卷代码		
			类别	难度	考点

	static int i=0;
	int s=1;
	s+=i;
	i++;
	return s;
	}
	main()
	{
	int i,a=0;
	for(i=0;i<5;i++)
	a+=f();
	printf("%d\n",a);
	}
	A．20 B．24 C．25 D．15				

59.	在C语言中，形参的默认存储类型是（ ）。 A．auto B．register C．static D．extern		1	1	5112
60.	在C语言中，函数的隐含存储类型是（ ）。 A．auto B．static C．extern D．无存储类型		1	1	5112
61.	在函数调用过程中，如果函数funA调用了函数funB，函数funB又调用了函数funA，则（ ）。 A．称为函数的直接递归调用 B．称为函数的间接递归调用 C．称为函数的循环调用 D．C语言中不允许这样的递归调用		1	1	5112
62.	下列选项中（ ）不是步进电动机常用的相数。 A．一相 B．二相 C．三相 D．四相		1	1	5112
63.	以下叙述中正确的是（ ）。 A．局部变量声明为static存储数，其生存期将得到延长 B．全局变量声明为static存储类，其作用域将被扩大 C．任何存储类的变量在未赋初值时，其值都是不确定的 D．形参可以使用的存储类说明符与局部变量完全相同		1	1	5112
64.	以下函数调用语句中含有（ ）个实参。 func((exp1,exp2),(exp3,exp4,exp5)); A．1 B．2 C．4 D．5		1	1	5112
65.	不合法的main()函数命令行参数表示形式是（ ）。 A．main(int a,char *c[]) B．main(int arc,char **arv)		1	2	5112

题号	试题	答案	组卷代码		
			类别	难度	考点
	C．main(int argc,char *argv) D．main(int argv,char *argc[])				
66.	一个完整的步进电动机控制系统一般包括三部分，下列选项中（ ）不属于步进电动机控制系统组成。 A．控制器　B．蜂鸣器　C．驱动器　D．电动机		2	1	5112
67.	在调用函数时，如果实参是简单变量，那么它与对应形参之间的数据传递方式是（ ）。 A．地址传递 B．单向值传递 C．由实参传给形参，再由形参传回实参 D．传递方式由用户指定		1	1	5112
68.	在继电器中，NO 是（ ）。 A．不使用接点　　　B．不存在接点 C．激磁后即开路的接点　D．常开接点		2	1	5112
69.	所谓2P 继电器是指（ ）。 A．只有两个接点　　B．两相的负载 C．两组电源　　　　D．有两组 C 接点		2	1	5112
70.	下列选项中不属于电磁式继电器组成部分的是（ ）。 A．铁芯　　　　　　B．衔铁 C．两组电源　　　　D．触点簧片		2	1	5112
71.	在以下继电器驱动电路图中，三极管的作用是（ ）。 A．放大　B．开关　C．稳压　D．保护		2	1	5112

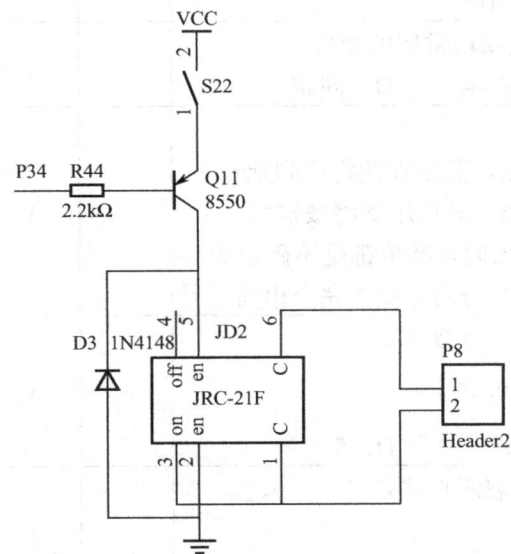

题号	试题	答案	组卷代码		
			类别	难度	考点
72.	在以下继电器驱动电路图中，二极管的作用是（ ）。 A．防止干扰　　　　B．开关 C．稳压　　　　　　D．驱动		2	1	5112
73.	下列选项中在进行计算机操作时不需要考虑的是（ ）。 A．用电安全　　　　B．节省计算机内存 C．防止计算机病毒　D．计算机的性价比		1	1	5112
74.	下图是直流继电器内部结构图，引脚3是（ ）。 A．公共脚　B．常闭脚　C．常开脚　D．线圈脚		2	1	5112
75.	要完成一个继电器的驱动电路，下列元器件中不需要的是（ ）。 A．二极管　B．电阻　　C．晶体管　D．桥堆		2	1	5112
76.	如下图所示，电源电压 VCC 的值最合适的是（ ）。 A．12V　B．5V　C．24V　D．3V		2	1	5112

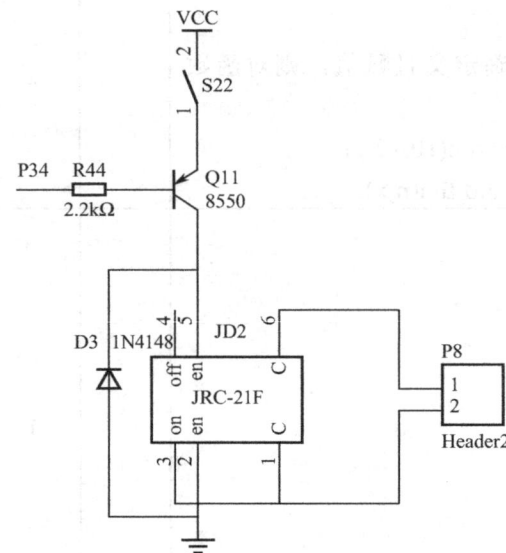

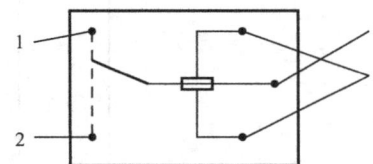

题号	试题	答案	类别	难度	考点
	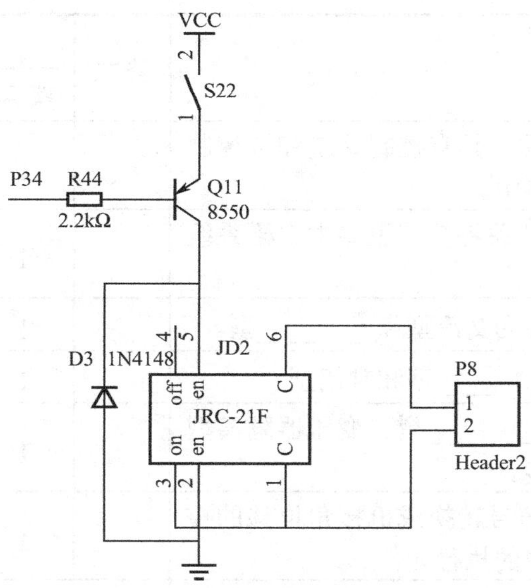				
77.	下列因素中（ ）不会快速影响步进电动机的转动。 A．脉冲数量　　　　B．电动机运行时间 C．脉冲频率　　　　D．各相绕组的通电顺序		1	1	5112
78.	C 语言可执行程序从（ ）开始执行。 A．程序中第一条可执行语句 B．程序中第一个函数 C．程序中的 main()函数 D．包含文件中的第一个函数		1	1	5112
79.	下图是直流继电器内部结构图，引脚4是（ ）。 A．公共脚　B．常闭脚　C．常开脚　D．线圈脚 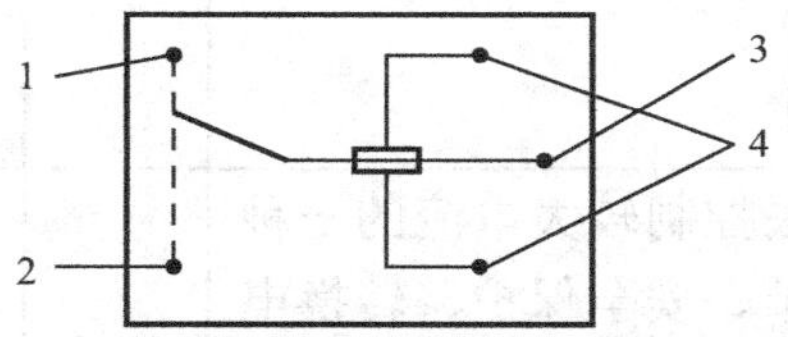 		2	1	5112
80.	在 C 语言中，不属于函数调用方式的是（ ）。 A．函数表达式　　　　B．函数语句 C．函数形参　　　　D．函数实参		1	1	5112
81.	下列数据类型中，（ ）是 51 单片机特有的类型。 A．char　　B．int　　　C．bit　　　D．float		1	1	5112
82.	一般单片机 C51 程序中，为了使程序执行的效率最高，传递函数参数时，函数参数的个数不能超过（ ）。		1	1	5112

题号	试题	答案	类别	难度	考点
	A．1个　　B．2个　　　C．3个　　　D．4个				
83.	下列选项中不属于固态继电器按隔离形式分类的是（ ）。 A．混合型　　　　　B．常开型 C．变压器隔离型　　D．光隔离型		1	1	5112
84.	使用_nop_()函数时，必须包含的库文件是（ ）。 A．reg52.h　B．absacc.h　C．intrins.h　D．stdio.h		1	1	5112
85.	AT89S51 单片机的 4 个 I/O 口中，内部不带上拉电阻，在应用时要求外加上拉电阻的是（ ）。 A．P0 口　　B．P1 口　　C．P2 口　　D．P3 口		2	1	5112
86.	C 语言中最简单的数据类型包括（ ）。 A．整型、实型、逻辑型 B．整型、实型、字符型 C．整型、字符型、逻辑型 D．整型、实型、逻辑型、字符型		1	1	5112
87.	下列选项中，（ ）是 C51 语言提供的合法的数据类型关键字。 A．sfr　　B．bit　　　C．char　　　D．integer		1	1	5112
88.	C 语言提供的合法的数据类型关键字是（ ）。 A．Double　B．short　　C．integer　D．Char		1	1	5112
89.	C 语言的格式输出函数是（ ）。 A．printf()　B．scanf()　C．return()　D．delay()		1	1	5112
90.	在调用函数时，如果实参是简单变量，它与对应形参之间的数据传递方式是（ ）。 A．地址传递 B．单向值传递 C．由实参传给形参，再由形参传给实参 D．传递方式由用户指定		1	1	5112
91.	函数调用时，基本的参数传递方式有传值与传地址两种，下列说法中正确的是（ ）。 A．在传值方式下，形参将值传给实参 B．在传值方式下，实参不能是数组元素 C．在传地址方式下，形参和实参间可以实现数据的双向传递 D．在传地址方式下，实参可以是任意变量和表达式		1	1	5112
92.	以下关于 return 语句的叙述中正确的是（ ）。		1	1	5112

题号	试题	答案	类别	难度	考点
	A. 一个自定义函数中必须有一条 return 语句 B. 一个自定义函数中可以根据不同情况设置多条 return 语句 C. 定义成 void 类型的函数中可以有带返回值的 return 语句 D. 没有 return 语句的自定义函数在执行结束时不能返回到调用处				
93.	调用函数的实参与被调用函数的形参，在传值调用中应有如下关系（　　）。 A. 只要求实参和形参个数相等 B. 只要求形参和实参顺序相同 C. 只要求实参和形参数据类型相同 D. 上述三者均须具备		1	1	5112
94.	设 C 语言中，int 类型数据占 2 字节，则 float 类型数据占（　　）字节。 A. 1　　　　B. 2　　　　C. 8　　　　D. 4		1	1	5112
95.	设在 C 语言中，float 类型数据占 4 字节，则 double 类型数据占（　　）字节。 A. 1　　　　B. 2　　　　C. 8　　　　D. 4		1	1	5112
96.	下列运算符中，不属于关系运算符的是（　　）。 A. <　　　B. >=　　　C. !　　　D. !=		1	1	5112
97.	在 C 语言中，函数的数据类型是指（　　）。 A. 函数返回值的数据类型 B. 函数形参的数据类型 C. 调用该函数时实参的数据类型 D. 任意指定的数据类型		1	1	5112

5.3 填空题

题号	试题	答案	类别	难度	考点
1.	继电器是一种_____控制元件，具有控制系统和被控制系统，通常应用于自动控制电路中。		1	1	5113
2.	继电器是一种电励开关，具有开关特性，主要由电磁系统和_____系统两大部分组成。		1	1	5113
3.	固态继电器按负载电源类型可分为交流型和_____型。		1	1	5113
4.	固态继电器按开关形式可分为_____型和常闭型。		1	1	5113
5.	固态继电器按隔离形式可分为_____型、变压器隔离型和光隔离型，以光隔离型为最多。		1	1	5113
6.	步进电动机是一种把_____信号转换成机械角位移的控制电机，常作为数字控制系统中的执行元件。		1	1	5113
7.	下图所示固态直流继电器的型号是_____。 		2	1	5113
8.	下图所示是_____的电路符号。 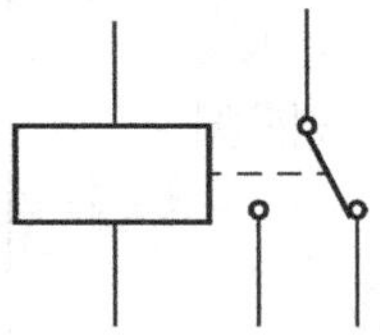		2	1	5113
9.	继电器实际上是用较小的_____去控制较大电流的一种"自动开关"，在电路中起着自动调节、安全保护、转换电路等作用。		1	1	5113
10.	函数的参数分为形式参数和_____参数两种。		1	1	5113
11.	请在以下程序第一行的空白处填写适当内容，使程序能正确运行。 _____ (double,double) main() {　double x,y; 　　scanf("%lf%lf",&x,&y);		1	1	5113

题号	试题	答案	组卷代码		
			类别	难度	考点

	printf("%lf\n",max(x,y));
	}
	double max(double a,double b)
	{return(a>b?a:b);}				

12.	以下程序的输出结果是_____。
	t(int x,int y,int cp,int dp)
	{ cp=x*x+y*y;
	  dp=x*x-y*y; }
	main()
	{ int a=4,b=3,c=5,d=6;
	  t(a,b,c,d);
	  printf("%d %d \n",c,d); }
			1	1	5113

13.	C 语言编程中,无返回值函数 void main()中的括号表示这是个_____。		1	1	5113
14.	下图是继电器引脚分布图,引脚1是_____引脚。  		2	1	5113
15.	C 语言编程中,无返回值函数 void main()的括号里面没有参数,代表这是个_____的函数。括号是区分函数和变量的重要标志。		1	1	5113
16.	main()函数是程序的入口函数,每次程序执行都是从_____开始的。		1	1	5113
17.	main()函数也称_____。		1	1	5113
18.	一学生画了以下步进电动机结构简图,图中对每个部位的命名正确吗?_____。 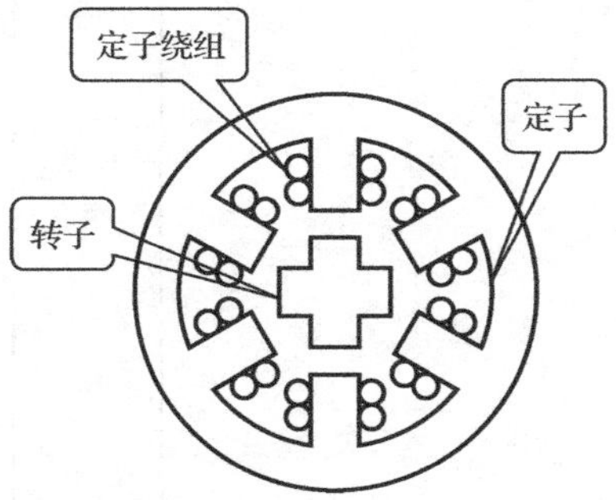 		2	1	5113

题号	试题	答案	组卷代码		
			类别	难度	考点
19.	C 语言中输入和输出操作是由库函数_____和 printf()等函数来完成的。		1	1	5113
20.	步进电动机是一种将电脉冲信号转换成相应的角位移或_____的电磁机械装置。		1	1	5113
21.	定义在函数体内的变量称为_____变量。		1	1	5113
22.	下图为继电器控制用电器的仿真图,此时用电器处于_____(通路、断路)状态。 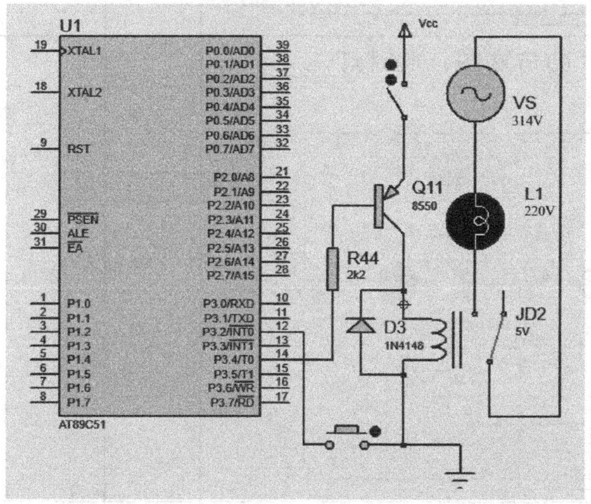 		2	1	5113
23.	下图为继电器控制用电器的仿真图,此时用电器处于_____(通路、断路)状态。 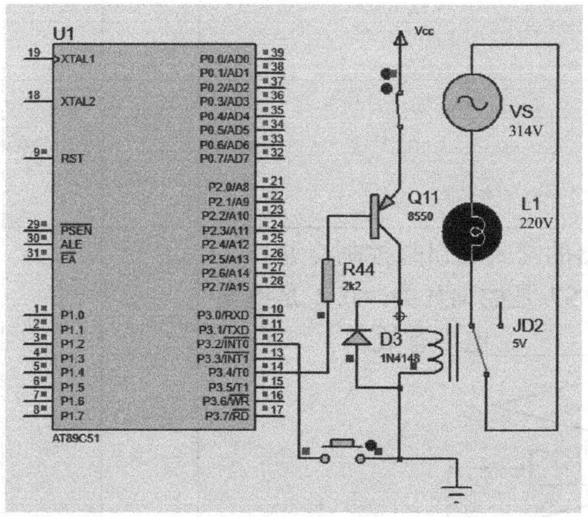 		2	1	5113
24.	下图为继电器控制两个交通灯的仿真图,此时灯_____工作。		2	1	5113

题号	试题	答案	组卷代码		
			类别	难度	考点
25.	下图为继电器控制两个交通灯的仿真图，此时灯________工作。 		2	1	5113
26.	有参函数与无参函数的主要区别在于多了一个______列表。		1	1	5113
27.	在形式参数列表中给出的参数称为形式参数，简称______。		1	1	5113

28.	以下函数中 a、b 的类型是________。
	int min(int a, int b)
	{
	if(a<b) return a;
	else return b;
	}
			1	1	5113

29.	已知一单片机电路使用继电器的常闭端口来控制交通灯，按下图所示的流程执行程序。S7 是控制开关，JD2 是继电器 2 控制端口，控制开关是________电平有效。 		2	1	5113

题号	试题	答案	组卷代码		
			类别	难度	考点

30.	以下延时子函数是带参函数还是不带参函数？________函数。
	void delay1ms(unsigned int z)
	{
	unsigned int x,y;
	for(x=z;x>0;x--)
	for(y=114;y>0;y--);
	}
			1	1	5113

31.	已知一单片机电路使用继电器的常闭端口来控制交通灯，按下图所示的流程执行程序。请问以下源程序能否实现流程图的功能？________。
	
	#include<reg51.h> //头文件
	sbit S7 = P3^2; //位定义控制开关 S7
	sbit JD2 = P3^4; //位定义继电器 2 控制端口
	
	void delay1ms(unsigned int z)
	{
	unsigned int x,y;
	for(x=z;x>0;x--)
	for(y=114;y>0;y--);
	}
	
	void main(void)
	{
	JD2=1;
	while(1)
	{
	if(S7 == 0)
	{
	delay1ms(10);
	if(S7 == 0)
			2	2	5113

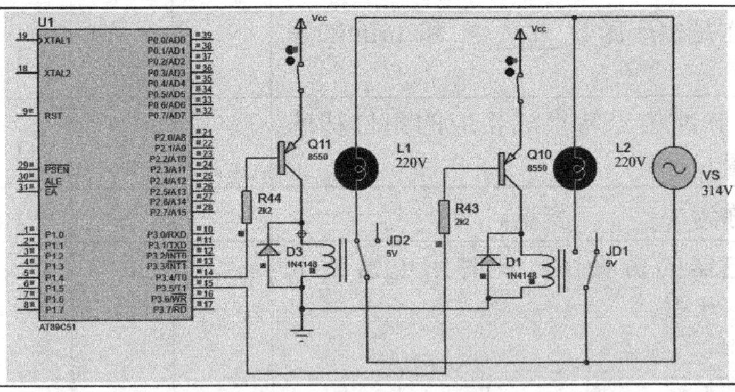

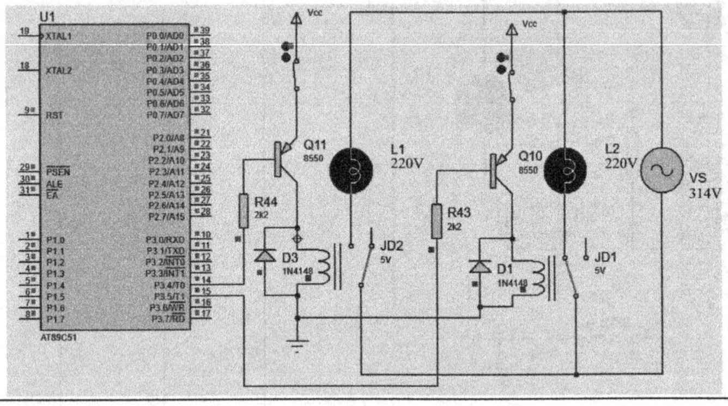

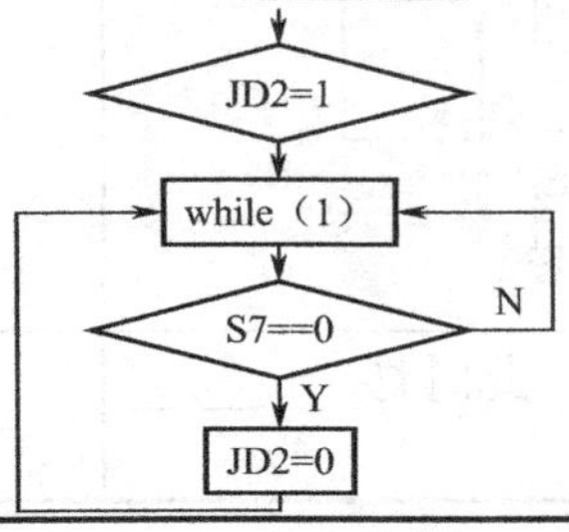

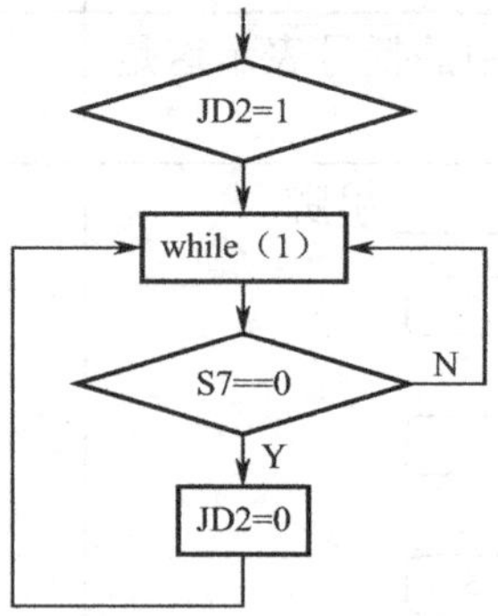

题号	试题	答案	组卷代码		
			类别	难度	考点

	{
	while(S7 == 0);
	JD2=!JD2; }
	}
	}
	}				

32.	在以下程序中，实际参数是________。
	#include <reg51.h>
	sbit speaker=P3^3;
	
	void delay1ms(unsigned int z)
	{
	unsigned int x,y;
	for(x=z;x>0;x--)
	for(y=114;y>0;y--);
	}
	
	void main(void)
	{
	unsigned char n=200;
	while(1)
	{
	speaker=1;
	delay1ms (n);
	speaker=0;
	delay1ms (n);
	}
	}
			2	2	5113

33.	在以下程序中，形式参数是________。
	#include <reg51.h>
	sbit speaker=P3^3;
	
	void delay1ms(unsigned int z)
	{
	unsigned int x,y;
	for(x=z;x>0;x--)
	for(y=114;y>0;y--);
	}
	
	void main(void)
	{
			2	2	5113

题号	试题	答案	组卷代码		
			类别	难度	考点

	unsigned char n=200;
	while(1)
	{
	speaker=1;
	delay1ms (n);
	speaker=0;
	delay1ms (n);
	}
	}				

34.	在以下程序中，________函数是有参函数。
	#include <reg51.h>
	sbit speaker=P3^3;
	
	void delay1ms(unsigned int z)
	{
	unsigned int x,y;
	for(x=z;x>0;x--)
	for(y=114;y>0;y--);
	}
	void main(void)
	{
	unsigned char n=200;
	while(1)
	{
	speaker=1;
	delay1ms (n);
	speaker=0;
	delay1ms (n);
	}
	}
			2	2	5113

35.	直流电动机的结构主要由________和转子（电钮）两个基本部分组成。		1	1	5113
36.	下图是继电器控制交通红绿灯的作业流程图，这一流程是否具有可操作性？________。 		1	1	5113

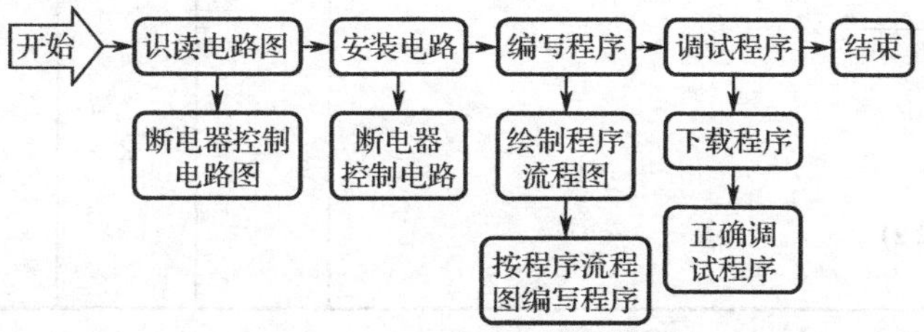

题号	试题	答案	组卷代码		
			类别	难度	考点
37.	下图是步进电动机电路原理图，请问图中 Header4 是什么元件？________。 		2	1	5113
38.	步进电动机可以通过控制________来控制角位移量，从而达到准确定位的目的。		1	1	5113
39.	步进电动机可以通过控制________来控制转动的速度和加速度，从而达到调速的目的。		1	1	5113
40.	改变绕组通电的顺序，电动机就会________。		1	1	5113
41.	当电流流过步进电动机定子绕组时，定子绕组产生一矢量________。		1	1	5113
42.	电动机铁芯有磁滞________效应，在交变磁场中也会产生损耗，其大小与材料、电流、频率、电压有关，称之为铁损。		1	1	5113
43.	步进电动机普遍存在发热情况，且情况比一般交流电动机________。		1	1	5113
44.	电动机绕组有电阻，通电会产生损耗，损耗大小与电阻和电流的平方成________，这就是人们常说的铜损。		1	1	5113
45.	一个程序，无论复杂或简单，总体上都是一个函数。这个函数就称为主函数。比如，有个“做菜”程序，那么“做菜”这个过程就是主函数。在主函数中，根据情况，可能还需要调用“买菜”、“切菜”、“炒菜”等，那么“买菜”、“切菜”、“炒菜”等是________函数。		1	1	5113
46.	单片机程序代码是从________开始，一条一条顺序执行的。		1	1	5113

47.	以下程序的头文件是________。
	#include<reg51.h>
	sbit S7 = P3^2;
	sbit JD2 = P3^4;
	void delay1ms(unsigned int z)
	{
	unsigned int x,y;
	for(x=z;x>0;x--)
	for(y=114;y>0;y--);
	}
	void main(void)
	{
	JD2=1;
	while(1)
	{
	if(S7 == 0)
	{
	delay1ms(10);
	if(S7 == 0)
	{
	while(S7 == 0);
	JD2=!JD2; }
	}
	}
	}
			2	1	5113

48.	以下是按键控制电动机的程序，该程序可以实现的功能是电动机________。
	#include<reg51.h>
	sbit zheng=P1^0; //正转按钮
	sbit fan=P1^1; //反转按钮
	sbit JD=P3^0; //继电器控制引脚
	void delay1ms(int);
	//****************************** 主 函 数 ******************************
	void main()
	{
	JD=0;
	P1=0xff;
	while(1)
	{
	if(zheng==0) //如果正转按钮按下
	{
	delay1ms(10); //延时去抖
	if(zheng==0)
	while(zheng==0); //判按键松开
	delay1ms(10);
	while(zheng==0);
			2	1	5113

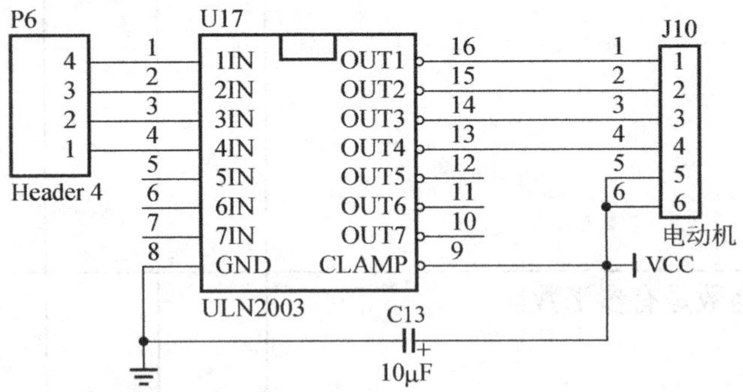

题号	试题	答案	组卷代码		
			类别	难度	考点

	JD=1;
	　　　}
	　　if(fan==0)　　　　　//如果反转按钮按下
	　　{
	　　　delay1ms(10);　　　//延时去抖
	　　　if(fan==0)
	　　　while(fan==0);　　//判按键松开
	　　　delay1ms(10);
	　　　while(fan==0);
	　　　JD=0;
	　　}
	　}
	}					

49.	以下程序中 delay1ms(10);这个语句表示延时_____ms。
	
	#include<reg51.h>
	sbit S7 = P3^2;
	sbit JD2 = P3^4;
	void delay1ms(unsigned int z)
	{
	　unsigned int x,y;
	　for(x=z;x>0;x--)
	　　for(y=114;y>0;y--);
	}
	
	void main(void)
	{
	　JD2=1;
	　while(1)
	　{
	　　if(S7 == 0)
	　　{
	　　　delay1ms(10);
	　if(S7 == 0)
	　　{
	　　　while(S7 == 0);
	　　JD2=!JD2;　　　}
	　　}
	　}
	}
			2	1	5113

50.	热敏干簧继电器是一种利用热敏磁性材料检测和控制温度的新型_____开关。		1	1	5113

题号	试题	答案	组卷代码		
			类别	难度	考点
51.	步进电动机的相数是指电动机内部产生不同对极 N、S 磁场的励磁绕组对数，常用_____表示。		1	1	5113
52.	一个完整的步进电动机控制系统一般包括控制器、驱动器、_____三部分。		1	1	5113
53.	单片机上电后是从主函数_____位置运行的。		1	1	5113
54.	C 语言语法中，数据类型 unsigned char 定义的是_____位无符号数。		1	1	5113
55.	C 语言语法中，数据类型 unsigned int 定义的是_____位无符号数。		1	1	5113
56.	单片机 C 语言编程时必须有的固定结构的语句是#include、void main( )以及_____。		1	1	5113
57.	在 scanf()函数中，_____表示变量 a 的地址。		1	1	5113
58.	C 语言变量的存储类别有 auto、register、static 和_____。		1	1	5113
59.	凡在函数中未指定存储类别的局部变量，其默认的存储类别为_____。		1	1	5113
60.	在一个 C 语言程序中，若要定义一个只允许本源程序文件中所有函数使用的全局变量，则该变量应定义的存储类别为_____。		1	1	5113

单片机控制显示操作

组卷代码说明

- 试题类别

  1—理论、2—技能

- 试题难度系数

  1—较容易、2—容易、3—较难

- 考点代码：四位数字

  第一位数字：模块名称代码，模块1~8分别为1、2、3、4、5、6、7、8

  第二位和第三位数字：任务代码

  第四位数字：题型代码，1—判断题、2—选择题、3—填空题

答案解析说明

- 请扫描二维码查阅本模块试题答案

- 试题解析请登录华信教育资源网（www.hxedu.com.cn）下载查阅

6.1 判断题

题号	试题	答案	类别	难度	考点
			组卷代码		
1.	只要其对应的列与行顺向偏压，即可使 8×8 点阵 LED 发亮。（　　）		1	2	6111
2.	8×8 点阵可以显示任何汉字。（　　）		1	2	6111
3.	LCD12864 都含有字符库。（　　）		1	2	6111
4.	带字库的 12864 液晶模块能够显示任何汉字或者字符。（　　）		1	1	6111
5.	8×8 点阵对于不同的硬件，字模数据是相同的。（　　）		1	1	6111
6.	点阵只能显示文字或符号，不能显示图形。（　　）		1	1	6111
7.	可以利用 64 个发光二极管组成 8×8 点阵。（　　）		1	1	6111
8.	如下图所示，用带中文字库的 12864 液晶模块显示中文，只需在相应的数组中输入要显示的汉字，不需要字模数据，而对于英文则和点阵显示一样需要字模数据。（　　） ```\nchar code sm[]={"中国"};\n/******液晶初始化子函数*****/\nvoid init()\n{\n PSB=1;\n RES=0;\n RES=1;\n Data(0x30,0); //选择基本指令集\n delay(5); //延时\n Data(0x0C,0); //D=1,显示开\n Data(0x01,0); //清屏\n Data(0x06,0); //光标从右向左加1移动\n}\nvoid main()\n{\n init();\n hj(sm);\n while(1);\n```		1	1	6111
9.	带中文字库的 12864 液晶模块显示较大图形时，一般采用取模软件对图形进行取模。（　　）		1	1	6111
10.	一个 8×8 点阵不能显示一个数字字符。（　　）		1	1	6111
11.	如下图所示，电路中 RN1 用作限流电阻。（ 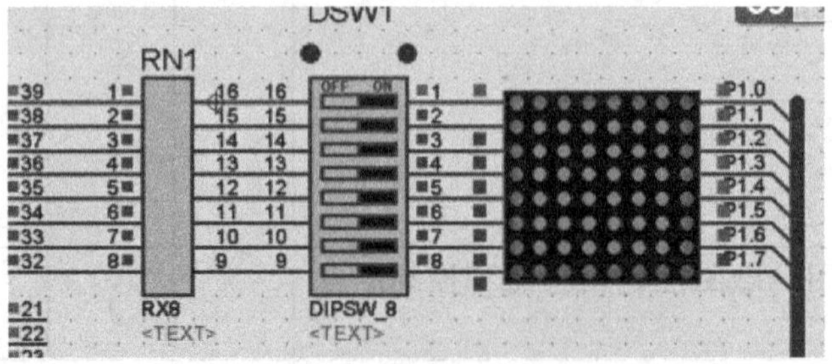　　） 		2	1	6111

题号	试题	答案	组卷代码		
			类别	难度	考点
12.	点阵只能显示红色的图形或字符。（　　）		1	2	6111
13.	8×8 点阵显示图形和显示数字是一样的原理。（　　）		1	1	6111
14.	8×8 点阵分别显示两个不同的字符时，行数据和列字模数据都是不同的。（　　）		2	2	6111
15.	8×8 点阵每行有 8 个点（像素点）。（　　）		1	1	6111
16.	8×8 点阵只要编程方法恰当，就可以实现 0～9 循环移屏的效果。（　　）		2	1	6111
17.	根据电路的不同，8×8 点阵 LED 的限流电阻应放在 X 轴或者 Y 轴。（　　）		1	1	6111
18.	在 8×8 点阵显示某个数字时，如果增加延时程序的延时时间，显示效果也会发生改变。（　　）		1	1	6111
19.	在执行 P1=~(0x01<<lei)这条语句后有 lei=5，则 P1=0xfe。（　　）		1	2	6111

20.	以下程序是让 8×8 点阵每个点都点亮的程序。如果将 for(lei=0;lei<8;lei++)这条语句改成 for(lei=8;lei>0;lei--)，运行结果是一样的。（　　）
	
	void main (void)
	{ unsigned char lei,hang;
	　while(1)
	　{
	　　for(lei=0;lei<8;lei++)
	　　{P1=~(0x01<<lei);
	　　　for(hang=0;hang<8;hang++)
	　　　{P0=（0x01<<hang）;delay();}
	　　}
	　}
	}
			1	2	6111

21.	以下是点亮点阵每个点的程序，如果减小延时，点阵会全亮。（　　）
	
	#include <REGX51.H>
	　void delay(void)
	　{
	　unsigned int i=50000;
	　　while(--i);
	　}
	　void main (void)
	　{
	　　unsigned char lei,hang;
			1	2	6111

题号	试题	答案	组卷代码		
			类别	难度	考点

	while(1)
	　{
	　　for(lei=0;lei<8;lei++)
	　　{P1=~(0x01<<lei);
	　　　for(hang=0;hang<8;hang++)
	　　　{
	　　　　P0=tab[zhi][hang];
	　　　　delay();
	　　　}
	　　}
	　}
	}				

22.	8×8 点阵要显示常规的数字或者字母，可以利用取模软件得到所需要的显示代码。（　　）		1	2	6111
23.	8×8 点阵显示时可以先选择行、后选择列，让点阵显示汉字或者字符。（　　）		2	1	6111
24.	如下图所示，利用 8×8 点阵显示"中"时，计算出的从左到右第一行的字模数据是 0x00。（ 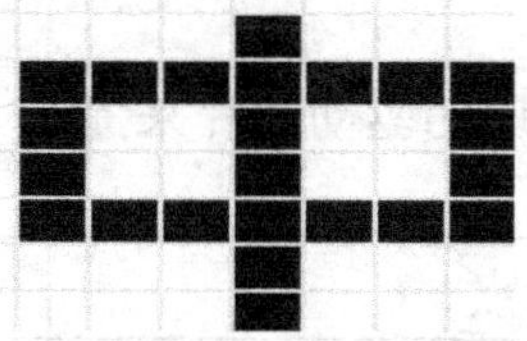　　） 		2	2	6111
25.	点阵采用行扫描，就是先选择某一行，而后在列上送字模数据让点阵一行的点按要求亮或灭，就这样一行接一行地进行控制。（　　）		1	1	6111
26.	8×8 点阵判断引脚的方法如下：产品型号面向自己，从左到右逆时针 1～16。（　　）		1	1	6111
27.	点阵采用行扫描，就是先选择某一列，而后在行上送字模数据让点阵一行的点按要求亮或灭，就这样一行接一行地进行控制。（　　）		1	1	6111
28.	在户外经常看到的彩色广告屏不是用点阵模块拼接而成的，而是用液晶显示器。（　　）		1	1	6111
29.	户外广告屏大多采用点阵模块拼接而成。（　　）		1	1	6111
30.	点阵采用列扫描，就是先选择某一列，而后在行上送字模数据让点阵一列的点按要求亮或灭，就这样一列接一列地进行控制。（　　）		1	1	6111

题号	试题	答案	类别	难度	考点
31.	点阵采用列扫描，就是先选择某一行，而后在列上送字模数据让点阵一列的点按要求亮或灭，就这样一列接一列地进行控制。（　　）		1	1	6111
32.	要显示"12"这个数字，需要两个8×8点阵。（　　）		1	1	6111
33.	如下图所示，该电梯显示模块采用了点阵显示器件来显示楼层号和上下楼层标志。（　　） 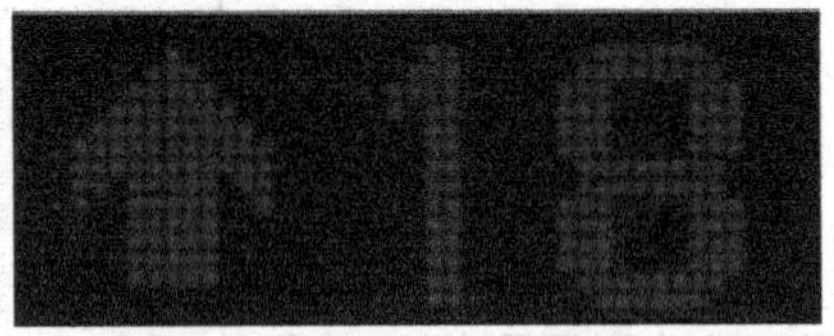		1	1	6111
34.	点阵显示在现实中用得非常多，利用它可以显示不同的数字和汉字，如电梯楼层显示、广告字显示、银行门前的广告牌等。（　　）		1	1	6111
35.	只要点阵对应的列与行顺向偏压，即可使LED发亮。例如，如果想使左上角LED点亮，则使Y0=1、X0=0即可。应用时限流电阻可以放在X轴或Y轴。这样点阵就可以显示出图形或文字了。（　　）		1	1	6111
36.	在使用多个点阵显示器件时，需要加相应的驱动芯片来提高点阵的显示亮度。（　　）		1	2	6111
37.	带字符库的LCD12864每行有64个像素点。（　　）		1	1	6111
38.	带字符库的LCD12864可以显示32×32像素点的汉字。（　　）		1	1	6111
39.	12864液晶模块每显示完一屏内容后需要清屏才能显示下一屏内容，否则会出现花屏的情况。（　　）		2	1	6111
40.	带中文字符库的LCD12864能显示彩色字体或图形。（　　）		1	1	6111
41.	12864液晶模块每行最多可以显示8个汉字或者8个ASCII码字符。（　　）		1	1	6111
42.	12864液晶模块显示ASCII码字符的过程与显示中文字符的过程相同。不过在显示连续字符时，只需设定一次显示地址，由模块自动对地址加1指向下一个字符位置，否则显示的字符中将会有一个空ASCII码字符位置。（　　）		1	3	6111
43.	当12864液晶模块的字符编码为2字节时，应先写入低位字节，再写入高位字节。（　　）		1	3	6111
44.	带字符库LCD12864的2脚为VCC（电源正极）。（　　）		1	1	6111
45.	带字符库LCD12864的2脚可以加3.0～5.0V电压。（　　）		1	1	6111
46.	在实际的电路应用中，复位引脚可以悬空。（　　）		1	1	6111
47.	在给12864液晶模块写命令或者写数据时，必须先向处理器确认模块内部处于非忙状态，即查忙（查忙也可以用延时代替）。（　　）		2	1	6111
48.	在带中文字符库的12864液晶模块中，"RE"为基本指令集与扩充指令集的选择控制位。当变更"RE"后，指令集将维持在最后的状态，除非再次变更"RE"，否则使用相同的指令集时，无须每次均重设"RE"。（　　）		1	1	6111
49.	15脚为带字符库LCD12864的通信模式选择端，如在实际应用中仅使用并口通信模式，可将PSB接固定高电平。（　　）		1	1	6111
50.	17脚为带字符库LCD12864的复位端RESET，高电平有效。（　　）		1	1	6111
51.	V0为对比度调节端，用于调节显示字符的对比度。（　　）		1	1	6111
52.	带中文字库的128×64显示模块每屏可显示8行8列共64个16×16点阵的汉字。（　　）		1	1	6111
53.	带中文字库的128×64显示模块每屏最多可以显示32个中文字符或64个ASCII码字符。（　　）		1	1	6111
54.	LCD12864广泛应用于工业生产、医疗卫生及日常生活等领域。（　　）		1	1	6111
55.	LCD12864每行可以显示8个汉字。（　　）		1	1	6111
56.	在带中文字库的12864液晶模块控制芯片基本指令中，当RS=0、R/W=0时，输入指令0x01即可清除显示。（　　）		1	1	6111
57.	如下图所示，当D=1时为整体显示。（　　）		2	2	6111
58.	12864液晶模块使用前的准备是先给模块加上工作电压，再调节LCD的对比度，使其显示出黑色的底影。此过程亦可初步检测LCD有无缺段现象。（　　）		1	1	6111

第57题表格：

指令	指令码									
	RS	R/W	D7	D6	D5	D4	D3	D2	D1	D0
清除显示	0	0	0	0	0	0	0	0	0	1
地址归位	0	0	0	0	0	0	0	0	1	X
显示状态开/关	0	0	0	0	0	0	1	D	C	B
进入点设定	0	0	0	0	0	0	0	1	I/D	S

题号	试题	答案	组卷代码 类别	难度	考点
59.	12864 液晶模块能够同时显示图片和汉字。（　　）		1	1	6111
60.	在 12864 液晶模块的写命令函数中，延时是可以随便改变的。（　　）		2	1	6111
61.	12864 液晶模块在实际应用中仅使用并口通信模式，可以将15 脚 PSB 接固定高电平。（　　）		2	1	6111
62.	如下图所示，12864 液晶模块显示"中国重庆"4 个汉字，该字符显示 RAM 在液晶模块中的地址是 90H～93H。（ 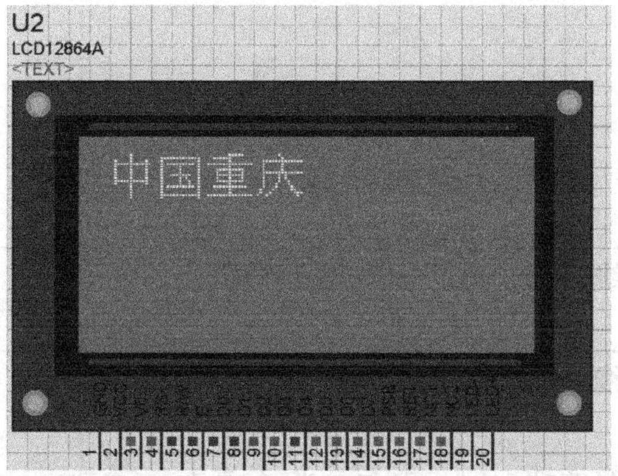　　） U2 LCD12864A <TEXT> 中国重庆		2	2	6111
63.	带中文字库的 128×64 显示模块内部提供 128×2 字节的字符显示 RAM 缓冲区（DDRAM）。字符显示是通过将字符显示编码写入该字符显示 RAM 实现的。（　　）		1	1	6111
64.	根据点阵像素不同可以分为单色、双基色、三基色等。（　　）		1	1	6111
65.	LED 点阵一般采用扫描式显示，分为三种方式：点扫描、行扫描、列扫描。（　　）		1	1	6111
66.	单色点阵只能显示固定的色彩，如红、绿、黄等。（　　）		1	1	6111
67.	8×8 点阵是由 64 个发光二极管按一定的规律组成的。（　　）		1	1	6111
68.	8×8 点阵是由 64 个发光二极管组成的，且每个发光二极管放置在行线和列线的交叉点上，当某一行置 1 某一列置 0 时，相应的二极管就亮。（　　）		1	1	6111
69.	LED 点阵模块指的是利用封装 8×8 的模块组合单元板形成模块。（　　）		1	1	6111
70.	要用 8×8 点阵显示数字"4"，只需将下列程序中的 {0x00,0x3e,0x49,0x49,0x49,0x32,0x00,0x00} 改为 {0x00,0x00,0x30,0x28,0x24,0xFE,0x20,0x00}。（　　）		1	2	6111

题号	试题	答案	组卷代码 类别	难度	考点
| | ```
1  #include <REGX51.H>
2  unsigned char code tab[8]=
3  {0x00,0x3e,0x49,0x49,0x49,0x32,0x00,0x00};
4  /*************延时子函数**********/
5  void delay(void)
6  {
7    unsigned int i=50;
8    while(--i);
9  }
10 /*************主函数**********/
11 void main (void)
12 {
13   unsigned char lei;
14   while(1)
15   {for(lei=0;lei<8;lei++)
16    {P1=~(0x01<<lei);
17     P0=tab[lei];
18     delay();
19    }
20   }
21  }
22
23 }
``` | | | | |
71.	带中文字库的 128×64-0402B 显示模块内部提供 128×2 字节的字符显示 RAM 缓冲区（DDRAM）。（　　）		1	1	6111
72.	使用带中文字库的 128×64 显示模块时应注意：欲在某一个位置显示中文字符，应先设定显示字符的位置，即先设定显示地址，再写入中文字符编码。（　　）		2	1	6111
73.	带中文字库的 12864 液晶模块具有睡眠模式，这可以通过液晶模块控制芯片提供的扩充指令设置实现。（　　）		1	1	6111
| 74. | 以下程序段可以实现 8×8 点阵显示数字 0～9。画线部分的语句的功能是控制每个数字显示的时间长短。（　　）<br>```
unsigned char code tab[][8]=
{{0x00,0x00,0x7C,0x82,0x82,0x7C,0x00},
{0x00,0x00,0x00,0x84,0xFE,0x80,0x00,0x00},
{0x00,0x00,0xE4,0xA2,0xA2,0xA2,0x9C,0x00},
{0x00,0x00,0x44,0x92,0x92,0x92,0x6C,0x00},
{0x00,0x00,0x30,0x28,0x24,0xFE,0x20,0x00},
{0x00,0x00,0x4E,0x8A,0x8A,0x8A,0x72,0x00},
{0x00,0x00,0x7C,0x92,0x92,0x92,0x64,0x00},
{0x00,0x00,0x02,0x02,0x02,0xF2,0x0E,0x00},
{0x00,0x00,0x6C,0x92,0x92,0x92,0x6C,0x00},
{0x00,0x00,0x4C,0x92,0x92,0x7C,0x00}};
/*************延时子函数**********/
void delay(void)
{
  unsigned int i=50;
  while(--i);
}
/*************主函数**********/
void main (void)
{
  unsigned char lei, zhi;
  unsigned int i=0;
  while(1)
  {
    for(zhi=0;zhi<10;)
    {
      for(lei=0;lei<8;lei++)
      {P1=~(0x01<<lei);
       P0=tab[zhi][lei];
       delay();
      }
      i++;
      if(i==500){zhi++;i=0;}
    }
  }
}
``` | | 1 | 2 | 6111 |

题号	试题	答案	组卷代码		
			类别	难度	考点
75.	根据写入缓冲区的内容的不同，可分别在液晶屏上显示CGROM（中文字库）、HCGROM（ASCII码字库）及CGRAM（自定义字形）的内容。3种不同字符/字形的选择编码范围如下：0000～0006H（其代码分别是0000、0002、0004、0006共4个）显示自定义字形，02H～7FH显示半宽ASCII码字符，A1A0H～F7FFH显示8192种GB2312中文字库字形。（　　）		2	2	6111
76.	带中文字库的12864液晶模块可以显示图形，在显示图形时要先设置水平地址，然后设置垂直地址。（　　）		2	1	6111
77.	先设置垂直地址，再设置水平地址（连续写入两字节的资料来完成垂直与水平的坐标地址）。垂直地址的范围为AC5～AC0，水平地址的范围为AC3～AC0。（　　）		2	1	6111

78.	要用8×8点阵显示数字“3”，只需将下列程序中的{0x00,0x3e,0x49,0x49,0x49,0x32,0x00,0x00}改为{0x00,0x00,0x22,0x49,0x49,0x49,0x36,0x00}。（　　）
	#include <REGX51.H>
	unsigned char code tab[8]=
	{0x00,0x3e,0x49,0x49,0x49,0x32,0x00,0x00};
	/**************延时子函数***********/
	void delay(void)
	{
	unsigned int i=50;
	while(--i);
	}
	/**************主函数***********/
	void main (void)
	{
	unsigned char lei;
	while(1)
	{for(lei=0;lei<8;lei++)
	{P1=~(0x01<<lei);
	P0=tab[lei];
	delay();
	}
	}
	}
			1	2	6111

79.	要用8×8点阵显示数字“1”，只需将下列程序中的{0x00,0x3e,0x49,0x49,0x49,0x32,0x00,0x00}改为{0x00,0x00,0x00,0x00,0x84,0xFE,0x80,0x00}。（　　）
	#include <REGX51.H>
	unsigned char code tab[8]=
	{0x00,0x3e,0x49,0x49,0x49,0x32,0x00,0x00};
	/**************延时子函数***********/
	void delay(void)
	{
	unsigned int i=50;
	while(--i);
	}
	/**************主函数***********/
	void main (void)
	{
	unsigned char lei;
	while(1)
	{for(lei=0;lei<8;lei++)
	{P1=~(0x01<<lei);
	P0=tab[lei];
	delay();
	}
	}
	}
			1	2	6111

80.	要用8×8点阵显示数字“2”，只需将下列程序中的{0x00,0x3e,0x49,0x49,0x49,0x32,0x00,0x00}改为{0x00,0x00,0x27,0x45,0x45,0x45,0x39,0x00}。（　　）
	#include <REGX51.H>
	unsigned char code tab[8]=
	{0x00,0x3e,0x49,0x49,0x49,0x32,0x00,0x00};
	/**************延时子函数***********/
	void delay(void)
	{
	unsigned int i=50;
	while(--i);
	}
	/**************主函数***********/
	void main (void)
	{
	unsigned char lei;
	while(1)
	{for(lei=0;lei<8;lei++)
	{P1=~(0x01<<lei);
	P0=tab[lei];
	delay();
	}
	}
	}
			1	2	6111

81.	在8×8点阵显示电路中如果行线开路，将会出现某行不显示的情况。（　　）		2	2	6111
82.	在8×8点阵显示电路中如果列线开路，将会出现某列不显示的情况。（　　）		2	1	6111
83.	当12864液晶模块3脚出现开路的情况时，其显示将不清晰。（　　）		2	1	6111
84.	只要把代码00H、00H、3EH、41H、41H、3EH、00H、00H分别送到相应的列线，即可显示数字“0”。（　　）		1	2	6111

85.	要用8×8点阵显示数字“0”，只需将下列程序中的{0x00,0x3e,0x49,0x49,0x49,0x32,0x00,0x00}改为{0x00,0x00,0x3e,0x41,0x41,0x41,0x3e,0x00}。（　　）
	#include <REGX51.H>
	unsigned char code tab[8]=
	{0x00,0x3e,0x49,0x49,0x49,0x32,0x00,0x00};
	/**************延时子函数***********/
	void delay(void)
	{
	unsigned int i=50;
	while(--i);
	}
	/**************主函数***********/
	void main (void)
	{
	unsigned char lei;
	while(1)
	{for(lei=0;lei<8;lei++)
	{P1=~(0x01<<lei);
	P0=tab[lei];
	delay();
	}
	}
	}
			1	2	6111

题号	试题	答案	组卷代码		
			类别	难度	考点
86.	8×8 点阵 LED 结构如下图所示。 从图中可以看出，8×8 点阵由 64 个发光二极管组成，且每个发光二极管放置在行线和列线的交叉点上，当某一列置 1，某一行置 0 时，相应的二极管就亮；要实现显示图形或字体，只需考虑其显示方式。通过编程控制各显示点对应 LED 阳极和阴极端的电平，就可以有效控制各显示点的亮灭。（ ）		1	2	6111
87.	LED 点阵屏由 LED（发光二极管）组成，以灯珠亮灭来显示文字、图片、动画、视频等，是各部分组件都模块化的显示器件，通常由显示模块、控制系统及电源系统组成。（ ）		1	1	6111
88.	LED 点阵显示屏制作简单，安装方便，被广泛应用于各种公共场合，如汽车报站器、广告屏及公告牌等。（ ）		1	1	6111
89.	8×8 点阵显示电路在仿真时可以不加驱动电路，而在实际电路中必须加上驱动电路，LED 亮度才够。（ ）		2	1	6111
90.	使用 LED 时应重视防静电措施，对电路产生影响的静电来源主要有人体、塑料制品和有关设备仪器。（ ）		1	1	6111
91.	对于带中文字库的 12864 模块控制芯片，当 RS=0、R/W=0 时，输入指令代码 0x20 表示选择基本指令。（ ）		1	1	6111

92.	以下程序能实现交替显示“三”“二”“一”三个汉字。（ ）
	#include <REGX51.H>
	unsigned char code tab[][8]=
	{{0xff,0xbf,0xab,0xab,0xab,0xab,0xbd,0xff},
	{0x00,0x3e,0x49,0x49,0x49,0x32,0x00,0x00},
	{0xff,0xf7,0xf7,0xf7,0xf7,0xf7,0xf7,0xff}};
	/**************延时子函数***********/
	void delay(void)
	{
	unsigned int i=50;
	while(--i);
	}
	/**************主函数***********/
	void main (void)
	{
	unsigned char lei,hang, zhi;
	while(1)
	{for(zhi=0;zhi<3;zhi++)
	{
	for(lei=0;lei<8;lei++)
	{P1=~(0x01<<lei);
	P0=~tab[1][lei];
	delay();
	}
	}
	}
	}
			2	1	6111

93.	以下程序会使 8×8 点阵分时显示“三”“二”“一”三个汉字。当循环中 zhi=1 时，8×8 点阵会显示“一”。（ ）
	/**************主函数***********/
	void main (void)
	{
	unsigned char lei, zhi;
	while(1)
	{for(zhi=0;zhi<3;zhi++)
	{
	for(lei=0;lei<8;lei++)
	{P1=~(0x01<<lei);
	P0=~tab[zhi][lei];
	delay();
	}
	}
	}
	}
					6111

94.	在 12864 模块控制芯片扩充指令下指令码为 0x04 时，为反白第一行显示。（ ）		1	1	6111
95.	在 12864 模块控制芯片扩充指令下指令码为 0x05 时，为反白第三行显示。（ ）		1	1	6111
96.	对于带中文字库的 12864 模块，适当的湿度可以降低静电产生的概率。一般相对湿度应保持在 50%以上。（ ）		1	1	6111
97.	在产品设计中用到液晶模块时，不必注意液晶模块的视角与产品用途是否一致。（ ）		1	1	6111
98.	对液晶材料施加直流电压，会引起液晶材料迅速恶化，应该确保提供交流波形的 M 信号的连续应用。特别是在电源开关时，应遵照供电顺序，避免驱动锁存及直流直接加至液晶屏。（ ）		1	3	6111
99.	液晶模块内部装配了 CMOS 电路，必须采取措施避免静电。（ ）		1	1	6111
100.	带中文字库的 12864 液晶模块控制芯片提供两套控制指令，即基本指令和扩充指令。（ ）		1	2	6111
101.	在带中文字库的 12864 液晶模块控制芯片基本指令中，图形显示应先设置垂直地址，再设置水平地址。（ ）		1	2	6111
102.	由于人和包装材料可能会因为脱离或摩擦等引发静电，12864 液晶模块的包装材料需要做防静电处理。模块应放在防静电袋或其他防静电容器中保存。（ ）		1	2	6111
103.	12864 液晶模块的响应时间会随着温度的降低而减少。（ ）		1	1	6111
104.	拆解液晶模块会引起永久性损坏，应该严格禁止。（ ）		1	1	6111
105.	液晶屏存在影像滞留余辉，可以长时间显示固定图案。（ ）		1	1	6111

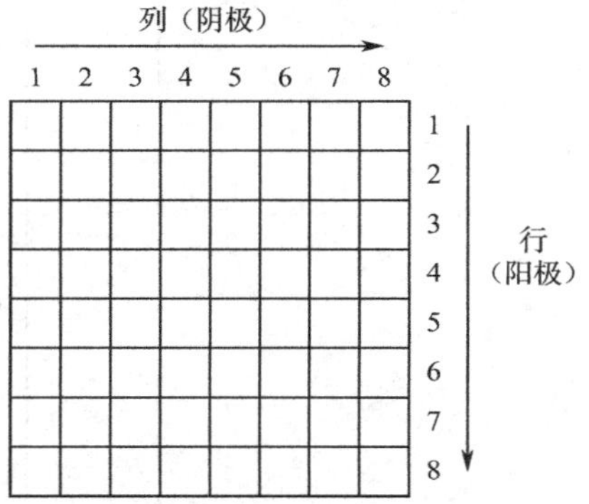

题号	试题	答案	类别	难度	考点
106.	应避免将液晶模块长时间暴露在阳光或强紫外线照射下。（　　）		1	1	6111
107.	在产品设计中使用带中文字库的 12864 液晶模块时，应注意确保液晶模块的视角与产品用途相一致。（　　）		1	2	6111
108.	在利用 Proteus 7 软件对带中文字库的 12864 模块进行仿真时，须外加 12864 液晶组件。（　　）		1	1	6111
109.	带中文字库的 12864 液晶模块和不带中文字库的 12864 液晶模块使用方法相同。（　　）		2	1	6111
110.	下列程序的功能为用 8×8 点阵显示一个"王"字。画线语句的作用是程序无限循环。（　　） 见下方代码 110		2	1	6111
111.	下列程序的功能为用 8×8 点阵显示一个"王"字。画线语句的作用是程序无限循环。（　　） 见下方代码 111		2	1	6111
112.	下列程序的功能为用 8×8 点阵显示一个"王"字。画线语句的作用是定义变量 lei。（　　） 见下方代码 112		2	1	6111
113.	下列程序的功能为用 8×8 点阵显示一个"王"字。画线语句的作用是程序无限循环。（　　） 见下方代码 113		2	1	6111
114.	下列程序的功能为用 8×8 点阵显示一个"王"字。画线语句的作用是送列字模数据。（　　） 见下方代码 114		2	`1	6111

题 110 程序：

```c
#include <REGX51.H>
unsigned char code tab[8]=
{0x00,0x54,0x54,0x7c,0x54,0x54,0x02,0x00};
/*************延时子函数**********/
 void delay(void)
 {
 unsigned int i=50;
  while(--i);
 }
/*************主函数**********/
void main (void)
{
 unsigned char lei;
  while(1)
  {for(lei=0;lei<8;lei++)
    {P1=~(0x01<<lei);
     P0=tab[lei];
     delay();
    }
   }
}
```

题 111 程序：

```c
#include <REGX51.H>
unsigned char code tab[8]=
{0x00,0x54,0x54,0x7c,0x54,0x54,0x02,0x00};
/*************延时子函数**********/
 void delay(void)
 {
 unsigned int i=50;
  while(--i);
  }
/*************主函数**********/
void main (void)
{
 unsigned char lei;
  while(1)
  {for(lei=0;lei<8;lei++)
    {P1=~(0x01<<lei);
     P0=tab[lei];
     delay();
    }
   }
}
```

题 112 程序：

```c
#include <REGX51.H>
unsigned char code tab[8]=
{0x00,0x54,0x54,0x7c,0x54,0x54,0x02,0x00};
/*************延时子函数**********/
 void delay(void)
 {
 unsigned int i=50;
  while(--i);
 }
/*************主函数**********/
void main (void)
{
 unsigned char lei;
  while(1)
  {for(lei=0;lei<8;lei++)
    {P1=~(0x01<<lei);
     P0=tab[lei];
     delay();
    }
   }
}
```

题 113 程序：

```c
#include <REGX51.H>
unsigned char code tab[8]=
{0x00,0x54,0x54,0x7c,0x54,0x54,0x02,0x00};
/*************延时子函数**********/
 void delay(void)
 {
 unsigned int i=50;
  while(--i);
  }
/*************主函数**********/
void main (void)
{
 unsigned char lei;
  while(1)
  {for(lei=0;lei<8;lei++)
    {P1=~(0x01<<lei);
     P0=tab[lei];
     delay();
    }
   }
}
```

题 114 程序：

```c
#include <REGX51.H>
unsigned char code tab[8]=
{0x00,0x54,0x54,0x7c,0x54,0x54,0x02,0x00};
/*************延时子函数**********/
 void delay(void)
 {
 unsigned int i=50;
  while(--i);
  }
/*************主函数**********/
void main (void)
{
 unsigned char lei;
  while(1)
  {for(lei=0;lei<8;lei++)
    {P1=~(0x01<<lei);
     P0=tab[lei];
     delay();
    }
   }
}
```

6.2 选择题

题号	试题	答案	组卷代码		
			类别	难度	考点
1.	8×8 点阵分为（　　）两种。 A. 共阳极和共阴极　　B. 共集电极和共发射极 C. 共阳极和共正极　　D. 共负极和共阴极		1	2	6112
2.	8×8 点阵一共有（　　）个点。 A. 62　B. 63　C. 64　D. 24		1	1	6112
3.	在执行指令 for(lei=0;lei<8;lei++){P1=~(0x01<<lei);}时，会循环（　　）次。 A. 5　B. 6　C. 7　D. 8		2	1	6112
4.	要显示一个标准汉字字符库中的“国”字，需要（　　）个 8×8 点阵。 A. 1　B. 2　C. 3　D. 4		1	1	6112
5.	5×8 点阵一共有（　　）个点。 A. 40　B. 63　C. 64　D. 24		2	1	6112
6.	8×8 点阵有多种扫描方式，即点扫描、行扫描和（　　）。 A. 顺序扫描　　B. 隔行扫描 C. 列扫描　　D. 分时扫描		1	1	6112
7.	8×8 点阵有多种扫描方式，即点扫描、列扫描和（　　）。 A. 顺序扫描　　B. 行扫描 C. 列扫描　　D. 分时扫描		1	1	6112
8.	8×8 点阵有多种扫描方式，即列扫描、行扫描和（　　）。 A. 行扫描　　B. 隔行扫描 C. 点扫描　　D. 分时扫描		1	1	6112
9.	12864 是（　　）点阵液晶模块的简称。 A. 128×32　B. 64×64　C. 128×64　D. 128×128		1	1	6112
10.	带中文字库的 12864 液晶模块显示 8192 种 GB2312 中文字库字形的编码范围为（　　）。 A. 0000～0006H　　B. 02H～07FH C. 0010H～0040H　　D. A1A0H～F7FFH		2	1	6112
11.	带中文字库的 12864 液晶模块显示自定义字形的编码范围为（　　）。 A. 0000～0006H　　B. 02H～07FH C. 0010H～0040H　　D. A1A0H～F7FFH		2	1	6112
12.	带中文字库的 12864 液晶模块显示半宽 ASCII 码字符的编码范围为（　　）。 A. 0000～0006H　　B. 02H～07FH C. 0010H～0040H　　D. A1A0H～F7FFH		2	1	6112
13.	带中文字库的 12864 液晶模块最多可以显示（　　）个中文字符。 A. 32　B. 64　C. 12　D. 16		1	1	6112
14.	带中文字库的 12864 液晶模块最多可以显示（　　）个 ASCII 码字符。 A. 32　B. 64　C. 12　D. 16		1	1	6112
15.	字符显示 RAM 在液晶模块中的地址为 80H～9FH。字符显示 RAM 的地址与 32 个字符显示区域有着一一对应的关系，要在第三行的第一个字位置显示一个字，则该处的地址为（　　）。 A. 80H　B. 90H　C. 91H　D. 88H		2	2	6112
16.	字符显示 RAM 在液晶模块中的地址为 80H～9FH。字符显示 RAM 的地址与 32 个字符显示区域有着一一对应的关系，要在第一行的第一个字位置显示一个字，则该处的地址为（　　）。 A. 80H　B. 90H　C. 91H　D. 88H		2	2	6112
17.	字符显示 RAM 在液晶模块中的地址为 80H～9FH。字符显示 RAM 的地址与 32 个字符显示区域有着一一对应的关系，要在第二行的第一个字位置显示一个字，则该处的地址为（　　）。 A. 80H　B. 90H　C. 91H　D. 88H		1	1	6112
18.	字符显示 RAM 在液晶模块中的地址为 80H～9FH。字符显示 RAM 的地址与 32 个字符显示区域有着一一对应的关系，要在第四行的第一个字位置显示一个字，则该处的地址为（　　）。 A. 98H　B. 90H　C. 91H　D. 88H		2	1	6112
19.	如下图所示，在 8×8 点阵上显示一个“中”字，从左到右需要加入的列字模数据为 0x00,（　　）,0x24，0x24，0xFF，0x24，0x24，0x3C。 A. 0x0a　B. 0x2b　C. 0x4a　D. 0x3c		2	2	6112

题号	试题	答案	组卷代码		
			类别	难度	考点
20.	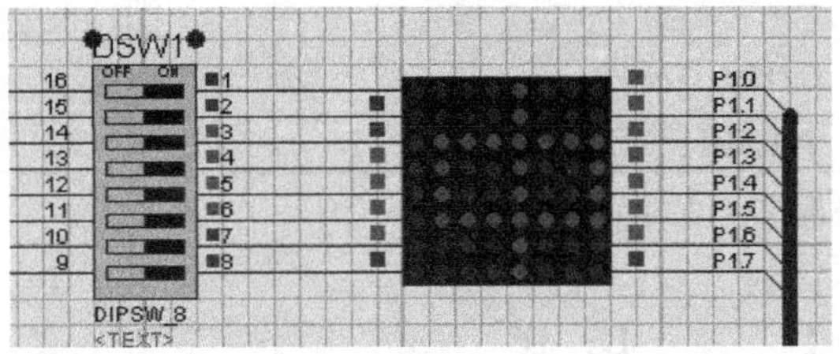 如下图所示，在 8×8 点阵上显示一个"中"字，从左到右需要加入的列字模数据为 0x00,0x3c,（ ），0x24,0xFF,0x24, 0x24, 0x3C。 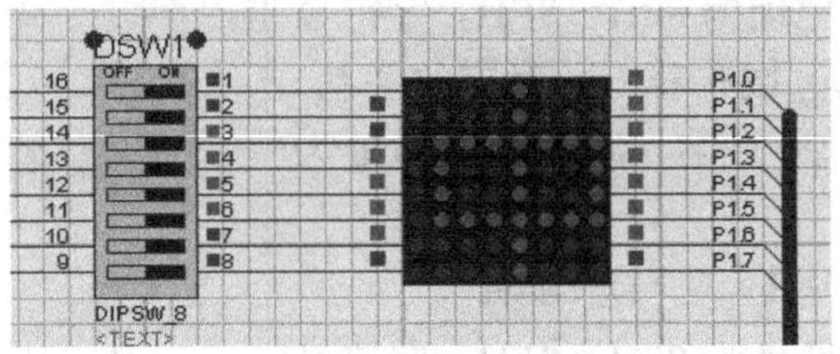 A．0x0a　　B．0x24　　C．0x4a　　D．0x3c		2	2	6112
21.	如下图所示，在 8×8 点阵上显示一个"中"字，从左到右需要加入的列字模数据为 0x00,0x3c,0x24,0x24,（ ）,0x24, 0x24, 0x3C。 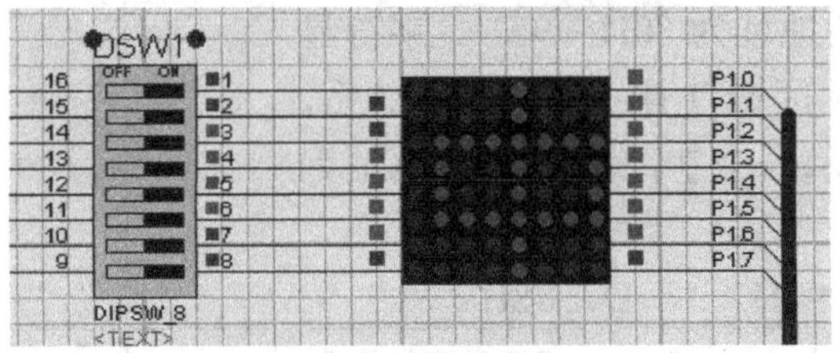 A．0xFF　　B．0x2b　　C．0x4a　　D．0x3c		2	2	6112
22.	如下图所示，在 8×8 点阵上显示一个"中"字，从左到右需要加入的列字模数据为 0x00,0x3c,0x24,0x24,0xFF,0x24,（ ）,0x3C。 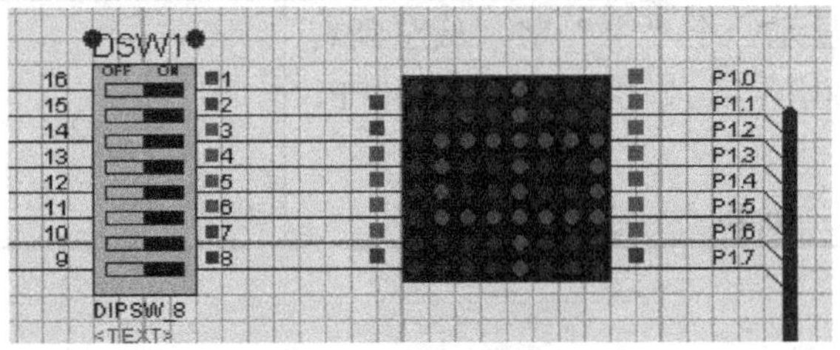 A．0x0a　　B．0x24　　C．0x4a　　D．0x3c		2	2	6112

题号	试题	答案	组卷代码		
			类别	难度	考点
23.	一个使点阵每个点都亮的测试电路出现了下图所示的情况，可能的原因是（ 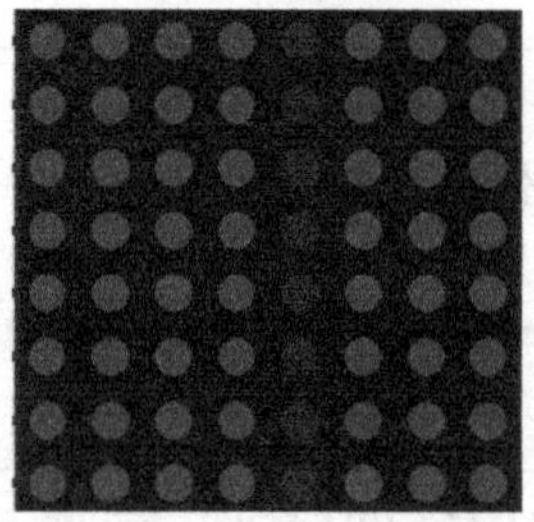 ）。 A．行有个端口开路　　B．行端口短路 C．列有个端口开路　　D．电源损坏		2	2	6112
24.	下图中的 8×8 点阵未能正常显示出数字"3"，原因可能是（ 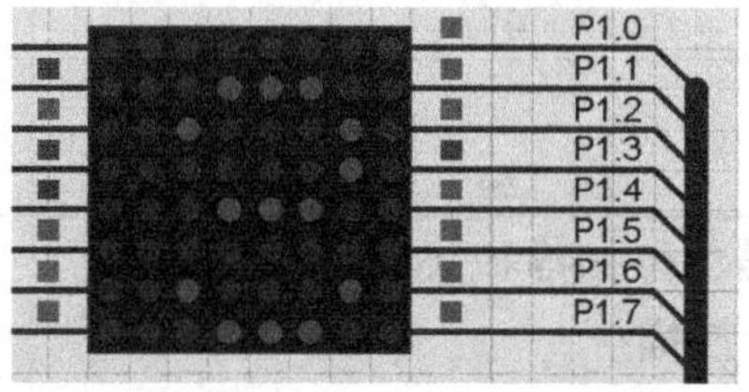 ）。 A．列数据加错　　　　B．行端口短路 C．行字模数据错误　　D．电源损坏		2	2	6112
25.	下图为点亮 8×8 点阵任意一个点的流程图，图中空缺的地方应填写（ 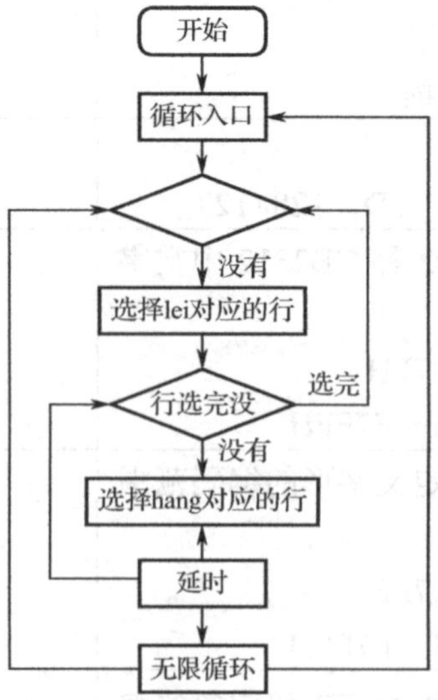 ）。		2	2	6112

题号	试题	答案	组卷代码		
			类别	难度	考点
	A．列选完没　　B．行选完没 C．无限循环　　D．调用延时程序				
26.	下图为点亮 8×8 点阵显示一个“王”字的流程图，图中空缺的地方应填写（　　）。 A．列选完没　　B．行选完没 C．无限循环　　D．延时		2	2	6112

27.	下列程序段为点阵显示一个“王”字的主程序，画线部分的语句作用是（　　）。
	#include <REGX51.H>
	unsigned char code tab[8]=
	{0x00,0x54,0x54,0x7c,0x54,0x54,0x02,0x00};
	void delay(void)
	{
	unsigned int i=50;
	while(--i);
	}
	void main (void)
	{
	unsigned char lei;
	while(1)
	{
	for(lei=0;lei<8;lei++)
	{
	P1=~(0x01<<lei);
	P0=tab[lei];
	delay();
			2	1	6112

题号	试题	答案	组卷代码		
			类别	难度	考点
	} } } A．从左到右选择列　　B．lei 从 0 到 7 逐渐增大 C．无限循环　　D．延时				

28.	下列程序段为点阵显示一个“王”字的主程序，画线部分的语句作用是（　　）。
	#include <REGX51.H>
	unsigned char code tab[8]=
	{0x00,0x54,0x54,0x7c,0x54,0x54,0x02,0x00};
	void delay(void)
	{
	unsigned int i=50;
	while(--i);
	}
	void main (void)
	{ unsigned char lei;
	while(1)
	{
	for(lei=0;lei<8;lei++)
	{
	P1=~(0x01<<lei);
	P0=tab[lei];
	delay();
	}
	}
	}
	A．从左到右选择列　　B．行选完没
	C．无限循环　　D．延时
			2	1	6112

29.	下列程序段为点阵显示一个“王”字的主程序，画线部分的语句作用是（　　）。
	#include <REGX51.H>
	unsigned char code tab[8]=
	{0x00,0x54,0x54,0x7c,0x54,0x54,0x02,0x00};
	void delay(void)
	{
	unsigned int i=50;
	while(--i);
	}
	void main (void)
			2	1	6112

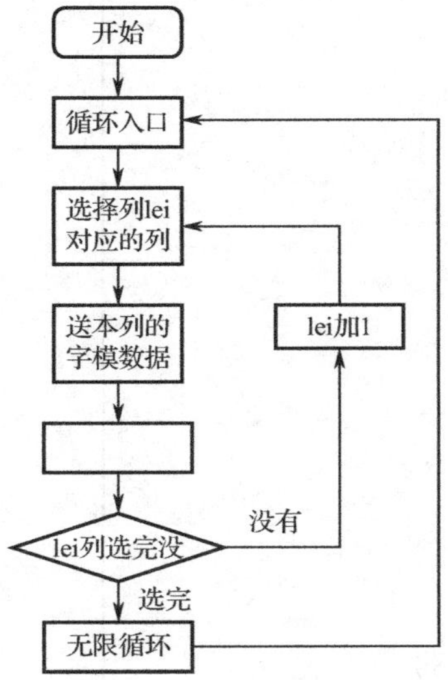

题号	试题	答案	组卷代码		
			类别	难度	考点

	{ unsigned char lei;
	while(1)
	{
	for(lei=0;lei<8;lei++)
	{
	P1=~(0x01<<lei);
	P0=tab[lei];
	delay();
	}
	}
	}
	A．从左到右选择列　　B．行选完没
	C．无限循环　　D．延时				

30.	下列程序段为点阵显示一个“王”字的主程序，画线部分的语句作用是（　　）。
	#include <REGX51.H>
	unsigned char code tab[8]=
	{0x00,0x54,0x54,0x7c,0x54,0x54,0x02,0x00};
	void delay(void)
	{
	unsigned int i=50;
	while(--i);
	}
	void main (void)
	{ unsigned char lei;
	while(1)
	{
	for(lei=0;lei<8;lei++)
	{
	P1=~(0x01<<lei);
	P0=tab[lei];
	delay();
	}
	}
	}
	A．从左到右选择列　　B．行选完没
	C．送列对应的行数据　　D．延时
			2	1	6112

31.	下列程序段为点阵显示一个“王”字的主程序，画线部分的语句作用是（　　）。 #include <REGX51.H>		2	3	6112

题号	试题	答案	组卷代码		
			类别	难度	考点

	unsigned char code tab[8]=
	{0x00,0x54,0x54,0x7c,0x54,0x54,0x02,0x00};
	void delay(void)
	{
	unsigned int i=50;
	while(--i);
	}
	void main (void)
	{ unsigned char lei;
	while(1)
	{
	for(lei=0;lei<8;lei++)
	{
	P1=~(0x01<<lei);
	P0=tab[lei];
	delay();
	}
	}
	}
	A．从左到右选择列　　B．行选完没
	C．送列对应的行数据　　D．调用延时函数				

32.	下列程序段为 8×8 点阵分时显示汉字“三”“二”“一”的程序，画线部分的语句作用是（　　）。
	#include <REGX51.H>
	unsigned char code tab[][8]=
	{{0xff,0xbf,0xab,0xab,0xab,0xab,0xbd,0xff},
	{0xFF,0xBF,0xBB,0xBB,0xBB,0xBB,0xBF,0xFF},
	{0xff,0xf7,0xf7,0xf7,0xf7,0xf7,0xf7,0xff}};
	/**************延时函数***********/
	void delay(void)
	{
	unsigned int i=50;
	while(--i);
	}
	/**************主函数***********/
	void main (void)
	{
	unsigned int lei, zhi,a=0;
	while(1)
	{zhi=0;
	while(zhi<3)
	{
			2	2	6112

题号	试题	答案	组卷代码		
			类别	难度	考点

	for(lei=0;lei<8;lei++)
	{
	P1=~(0x01<<lei);
	P0=~tab[zhi][lei];
	delay();
	}
	a++;
	if(a==500){zhi++; a=0;}
	}
	}
	}
	A．循环语句　B．从左到右选择列
	C．送列对应的行数据　D．调用延时函数				

33.	下列程序段为 8×8 点阵分时显示汉字“三”“二”“一”的程序，画线部分的语句作用是（　　）。
	#include <REGX51.H>
	unsigned char code tab[][8]=
	{{0xff,0xbf,0xab,0xab,0xab,0xab,0xbd,0xff},
	{0xFF,0xBF,0xBB,0xBB,0xBB,0xBB,0xBF,0xFF},
	{0xff,0xf7,0xf7,0xf7,0xf7,0xf7,0xf7,0xff}};
	/**************延时函数***********/
	void delay(void)
	{
	unsigned int i=50;
	while(--i);
	}
	/**************主函数***********/
	void main (void)
	{
	unsigned char lei, zhi,a=0;
	while(1)
	{zhi=0;
	while(zhi<3)
	{
	for(lei=0;lei<8;lei++)
	{
	P1=~(0x01<<lei);
	P0=~tab[zhi][lei];
	delay();
	}
	a++;
	if(a==500){zhi++;a=0;}
	}
	}
	}
	A．循环语句
	B．从左到右选择列
	C．让 lei 从 0 到 7 逐渐变大
	D．调用延时函数
			2	2	6112

34.	下列程序段为 8×8 点阵分时显示汉字“三”“二”“一”的程序，画线部分的语句作用是（　　）。
	#include <REGX51.H>
	unsigned char code tab[][8]=
	{{0xff,0xbf,0xab,0xab,0xab,0xab,0xbd,0xff},
	{0xFF,0xBF,0xBB,0xBB,0xBB,0xBB,0xBF,0xFF},
	{0xff,0xf7,0xf7,0xf7,0xf7,0xf7,0xf7,0xff}};
	/**************延时函数***********/
	void delay(void)
	{
	unsigned int i=50;
	while(--i);
	}
	/**************主函数***********/
	void main (void)
	{
	unsigned int lei, zhi，a=0;
	while(1)
	{ zhi=0;
	while(zhi<3)
	{
	for(lei=0;lei<8;lei++)
	{
	P1=~(0x01<<lei);
	P0=~tab[zhi][lei];
	delay();
	}
	i++;
	if(a==500){zhi++;a=0;}
	}
	}
	}
	A．选择第几个字，用 zhi 变量控制
	B．从左到右选择列
			2	2	6112

题号	试题	答案	组卷代码		
			类别	难度	考点
	C．送对应的行数据 D．调用延时函数				

35.	下列程序段为 8×8 点阵分时显示汉字“三”“二”“一”的程序，画线部分的语句作用是（　　）。
	#include <REGX51.H>
	unsigned char code tab[][8]=
	{{0xff,0xbf,0xab,0xab,0xab,0xab,0xbd,0xff},
	{0xFF,0xBF,0xBB,0xBB,0xBB,0xBB,0xBF,0xFF},
	{0xff,0xf7,0xf7,0xf7,0xf7,0xf7,0xf7,0xff}};
	/*************延时函数***********/
	void delay(void)
	{
	unsigned int i=50;
	while(--i);
	}
	/*************主函数***********/
	void main (void)
	{
	unsigned int lei, zhi，a=0;
	while(1)
	{ zhi=0;
	while(zhi<3)
	{
	for(lei=0;lei<8;lei++)
	{
	P1=~(0x01<<lei);
	P0=~tab[zhi][lei];
	delay();
	}
	i++;
	if(a==500){zhi++;a=0;}
	}
	}
	}
	A．选择第几个字，用 zhi 变量控制
	B．从左到右选择列
	C．送列对应的行数据
	D．调用延时函数
			2	2	6112

36.	下列程序段为点亮 8×8 点阵每一个点的程序，画线部分的语句作用是（　　）。
	#include <REGX51.H>
	/*************延时函数***********/
	void delay(void)
	{
	unsigned int i=50000;
	while(--i);
	}
	/*************主函数***********/
	void main (void)
	{
	unsigned char lei,hang;
	while(1)
	{
	for(lei=0;lei<8;lei++)
	{
	P1=~(0x01<<lei);
	for(hang=0;hang<8;hang++)
	{
	P0=(0x01<<hang);
	delay();
	}
	}
	}
	}
	A．让 lei 从 0 到 7 循环
	B．从左到右选择列
	C．让 hang 从 0 到 7 逐渐增大
	D．调用延时函数
			2	1	6112

37.	下列程序段为点亮 8×8 点阵每一个点的程序，画线部分的语句作用是（　　）。
	#include <REGX51.H>
	/*************延时函数***********/
	void delay(void)
	{
	unsigned int i=50000;
	while(--i);
	}
	/*************主函数***********/
	void main (void)
	{
	unsigned char lei,hang;
			2	1	6112

<table>
<tr><th rowspan="2">题号</th><th rowspan="2">试题</th><th rowspan="2">答案</th><th colspan="3">组卷代码</th></tr>
<tr><th>类别</th><th>难度</th><th>考点</th></tr>
<tr><td></td><td>while(1)
{
for(lei=0;lei<8;lei++)
{
<u>P1=~(0x01<<lei);</u>
for(hang=0;hang<8;hang++)
{
P0=(0x01<<hang);
delay();
}
}
}
}
A．让 lei 从 0 到 7 循环　　B．从左到右选择列
C．送列对应的行数据　　D．调用延时函数</td><td></td><td></td><td></td><td></td></tr>
<tr><td>38.</td><td>下列程序段为点亮 8×8 点阵每一个点的程序，画线部分的语句作用是（　　）。
#include <REGX51.H>
/**************延时函数***********/
void delay(void)
{
unsigned int i=50000;
while(--i);
}
/**************主函数***********/
void main (void)
{
unsigned char lei,hang;
while(1)
{
for(lei=0;lei<8;lei++)
{
P1=~(0x01<<lei);
for(hang=0;hang<8;hang++)
{
<u>P0=(0x01<<hang);</u>
delay();
}
}
}
}</td><td></td><td>2</td><td>1</td><td>6112</td></tr>
</table>

<table>
<tr><th rowspan="2">题号</th><th rowspan="2">试题</th><th rowspan="2">答案</th><th colspan="3">组卷代码</th></tr>
<tr><th>类别</th><th>难度</th><th>考点</th></tr>
<tr><td></td><td>A．从上到下选择行　　B．从左到右选择列
C．送列对应的行数据　　D．调用延时函数</td><td></td><td></td><td></td><td></td></tr>
<tr><td>39.</td><td>下列程序段为点亮 8×8 点阵任意一个点的程序，画线部分的语句作用是（　　）。
#include <REGX51.H>
/**************延时函数***********/
void delay(void)
{
unsigned int i=50000;
while(--i);
}
/**************主函数***********/
void main (void)
{
unsigned char lei,hang;
while(1)
{
for(lei=0;lei<8;lei++)
{
P1=~(0x01<<lei);
for(hang=0;hang<8;hang++)
{
P0=(0x01<<hang);
<u>delay();</u>
}
}
}
}
A．从上到下选择行　　B．从左到右选择列
C．送列对应的行数据　　D．调用延时函数</td><td></td><td>2</td><td>1</td><td>6112</td></tr>
<tr><td>40.</td><td>以下程序的功能为显示一个“王”字，横线处应填写（　　）。
#include <REGX51.H>
unsigned char code tab[8]=
{0x00,0x54,0x54,0x7c,0x54,0x54,0x02,0x00};
/**************延时程序 ***********/
void delay(void)
{
unsigned int i=50;
while(--i);
}
/**************主程序**********/</td><td></td><td>2</td><td>1</td><td>6112</td></tr>
</table>

题号	试题	答案	组卷代码		
			类别	难度	考点

	void main (void)
	{
	unsigned char lei;
	________
	{for(lei=0;lei<8;lei++)
	{P1=~(0x01<<lei);
	P0=tab[lei];
	delay();
	}
	}
	}
	A. for(i=0;i<8;i++)　　B. while(1)
	C. while(1);　　D. while(lei)				

41.	以下程序的功能为显示一个“王”字，横线处应填写（　　）。
	#include <REGX51.H>
	unsigned char code tab[8]=
	{0x00,0x54,0x54,0x7c,0x54,0x54,0x02,0x00};
	/**************延时程序 ***********/
	void delay(void)
	{
	unsigned int i=50;
	while(--i);
	}
	/**************主程序**********/
	void main (void)
	{
	unsigned char lei;
	while(1)
	{for(lei=0;lei<8;lei++)
	{P1=~(0x01<<lei);
	P0=________;
	delay();
	}
	}
	}
	A. ~tab[lei]　B. tab[lei]　C. tab[i];　D. 0xff;
			2	1	6112

42.	以下程序为8×8点阵显示汉字“三”“二”“一”的主程序，横线处应填写（　　）。
	/**************主程序***********/
	void main (void)
	{
	unsigned int lei, zhi,a=0;
	while(1)
	{zhi=0;
	while(zhi<3)
	{
	for(lei=0;________;lei++)
	{
	P1=~(0x01<<lei);
	P0=~tab[zhi][lei];
	delay();
	}
	a++;
	if(a==500){zhi++;a=0;}
	}
	}
	}
	A. zhi<3　B. zhi>3　C. lei<8　D. lei>8
			2	2	6112

43.	以下程序为显示汉字“三”“二”“一”的主程序，横线处应填写（　　）。
	/**************主函数***********/
	void main (void)
	{
	unsigned int lei,hang, zhi,a=0;
	while(1)
	{while(zhi<3)
	{
	for(lei=0;lei<8;lei++)
	{P1=~(0x01<<lei);
	P0=~tab[___][lei];
	delay();
	}
	a++;
	if(a==500){zhi++;a=0;}
	}
	}
	}
	A. zhi　B. lei　C. 0x01　D. 1
			2	2	6112

44.	以下程序为显示汉字“三”“二”“一”的主程序，横线处应填写（　　）。 A. (0x80<<lei)　B. (0x01<<lei) C. ~(0x01>>lei)　D. (0x01>>zhi)		2	2	6112

<table>
<tr><th rowspan="2">题号</th><th rowspan="2">试题</th><th rowspan="2">答案</th><th colspan="3">组卷代码</th></tr>
<tr><th>类别</th><th>难度</th><th>考点</th></tr>
<tr><td></td><td><pre>/**************主函数***********/
void main (void)
{
 unsigned int lei,hang, zhi,a=0;
  while(1)
  {while(zhi<3)
    {
    for(lei=0;lei<8;lei++)
    {P1=_________;
      P0=~tab[zhi][hang];
      delay();
     }
     a++;
     if(a==500){zhi++;a=0;}
   }
  }
}</pre></td><td></td><td></td><td></td><td></td></tr>
<tr><td>45.</td><td>以下程序为显示汉字“三”“二”“一”的主程序，横线处应填写（　　）。<pre>/**************主函数***********/
void main (void)
{
 unsigned int lei,hang, zhi,a=0;
  while(1)
  {while(zhi<3)
    {
    for(lei=0;lei<8;_____)
    {P1=~(0x01<<lei);
      P0=~tab[zhi][hang];
      delay();
     }
     a++;
     if(a==500){zhi++;a=0;}
   }
  }
}</pre>A．lei++　B．lei--　C．zhi++　D．zhi--</td><td></td><td>2</td><td>2</td><td>6112</td></tr>
<tr><td>46.</td><td>以下程序为显示汉字“三”“二”“一”的主程序，横线处应填写（　　）。<pre>/**************主函数***********/
void main (void)
{
 unsigned int lei,hang, zhi,a=0;
  while(1)
  {while(zhi<3)
    {
    for(lei=0;lei<8;lei++)
    {P1=~(0x01<<lei);
      P0=~tab[zhi][___];
      delay();
     }
     a++;
     if(a==500){zhi++;a=0;}
   }
  }
}</pre>A．lei　B．lei--　C．zhi　D．zhi--</td><td></td><td>2</td><td>2</td><td>6112</td></tr>
<tr><td>47.</td><td>以下程序为分别点亮 8×8 点阵每一个点的主程序，横线处应填写（　　）。</td><td></td><td>2</td><td>1</td><td>6112</td></tr>
</table>

<table>
<tr><th rowspan="2">题号</th><th rowspan="2">试题</th><th rowspan="2">答案</th><th colspan="3">组卷代码</th></tr>
<tr><th>类别</th><th>难度</th><th>考点</th></tr>
<tr><td></td><td><pre>/**************主函数***********/
void main (void)
{
 unsigned char lei,hang;
    while(1)
    {for(lei=0;lei<8;lei++)
        {P1=~(0x01<<lei);
        for(hang=0;hang<8;hang++)
        {
            P0=(0x01<<_____);
            delay();
        }

      }
    }
}</pre>A．lei　B．hang　C．lei++　D．hang--</td><td></td><td></td><td></td><td></td></tr>
<tr><td>48.</td><td>可以给带中文字库的 12864 液晶模块加的极限参数正电压 VDD 为（　　）。
A．7.0V　B．10V　C．5.5V　D．12V</td><td></td><td>1</td><td>3</td><td>6112</td></tr>
<tr><td>49.</td><td>带中文字库的 12864 液晶模块 3 脚的功能是（　　）。
A．加正电源　B．使能信号
C．对比度调节　D．复位</td><td></td><td>1</td><td>1</td><td>6112</td></tr>
<tr><td>50.</td><td>带中文字库的 12864 液晶模块 6 脚的功能是（　　）。
A．加正电源　B．使能信号
C．对比度调节　D．复位</td><td></td><td>1</td><td>1</td><td>6112</td></tr>
<tr><td>51.</td><td>带中文字库的 12864 液晶模块 15 脚 PSB 的功能是（　　）。
A．通信模式选择　B．使能信号
C．对比度调节　D．复位</td><td></td><td>1</td><td>1</td><td>6112</td></tr>
<tr><td>52.</td><td>带中文字库的 12864 液晶模块 17 脚 RESET 的功能是（　　）。
A．通信模式选择　B．使能信号
C．对比度调节　D．复位</td><td></td><td>1</td><td>1</td><td>6112</td></tr>
<tr><td>53.</td><td>带中文字库的 12864 液晶模块的对比度调节是通过调节（　　）的电压实现的。
A．1 脚　B．2 脚　C．3 脚　D．4 脚</td><td></td><td>2</td><td>1</td><td>6112</td></tr>
<tr><td>54.</td><td>根据极限参数表可知，带中文字库的 12864 液晶模块最高工作温度为（　　）。
A．70℃　B．75℃　C．50℃　D．60℃</td><td></td><td>1</td><td>2</td><td>6112</td></tr>
<tr><td>55.</td><td>在焊接 12864 液晶模块时，仅焊接 I/O 端子。只能使用合理接地且不漏电的烙铁。使用内充焊锡膏的低温焊锡丝。焊接温度为（　　）℃。焊接时间为 3～4s。
A．280±10　B．150±10　C．330±10　D．350±10</td><td></td><td>2</td><td>2</td><td>6112</td></tr>
</table>

题号	试题	答案	组卷代码 类别	难度	考点
56.	如下图所示，在 8×8 点阵上显示一个心形图案，程序中横线处应填入（　）。 unsigned char code tab[8]= {0x0C,＿＿＿,0x22,0x44,0x44,0x22,0x12,0x0C} 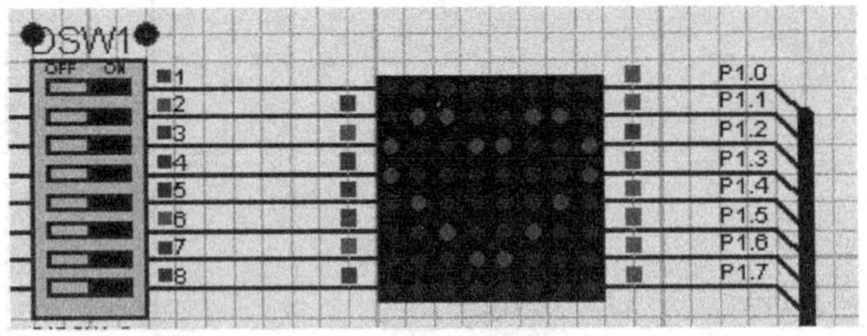 A．0x0b　　B．0x12　　C．0x32　　D．0x0c		2	1	6112
57.	如下图所示，在 8×8 点阵上显示一个心形图案，程序中横线处应填入（　）。 unsigned char code tab[8]= {＿＿＿,0x12,0x22,0x44,0x44,0x22,0x12,0x0C} 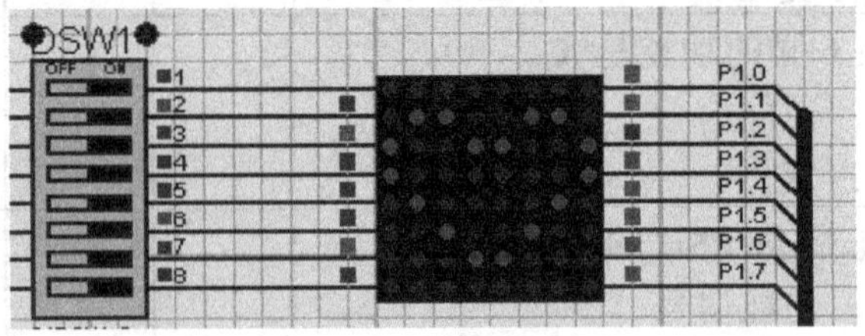 A．0x0b　　B．0x12　　C．0x32　　D．0x0c		2	1	6112
58.	如下图所示，在 8×8 点阵上显示一个心形图案，程序中横线处应填入（　）。 unsigned char code tab[8]= {0x0c,0x12,0x22,＿＿＿,0x44,0x22,0x12,0x0C} 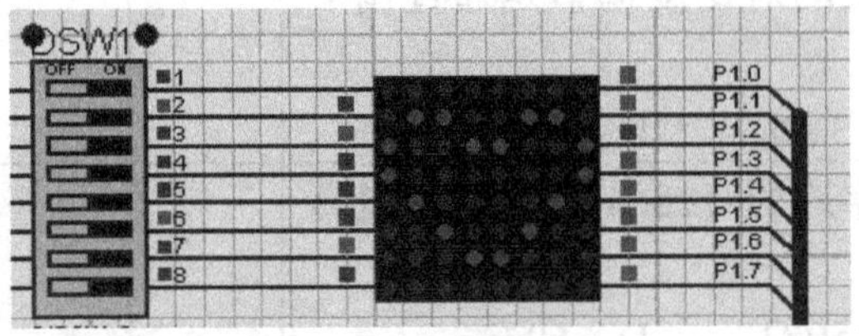 A．0x0b　　B．0x12　　C．0x44　　D．0x0c		2	1	6112
59.	如下图所示，在 8×8 点阵上显示一个心形图案，程序中横线处应填入（　）。 unsigned char code tab[8]= {0x0C,0x12,＿＿＿,0x44,0x44,0x22,0x12,0x0C}		2	1	6112

题号	试题	答案	组卷代码 类别	难度	考点
	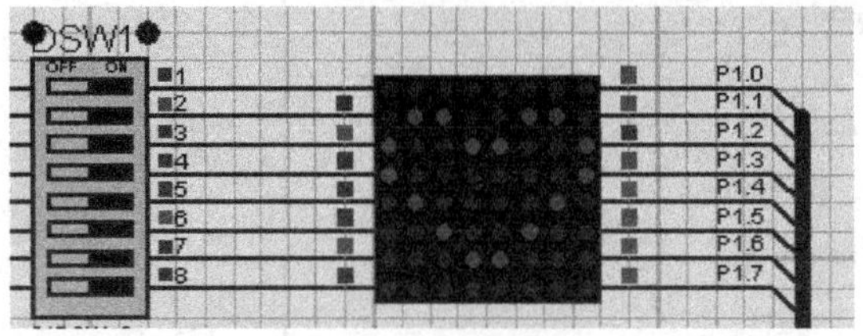 A．0x22　　B．0x12　　C．0x32　　D．0x0c				

60.	下列程序为带中文字库的液晶模块显示"中国"的初始化子程序。该程序中横线处应填入的语句是（　）。
	
	/******液晶初始化子函数 *****/
	void init()
	{
	　PSB=1;
	　RES=0;
	　RES=1;
	　＿＿＿＿＿;　　　//选择基本指令集
	　delay(5);　　　//延时
	　Data(0x0C,0);　　//D=1，显示开
	　Data(0x01,0);　　//清屏
	　Data(0x06,0);　　//光标从右向左加 1 移动
	}
	
	A．Data(0x30,0)　　　　B．Data(0x01,0)
	C．Data(0x03,0)　　　　D．Data(0x23,0)
			2	2	6112

61.	下列程序为带中文字库的液晶模块显示"中国"的初始化子程序。该程序中横线处应填入的语句是（　）。
	
	/******液晶初始化子函数 *****/
	void init()
	{
	　＿＿＿＿＿;　　　//选择并口工作模式
	　RES=0;　　　//复位
	　RES=1;　　　//复位完成
	　Data(0x30,0);　　//选择基本指令集
	　delay(5);　　　//延时
	　Data(0x0C,0);　　//D=1，显示开
	　Data(0x01,0);　　//清屏
	　Data(0x06,0);　　//光标从右向左加 1 移动
	}
	
	A．PSB=0　　　　　　B．RES=0
	C．Data(0x03,0)　　　　D．RES=1
			2	2	6112

题号	试题	答案	组卷代码		
			类别	难度	考点

62.	下列程序为带中文字库的液晶模块显示"中国"的初始化子程序。该程序中横线处应填入的语句是（　　）。
	
	/******液晶初始化子函数 *****/
	void init()
	{
	　　PSB=1;　　//选择并口工作模式
	　　_____　//复位
	　　RES=1;　　//复位完成
	　　Data(0x30,0);//选择基本指令集
	　　delay(5);　//延时
	　　Data(0x0C,0);//D=1，显示开
	　　Data(0x01,0);//清屏
	　　Data(0x06,0);//光标从右向左加1移动
	}
	
	A．PSB=0;　　　　　B．RES=0;
	C．Data(0x03,0);　　D．RES=1;
			2	2	6112

63.	下列程序为带中文字库的液晶模块显示"中国"的初始化子程序。该程序中横线处应填入的语句是（　　）。
	
	/******液晶初始化子函数 *****/
	void init()
	{
	　　PSB=1;　　//选择并口工作模式
	　　RES=0;　　//复位
	　　RES=1;　　//复位完成
	　　Data(0x30,0);//选择基本指令集
	　　delay(5);　//延时
	　　_____；//D=1，显示开
	　　Data(0x01,0);//清屏
	　　Data(0x06,0);//光标从右向左加1移动
	}
	
	A．Data(0x0C,0)　　B．Data(0x02,0)
	C．Data(0x03,0)　　D．Data(0x23,0)
			2	2	6112

64.	下列程序为带中文字库的液晶模块显示"中国"的初始化子程序。该程序中横线处应填入的语句是（　　）。 /******液晶初始化子函数 *****/ void init() { 　　PSB=1;　　//选择并口工作模式 　　RES=0;　　//复位		2	2	6112

题号	试题	答案	组卷代码		
			类别	难度	考点

	RES=1;　　//复位完成
	　　Data(0x30,0);//选择基本指令集
	　　delay(5);　//延时
	　　Data(0x0C,0) ;//D=1，显示开
	　　_____；//清屏
	　　Data(0x06,0);//光标从右向左加1移动
	}
	
	A．Data(0x0C,0)　　B．Data(0x02,0)
	C．Data(0x03,0)　　D．Data(0x01,0)				

65.	下列程序为带中文字库的液晶模块显示"中国"的初始化子程序。该程序中横线上应填入的语句是（　　）。
	
	/******液晶初始化子函数 *****/
	void init()
	{
	　　PSB=1;　　//选择并口工作模式
	　　RES=0;　　//复位
	　　RES=1;　　//复位完成
	　　Data(0x30,0);//选择基本指令集
	　　delay(5);　//延时
	　　Data(0x0C,0) ;//D=1，显示开
	　　Data(0x01,0);//清屏
	　　_____；//光标从右向左加1移动
	}
	
	A．Data(0x0C,0)　　B．Data(0x02,0)
	C．Data(0x06,0)　　D．Data(0x01,0)
			2	2	6112

66.	下列程序为带中文字库的液晶模块显示"中国"的显示子程序，该程序中横线上应填入的是（　　）。
	
	/***显示子函数****char code *p 定义的编码指针变量*/
	void hj(char code *P)
	{
	　　char i;　　//定义变量i
	　　Data(_____,0);//调用左上角第一个汉字坐标
	　　for(i=0;i<4;i++)//让 i 从 0 到 3 循环
	　　{
	　　Data(*P,1);//传送要显示的数据
	　　P++;
	　　}
	}
	
	A．0x80　　B．0x90　　C．0x01　　D．0x10
			2	2	6112

题号	试题	答案	类别	难度	考点

67.	下列程序为带中文字库的液晶模块显示"中国"的显示子程序,该程序中横线上应填入的是（　　）。
	
	`/***显示子函数****char code *p 定义的编码指针变量*/`
	`void hj(char code *P)`
	`{`
	`    char i;            //定义变量i`
	`    Data(0x80,0);      //调用左上角第一个汉字坐标`
	`    for(i=0;i<4;i++)   //让i从0到3循环`
	`    {`
	`    Data(____,1);      //传送要显示的数据`
	`    P++;`
	`    }`
	`}`
	
	A. *p　　　B. p　　　C. 0x80　　　D. 0x90
			2	2	6112

68.	下列程序为带中文字库的液晶模块显示"中国"的显示子程序,该程序中横线上应填入的是（　　）。
	
	`/***显示子函数****char code *p 定义的编码指针变量*/`
	`void hj(char code *P)`
	`{`
	`    char i;            //定义变量i`
	`    Data(0x80,0);      //调用左上角第一个汉字坐标`
	`    for(i=0;____;i++)  //让i从0到3循环`
	`    {`
	`    Data(*P,1);        //传送要显示的数据`
	`    P++;`
	`    }`
	`}`
	
	A. i<4　　　B. i>4　　　C. z<4　　　D. i<=4
			2	1	6112

69.	下列程序在8×8点阵上显示的图形或字符为（　　）。
	
	`#include <REGX51.H>`
	`unsigned char code tab[8]=`
	`{0x02,0x02,0x7E,0x40,0x40,0x7E,0x02,0x02};`
	`/************延时子函数*********/`
	` void delay(void)`
	`{`
	` unsigned int i=50;`
	`  while(--i);`
	`  }`
	`/************主函数**********/`
	`void main (void)`
	`{`
	`  unsigned char lei;`
	`  while(1)`
	`  {for(lei=0;lei<8;lei++)`
	`    {P1=~(0x01<<lei);`
	`     P0=tab[lei];`
	`     delay();`
	`    }`
	`  }`
	`}`
			2	3	6112

A.　　　B.　　　C.　　　D.

题号	试题	答案	类别	难度	考点
70.	如下图所示,12864液晶模块显示"重庆中职"4个汉字,其字符显示RAM在液晶模块中的地址是（ 　　）。 A. 80H～83H　　　B. 98H～9BH C. 90H～93H　　　D. 88H～8BH		2	2	6112
71.	如下图所示,12864液晶模块显示"黄河远上白云间","河"的字符显示RAM在液晶模块中的地址是（ 　　）。 A. 80H　　B. 90H　　C. 91H　　D. 88H		2	2	6112

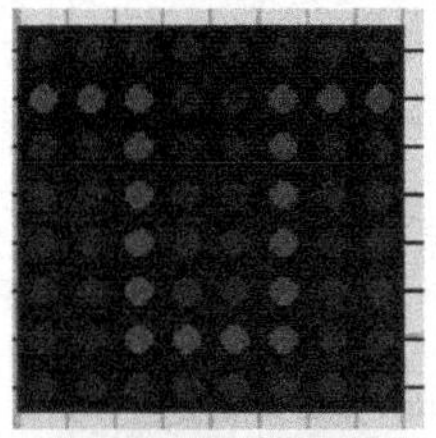

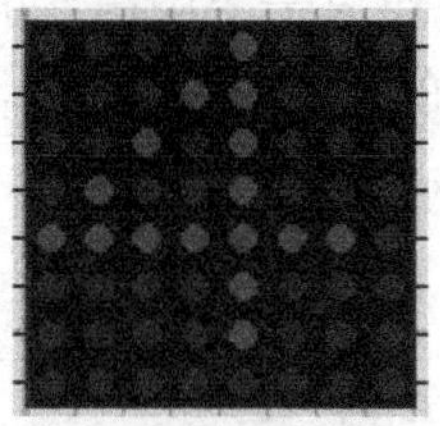

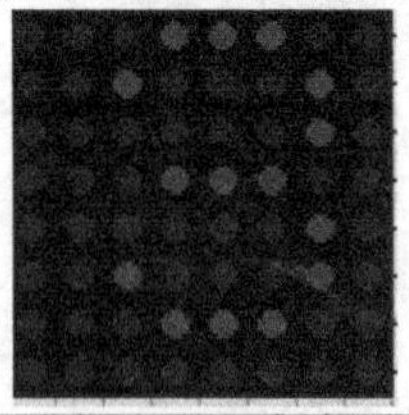

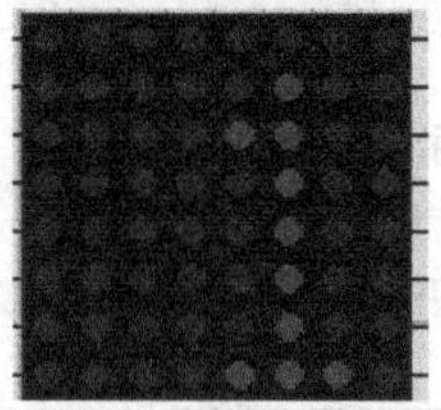

<table>
<tr><th rowspan="2">题号</th><th rowspan="2">试题</th><th rowspan="2">答案</th><th colspan="3">组卷代码</th></tr>
<tr><th>类别</th><th>难度</th><th>考点</th></tr>
<tr><td>72.</td><td>如下图所示，12864 液晶模块显示“美好家园”4 个汉字，其字符显示 RAM 在液晶模块中的地址是（　　）。

A．80H～83H　　B．98H～9BH
C．90H～93H　　D．88H～8BH</td><td></td><td>2</td><td>2</td><td>6112</td></tr>
<tr><td>73.</td><td>如下图所示，用万用表 R×10k 挡位判断点阵是共阴极还是共阳极，先将黑表笔固定在一个引脚上，再用红表笔碰触其他引脚，如果连续亮两个以上点，说明该点阵是（　　）。

A．共阳极　　B．共阴极
C．双色点阵　　D．可以用的</td><td></td><td>2</td><td>3</td><td>6112</td></tr>
<tr><td>74.</td><td>下列程序可以实现在 8×8 点阵上循环显示数字 0～9。当 zhi=5 时，点阵显示的数字是（　　）。
#include <REGX51.H>
unsigned char code tab[][8]=
{{0x00,0x00,0x7C,0x82,0x82,0x82,0x7C,0x00},//0
{0x00,0x00,0x00,0x84,0xFE,0x80,0x00,0x00}, //1
{0x00,0x00,0xE4,0xA2,0xA2,0xA2,0x9C,0x00}, //2
{0x00,0x00,0x44,0x92,0x92,0x92,0x6C,0x00}, //3
{0x00,0x00,0x30,0x28,0x24,0xFE,0x20,0x00}, //4
{0x00,0x00,0x4E,0x8A,0x8A,0x8A,0x72,0x00}, //5
{0x00,0x00,0x7C,0x92,0x92,0x92,0x64,0x00}, //6
{0x00,0x00,0x02,0x02,0x02,0xF2,0x0E,0x00}, //7
{0x00,0x00,0x6C,0x92,0x92,0x92,0x6C,0x00}, //8
{0x00,0x00,0x4C,0x92,0x92,0x92,0x7C,0x00}, //9
};
/*************延时子程序 ***********/
void delay(void)
{
unsigned int i=50;
while(--i);
}
/************主程序***********/
void main (void)
{
unsigned char lei, zhi;
unsigned int i=0;
while(1)
{
for(zhi=0;zhi<10;)
{
for(lei=0;lei<8;lei++)
{P1=~(0x01<<lei);
P0=tab[zhi][lei];
delay();
}
i++;
if(i==500){zhi++; i=0;}
}
}
}
A．5　　B．6　　C．4　　D．3</td><td></td><td>2</td><td>2</td><td>6112</td></tr>
<tr><td>75.</td><td>下列程序可实现传送数据或命令，b=0 时传送的是（　　）。
/*****传送数据或是命令*********
void Data(char a,char b)
{
RW=0;
RS=b;
P0=a;
E=1;
delay(1);
E=0;
}</td><td></td><td>2</td><td>1</td><td>6112</td></tr>
</table>

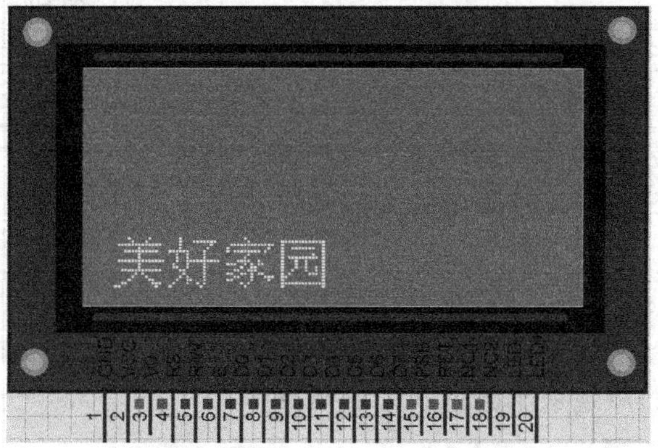

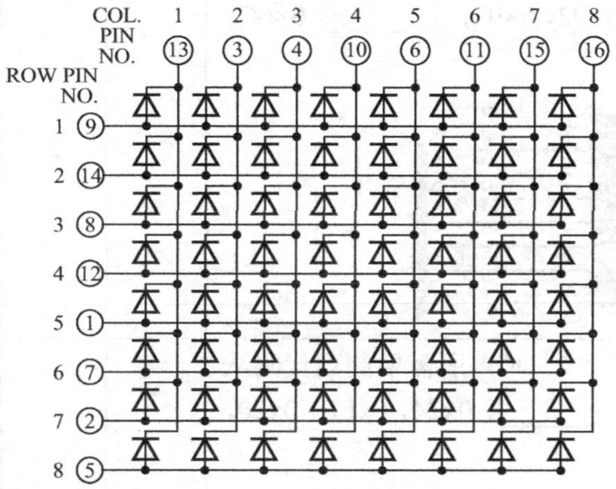

<table>
<tr><th rowspan="2">题号</th><th rowspan="2">试题</th><th rowspan="2">答案</th><th colspan="3">组卷代码</th></tr>
<tr><th>类别</th><th>难度</th><th>考点</th></tr>
<tr><td></td><td>A．命令　B．数据　C．字模　D．数字</td><td></td><td></td><td></td><td></td></tr>
<tr><td>76.</td><td>焊接完电路并下载完程序后出现下图所示的效果，问题可能出在（　　）。

A．控制程序编写有误
B．电源电压不足
C．对比度调节 V0 设置有误
D．程序下载错误</td><td></td><td>2</td><td>2</td><td>6112</td></tr>
</table>

6.3 填空题

<table>
<tr><th rowspan="2">题号</th><th rowspan="2">试题</th><th rowspan="2">答案</th><th colspan="3">组卷代码</th></tr>
<tr><th>类别</th><th>难度</th><th>考点</th></tr>
<tr><td>1.</td><td>LED 点阵一般采用扫描式显示，实际应用时分为三种方式：点扫描、行扫描和________扫描。</td><td></td><td>1</td><td>2</td><td>6113</td></tr>
<tr><td>2.</td><td>LED 点阵一般采用扫描式显示，分为三种方式：点扫描、行扫描、列扫描。________扫描是让点阵中的点按顺序一个接一个地点点亮。</td><td></td><td>1</td><td>2</td><td>6113</td></tr>
<tr><td>3.</td><td>LED 点阵一般采用扫描式显示，分为三种方式：点扫描、行扫描、列扫描。________扫描是先选择某一行，而后在列上送字模数据让点阵一行的点按要求亮或灭，就这样一行接一行地进行控制。</td><td></td><td>1</td><td>2</td><td>6113</td></tr>
<tr><td>4.</td><td>LED 点阵一般采用扫描式显示，分为三种方式：点扫描、行扫描、列扫描。________扫描是先选择某一列，而后在行上送字模数据让点阵一列的点按要求亮或灭，就这样一列接一列地进行控制。</td><td></td><td>1</td><td>2</td><td>6113</td></tr>
<tr><td>5.</td><td>如下图所示，当需要显示数字“3”时，所需要的列代码从左到右为 0×00，0×00，0×44，0×92，0×92，________，0×6C，0×00。

</td><td></td><td>2</td><td>2</td><td>6113</td></tr>
<tr><td>6.</td><td>如下图所示，当需要显示数字“4”时，所需要的列代码从左到右为 0x00，0x00，0x30，________，0x24，0xFE，0x20，0x00。

</td><td></td><td>2</td><td>1</td><td>6113</td></tr>
<tr><td>7.</td><td>如下图所示，当需要显示数字“5”时，所需要的列代码从左到右为 0×00，0×00，0×4E，0×8A，0×8A，0×8A，________，0×00。</td><td></td><td>2</td><td>1</td><td>6113</td></tr>
</table>

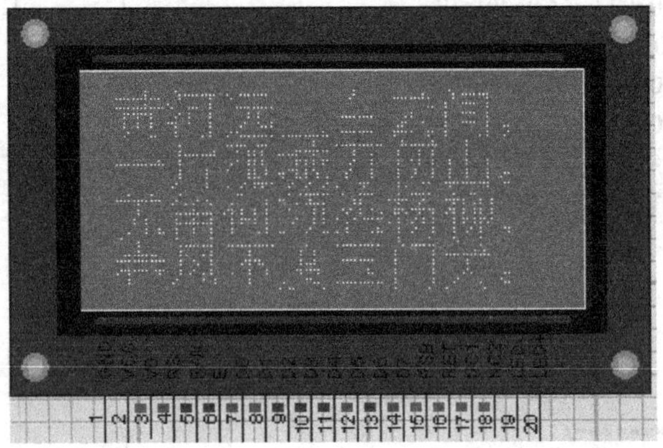

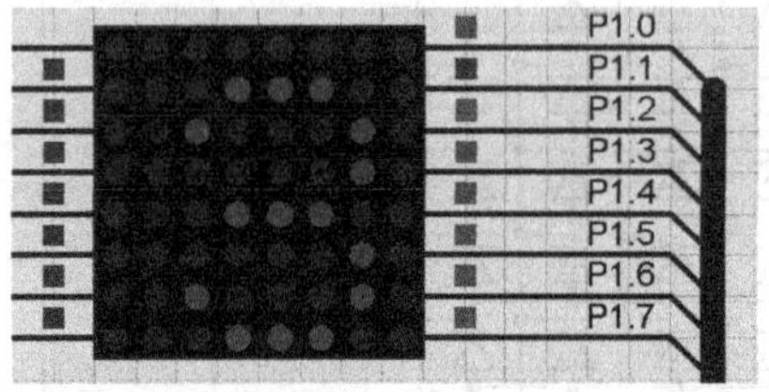

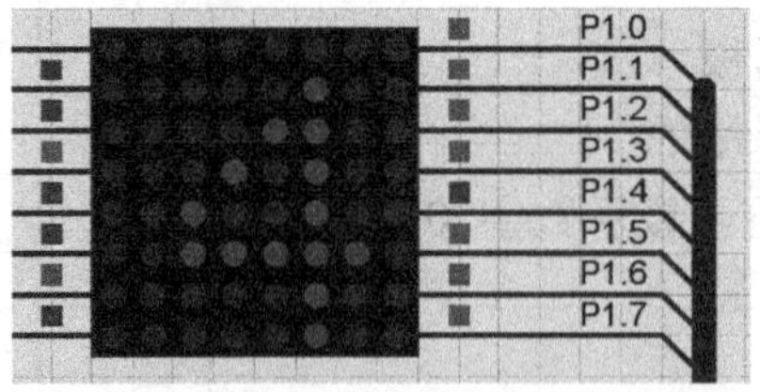

题号	试题	答案	组卷代码		
			类别	难度	考点
8.	如下图所示，当需要显示数字“6”时，所需要的列代码从左到右为 0x00，0x00，________，0x49，0x49，0x49，0x3e，0x00。 		2	1	6113
9.	当 8×8 点阵需要显示下图所示的图形时，所需要的列代码从左到右为________，0x0C，0xFE，0xFF，0xFE，0x0C，0x08，0x00。 		2	1	6113
10.	当 8×8 点阵需要显示下图所示的图形时，所需要的列代码从左到右为 0x08，0x1C，________，0x7F，0x1C，0x1C，0x1C，0x1C。 		2	1	6113

题号	试题	答案	组卷代码		
			类别	难度	考点
11.	当 8×8 点阵需要显示下图所示的图形时，所需要的列代码从左到右为 0x1C，________，0x1C，0x7F，0x3E，0x1C，0x08，0x00。 		2	1	6113
12.	当 8×8 点阵需要显示下图所示的图形时，所需要的列代码从左到右为 0x10，0x30，0x7F，0xFF，________，0x30，0x10，0x00。 		2	1	6113
13.	将以下点亮点阵任意一个点的流程图补充完整。 		2	1	6113
14.	将下列点亮点阵任意一个点的流程图补充完整。		2	1	6113

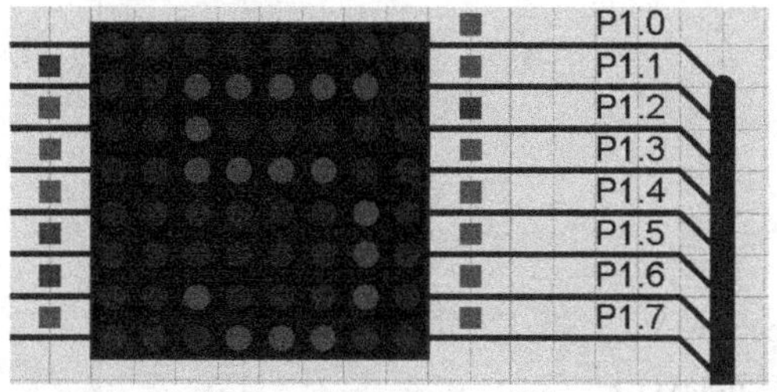

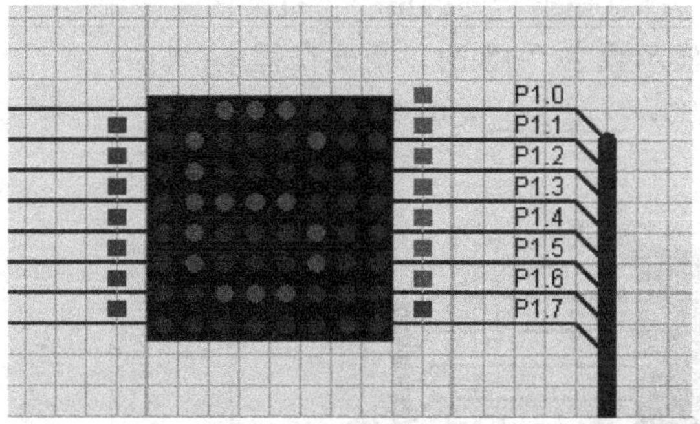

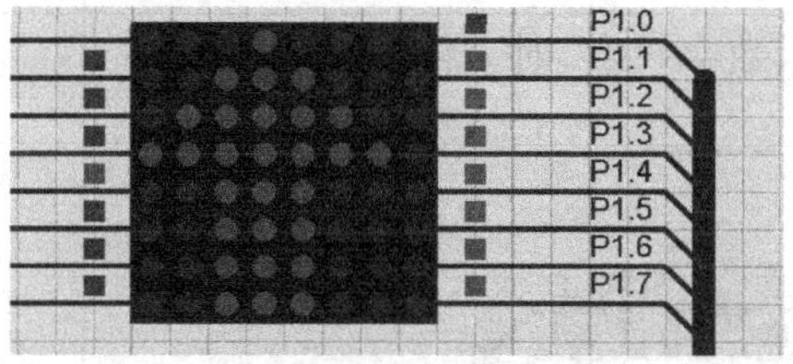

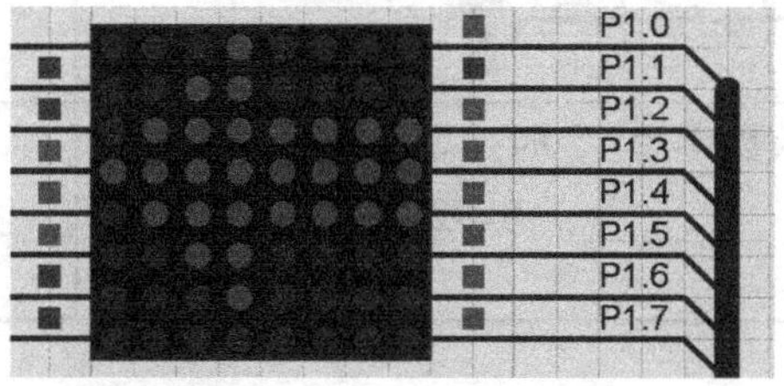

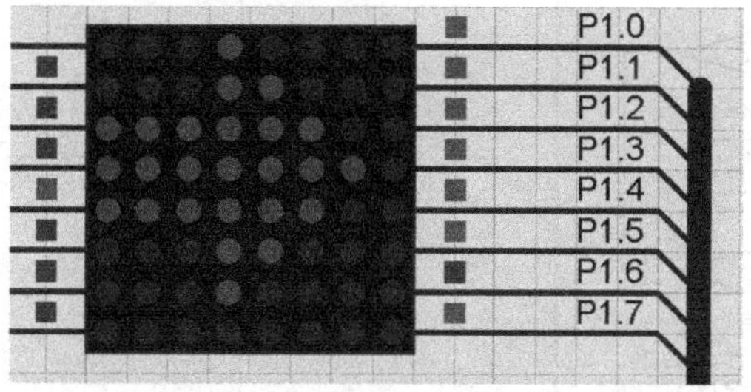

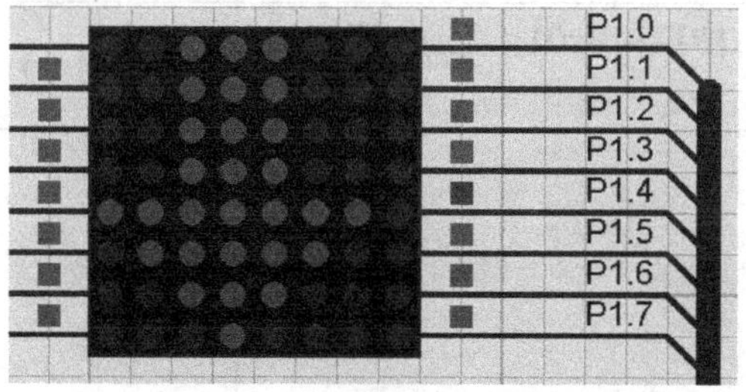

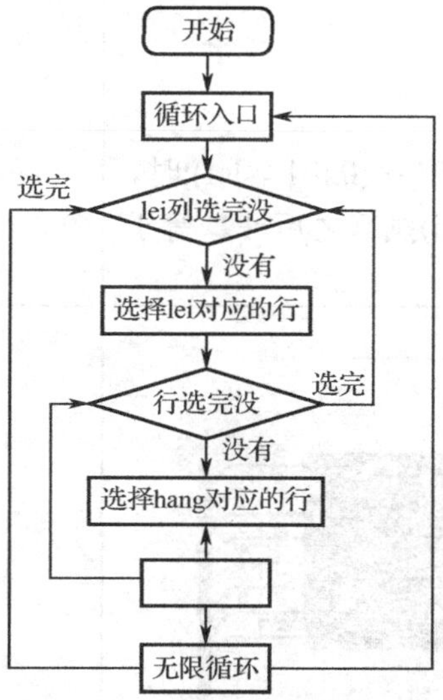

题号	试题	答案	组卷代码		
			类别	难度	考点
15.	在执行指令 for(lei=0;lei<8;lei++){P1=~(0x01<<lei);}第二次循环时，P1=_______。		2	2	6113

16.	以下是显示一个“王”字的程序。
	{for(zhi=0;zhi<3;zhi++)
	{for(lei=0;lei<8;lei++)
	{P1=~(0x01<<lei);
	P0=tab[zhi][lei];
	delay();
	}
	}
	}
	当运行到循环{for(lei=0;lei<8;lei++)和{P1=~(0x01<<lei);时，如果 lei 等于 0，那么 P1=~(0x01<<lei)执行之后 P1 等于________。
					6113

17.	如下图所示，电路中 RN1 的作用是________。 		2	2	6113
18.	以下是分别点亮点阵每个点的程序。		1	2	6113

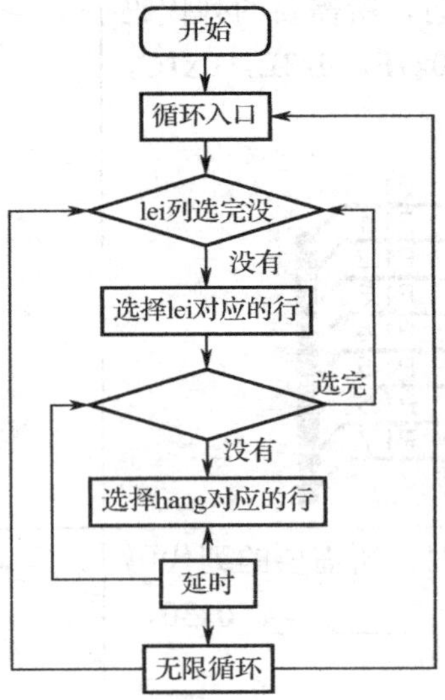

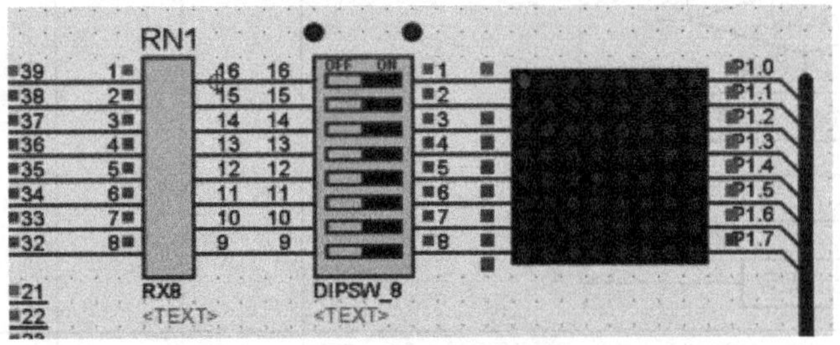

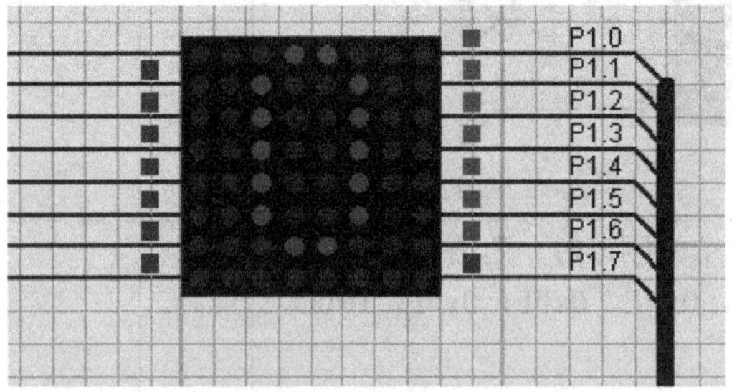

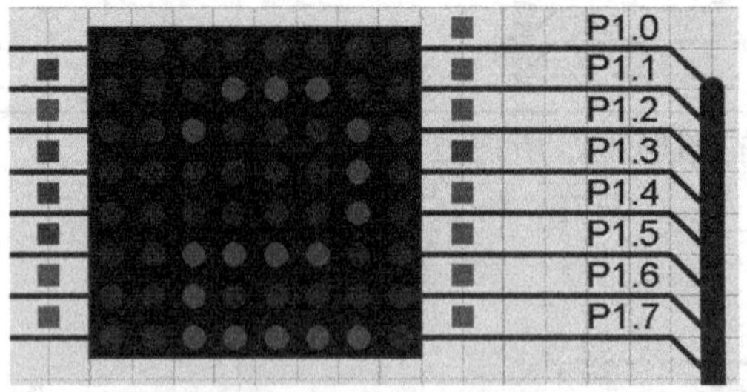

题号	试题	答案	组卷代码		
			类别	难度	考点

	void main (void)
	{ unsigned char lei,hang;
	while(1)
	{
	for(lei=0;lei<8;lei++)
	{P1=~(0x01<<lei);
	for(hang=0;hang<8;hang++)
	{P0=（0x01<<hang）;delay();}
	}
	}
	}
	当运行到循环 lei=0,hang=1 时，将点亮第一列的第____行。				

19.	如下图所示，当需要在点阵上显示数字“0”时，需要在程序中输入的列代码为 0x00，0x00，________，0x41，0x41，0x3E，0x00，0x00。 		2	2	6113
20.	如下图所示，当需要在点阵上显示数字“2”时，需要在程序中输入的列代码为 0x00，0x00，________，0xA2，0xA2，0xA2，0x9C，0x00。 		2	2	6113
21.	如下图所示，当需要在点阵上显示数字“8”时，需要在程序中输入的列代码为 0x00，0x00，________，0x92，0x92，0x92，0x6C，0x00。		2	2	6113

题号	试题	答案	组卷代码		
			类别	难度	考点

22.	以下为显示汉字“三”“二”“一”的主程序，将该程序补充完整。
	/**************主函数************/
	void main (void)
	{
	unsigned int lei, zhi,a=0;
	while(1)
	{zhi=0;
	while(____)
	{
	for(lei=0;lei<8;lei++)
	{P1=~(0x01<<lei);
	P0=~tab[zhi][lei];
	delay();
	}
	a++;
	if(a==500){zhi++;a=0;}
	}
	}
	}
			2	1	6113

23.	以下为显示汉字“三”“二”“一”的主程序，将该程序补充完整。
	/**************主函数************/
	void main (void)
	{
	unsigned int lei, zhi,a=0;
	while(1)
	{zhi=0;
	while(zhi<3)
	{
	for(lei=0;lei<8;lei++)
	{P1=~_________;
	P0=~tab[zhi][lei];
	delay();
	}
	a++;
	if(a==500){zhi++;a=0;}
	}
	}
	}
			2	1	6113

24.	LCD12864液晶模块1脚VSS的功能是_______。		1	1	6113
25.	LCD12864液晶模块2脚VCC的功能是_______。		1	1	6113
26.	LCD12864液晶模块15脚PSB为H时，为8位或者4位_______方式。		1	1	6113
27.	LCD12864液晶模块15脚PSB为L时，为_______方式。		1	1	6113
28.	LCD12864液晶模块17脚RESET的功能是_______。		1	1	6113
29.	LCD12864液晶模块3脚V0的功能是________调整。		1	1	6113
30.	LCD12864液晶模块6脚E的功能是________信号。		1	1	6113
31.	LCD12864液晶模块19脚A是背光源________端。		1	1	6113

32.	以下是点亮点阵每个点的程序，请将程序补充完整。
	#include <REGX51.H>
	void delay(void)
	{
	unsigned int i=50000;
	while(--i);
	}
	void main (void)
	{
	unsigned char lei,hang;
	while(1)
	{
	for(lei=0;lei<8;lei++)
	{P1=~(0x01<<lei);
	for(hang=0;________； hang++)
	{
	P0=（0x01<<hang）；
	delay();
	}
			2	2	6113

33.	以下是点亮点阵每个点的程序，请将程序补充完整。
	#include <REGX51.H>
	void delay(void)
	{
	unsigned int i=50000;
	while(--i);
	}
	void main (void)
	{
	unsigned char lei,hang;
	while(1)
	{
	for(lei=0;lei<8;lei++)
	{P1=~(0x01<<lei);
	for(hang=0; hang<8； ________)
	{
	P0=（0x01<<hang）；
	delay();
	}
			2	2	6113

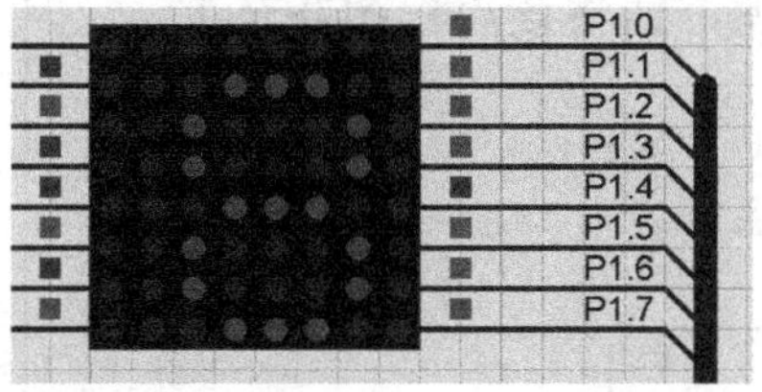

题号	试题	答案	组卷代码		
			类别	难度	考点

34.	以下是点亮点阵每个点的程序，请将程序补充完整。
	#include <REGX51.H>
	void delay(void)
	{
	unsigned int i=50000;
	while(--i);
	}
	void main (void)
	{
	unsigned char lei,hang;
	while(1)
	{
	for(lei=0;________;lei++)
	{P1=~(0x01<<lei);
	for(hang=0; hang<8；hang++)
	{
	P0=（0x01<<hang）;
	delay();
	}
			2	2	6113

35.	要显示图形应先设置垂直地址，再设置水平地址（连续写入两字节的资料来完成垂直与水平的坐标地址）。垂直地址范围：________～AC0。水平地址范围：AC3～AC0。		1	1	6113
36.	要显示图形应先设置垂直地址，再设置水平地址（连续写入两字节的资料来完成垂直与水平的坐标地址）。垂直地址范围：AC5～AC0。水平地址范围：AC3～________。				6113
37.	LCD12864 液晶模块 20 脚 K 是背光源________端。		1	1	6113

38.	以下是分别点亮点阵每个点的程序。
	void main (void)
	{ unsigned char lei,hang;
	while(1)
	{
	for(lei=0;lei<8;lei++)
	{P1=~(0x01<<lei);
	for(hang=0;hang<8;hang++)
	{P0=（0x01<<hang）;delay();}
	}
	}
	}
	当运行到循环 lei=3，hang=2 时，将点亮第三行的第____列。
			2	1	6113

39.	以下为点亮点阵任意一个点的流程图，请将该流程图补充完整。 		2	1	6113

40.	以下为显示“王”字的程序，请将该程序补充完整。
	#include <REGX51.H>
	unsigned char code tab[8]=
	{0x00,0x00,0x54,0x54,0x7c,0x54,0x54,0x00};
	
	/***************延时子函数************/
	void delay(void)
	{
	unsigned int i=50;
	________;
	}
	/***************主函数************/
	void main (void)
	{
	unsigned char lei;
	while(1)
	{for(lei=0;lei<8;lei++)
	{P1=~(0x01<<lei);
	P0=tab[lei];
	delay();
	
	}
	}
	}
			2	1	6113

41.	如下图所示，要在 8×8 点阵上显示数字“9”，需要输入的字模代码从左到右为 0x00，________，0x4C，0x92，0x92，0x92，0x7C，0x00。 		2	1	6113

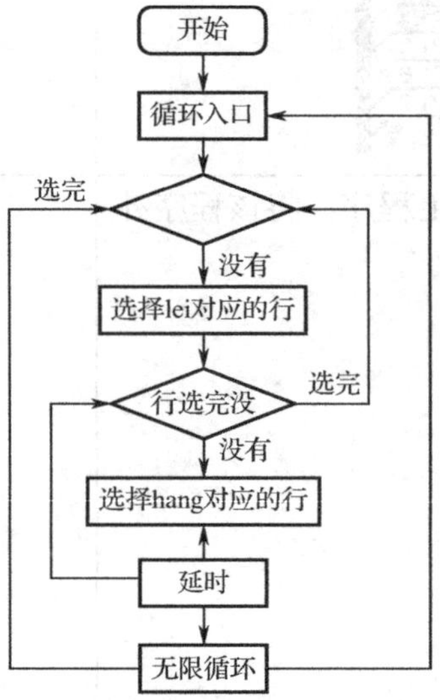

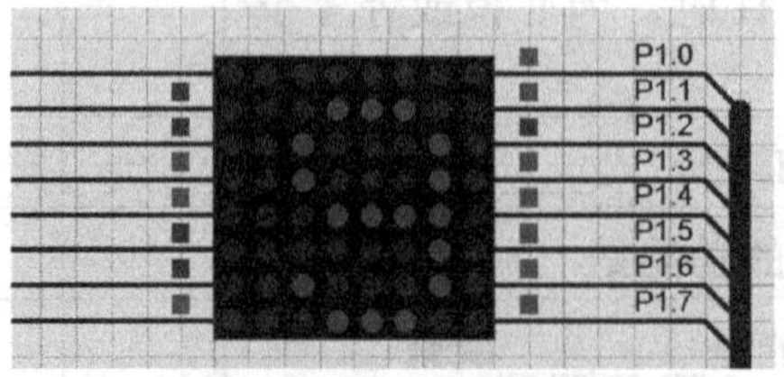

题号	试题	答案	组卷代码		
			类别	难度	考点
42.	如下图所示，要在 8×8 点阵上显示数字“9”，需要输入的字模代码从左到右为 0x00，0x00，________，0x92，0x92，0x92，0x7C，0x00。 		2	1	6113
43.	如下图所示，要在 8×8 点阵上显示数字“9”，需要输入的字模代码从左到右为 0x00，0x00，0x4c，0x92，0x92，0x92，________，0x00。 		2	1	6113
44.	如下图所示，要在 8×8 点阵上显示数字“9”，需要输入的字模代码从左到右为 0x00，0x00，0x4c，0x92，________，0x92，0x7C，0x00。 		2	1	6113
45.	如下图所示，要在 8×8 点阵上显示数字“1”，需要输入的字模代码从左到右为 0x00，0x40，________，0x7F，0x40，0x40，0x00，0x00。 		2	1	6113
46.	如下图所示，要在 8×8 点阵上显示数字“1”，需要输入的字模代码从左到右为 0x00，0x40，0x42，________，0x40，0x40，0x00，0x00。 		2	1	6113
47.	如下图所示，要在 8×8 点阵上显示数字“1”，需要输入的字模代码从左到右为 0x00，0x40，0x42，0x7f，________，0x40，0x00，0x00。 		2	1	6113
48.	如下图所示，要在 8×8 点阵上显示数字“1”，需要输入的字模代码从左到右为 0x00，0x40，0x42，0x7f，0x40，0x40，________，0x00。 		2	1	6113
49.	以下程序段的功能为在 8×8 点阵上显示一个“王”字，请将该程序段补充完整。		2	1	6113

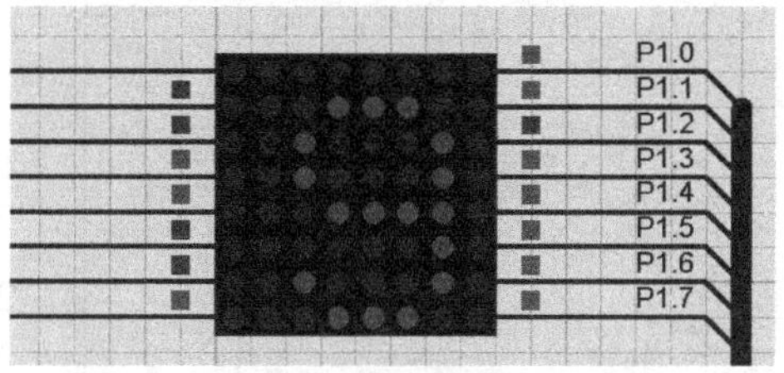

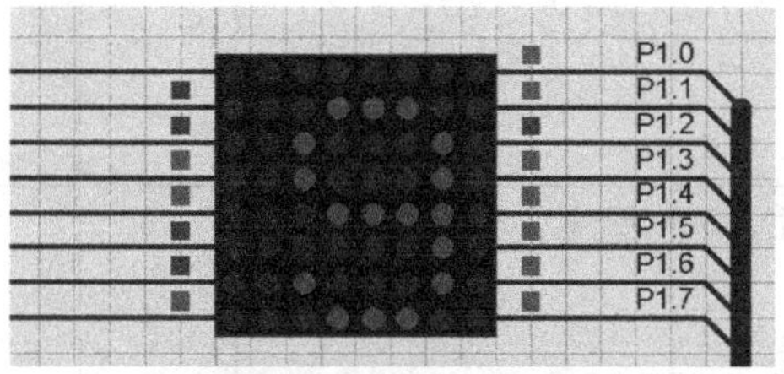

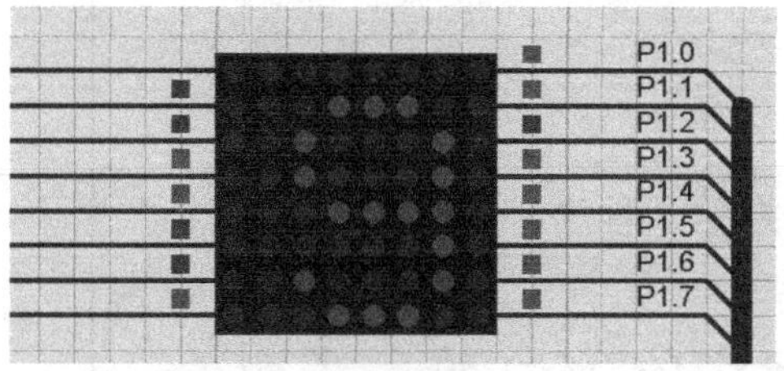

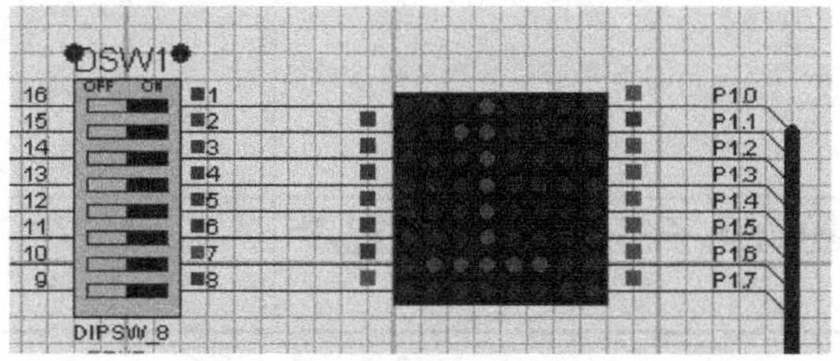

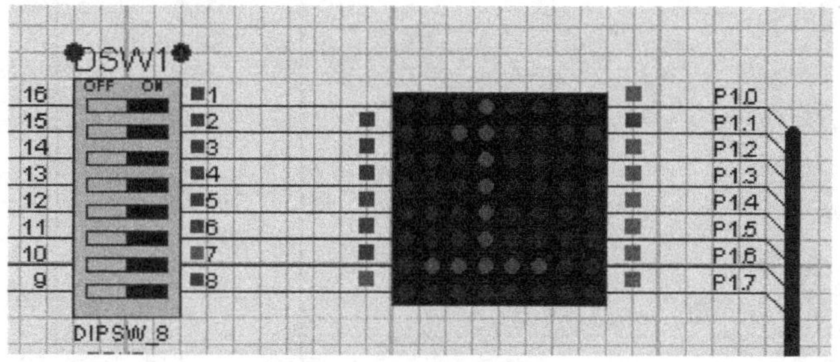

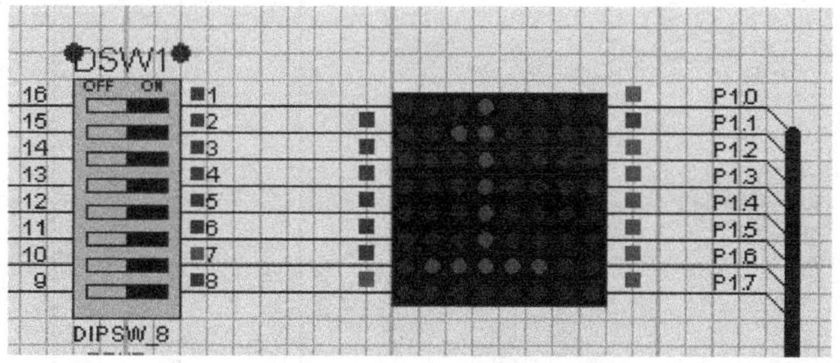

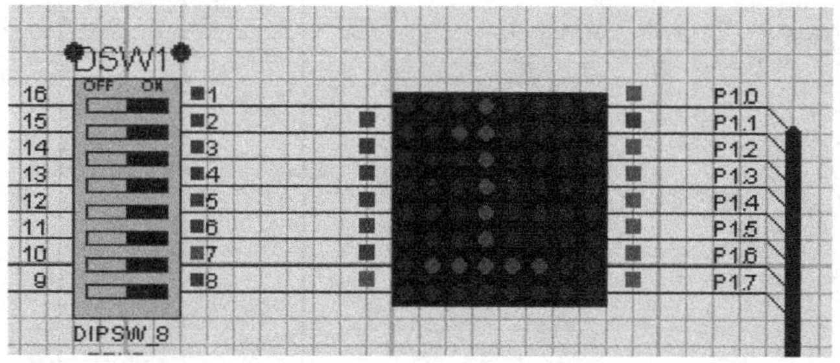

<table>
<tr><th rowspan="2">题号</th><th rowspan="2">试题</th><th rowspan="2">答案</th><th colspan="3">组卷代码</th></tr>
<tr><th>类别</th><th>难度</th><th>考点</th></tr>
<tr><td></td><td>#include <REGX51.H>
unsigned char code tab[8]=
{0x00,0x54,0x54,0x7c,0x54,0x54,0x02,0x00};
/**************延时子函数***********/
void delay(void)
{
unsigned int i=50;
while(--i);
}
/**************主函数***********/
void main (void)
{
unsigned char lei;
______
{for(lei=0;lei<8;lei++)
{P1=~(0x01<<lei);
P0=tab[lei];
delay();

}
}
}</td><td></td><td></td><td></td><td></td></tr>
<tr><td>50.</td><td>以下程序段的功能为在 8×8 点阵上显示一个“王”字，请将该程序段补充完整。
void main (void)
{
unsigned ________;
while(1)
{for(lei=0;lei<8;lei++)
{P1=~(0x01<<lei);
P0=tab[lei];
delay();

}
}
}</td><td></td><td>2</td><td>1</td><td>6113</td></tr>
<tr><td>51.</td><td>以下程序段的功能为在 8×8 点阵上显示一个“王”字，请将该程序段补充完整。
#include <REGX51.H>
unsigned char code tab[8]=
{0x00,0x54,0x54,0x7c,0x54,0x54,0x02,0x00};
/**************延时子函数***********/
void delay(void)
{
unsigned int i=50;
while(--i);
}
/**************主函数***********/
void main (void)
{
unsigned char lei;
while(1)
{
for(lei=0;lei<8;lei++)//从左到右选择列
{P1=~(_____<<lei);//送本列所对应的行数据
P0=tab[lei];
delay();

}
}
}</td><td></td><td>2</td><td>1</td><td>6113</td></tr>
</table>

<table>
<tr><th rowspan="2">题号</th><th rowspan="2">试题</th><th rowspan="2">答案</th><th colspan="3">组卷代码</th></tr>
<tr><th>类别</th><th>难度</th><th>考点</th></tr>
<tr><td>52.</td><td>以下程序段的功能为在 8×8 点阵上显示一个“王”字，请将该程序段补充完整。
#include <REGX51.H>
unsigned char code tab[8]=
{0x00,0x54,0x54,0x7c,0x54,0x54,0x02,0x00};
/**************延时子函数***********/
void delay(void)
{
unsigned int i=50;
while(--i);
}
/**************主函数***********/
void main (void)
{
unsigned char lei;
while(1)
{
for(lei=0;lei<8;lei++)//从左到右选择列
{P1=~(0x01<<lei);//送本列所对应的行数据
P0=tab[____];
delay();

}
}
}</td><td></td><td>2</td><td>1</td><td>6113</td></tr>
<tr><td>53.</td><td>以下是给液晶模块传送命令或数据的子程序，请将该程序补充完整。
/*****传送数据或是命令*********
b=0时，传送命令，当b=1时传送数据*/
void Data(char a,char b)
{
RW=0;
RS=b;
____;
E=1;
delay(1);
E=0;
}</td><td></td><td>2</td><td>1</td><td>6113</td></tr>
<tr><td>54.</td><td>以下是给液晶模块传送命令或数据的子程序，请将该程序补充完整。
/*****传送数据或是命令*********
b=0时，传送命令，当b=1时传送数据*/
void Data(char a,char b)
{
RW=0;
____;
P0=a;
E=1;
delay(1);
E=0;
}</td><td></td><td>2</td><td>2</td><td>6113</td></tr>
<tr><td>55.</td><td>以下为显示“中国”程序中的初始化子程序，请将该程序补充完整。</td><td></td><td>2</td><td>2</td><td>6113</td></tr>
</table>

<table>
<tr><th rowspan="2">题号</th><th rowspan="2">试题</th><th rowspan="2">答案</th><th colspan="3">组卷代码</th></tr>
<tr><th>类别</th><th>难度</th><th>考点</th></tr>
<tr><td></td><td><pre>
/******液晶初始化子函数*****/
void init()
{
  PSB=1;
  RES=0;
  RES=1;
  Data(_____,0); //选择基本指令集
  delay(5);   //延时
  Data(0x0C,0);   //D=1,显示开
  Data(0x01,0);   //清屏
  Data(0x06,0);   //光标从右向左加1移动
}
</pre></td><td></td><td></td><td></td><td></td></tr>
<tr><td>56.</td><td>以下为显示“中国”程序中的初始化子程序，请将该程序补充完整。<pre>
/******液晶初始化子函数*****/
void init()
{
  PSB=1;
  RES=0;
  RES=1;
  Data(0x30,0); //选择基本指令集
  delay(5);   //延时
  Data(____,0);   //D=1,显示开
  Data(0x01,0);   //清屏
  Data(0x06,0);   //光标从右向左加1移动
}
</pre></td><td></td><td>2</td><td>2</td><td>6113</td></tr>
<tr><td>57.</td><td>以下为显示“中国”程序中的初始化子程序，请将该程序补充完整。<pre>
/******液晶初始化子函数*****/
void init()
{
  PSB=1;
  RES=0;
  RES=1;
  Data(0x30,0); //选择基本指令集
  delay(5);   //延时
  Data(0x0C,0);   //D=1,显示开
  Data(____,0);   //清屏
  Data(0x06,0);   //光标从右向左加1移动
}
</pre></td><td></td><td>2</td><td>2</td><td>6113</td></tr>
<tr><td>58.</td><td>以下程序可实现在 12864 液晶模块的第一行从左到右显示“美好家园”，请将该程序补充完整。<pre>
char code sm[]={"美好家园"};
/******显示子函数******
 char code *p定义的编码指针变量*/
void hj(char code *P)
{
  char i;
  Data(_____,0);
  for(i=0;i<8;i++)
  {
  Data(*P,1);
  P++;
  }
}
void main()
{
  init();
  hj(sm);
  while(1);
}
</pre></td><td></td><td>2</td><td>2</td><td>6113</td></tr>
</table>

模块7

实现数据转换和串行通信操作

组卷代码说明

- 试题类别

  1—理论、2—技能
- 试题难度系数

  1—较容易、2—容易、3—较难
- 考点代码：四位数字

  第一位数字：模块名称代码，模块 1～8 分别为 1、2、3、4、5、6、7、8

  第二位和第三位数字：任务代码

  第四位数字：题型代码，1—判断题、2—选择题、3—填空题

答案解析说明

- 请扫描二维码查阅本模块试题答案
- 试题解析请登录华信教育资源网（www.hxedu.com.cn）下载查阅

7.1 判断题

题号	试题	答案	组卷代码		
			类别	难度	考点
1.	单片机通信方式只有并行通信。（　　）		1	1	7111
2.	单片机系统既能读数据又能写数据。（　　）		1	2	7111
3.	串行通信是一位一位地传输数据。（　　）		1	1	7111
4.	并行通信的成本一般比串行通信要低。（　　）		1	2	7111
5.	单片机常用的串口通信接口是 RS232。（　　）		1	1	7111
6.	串口通信控制寄存器不能进行位寻址。（　　）		1	2	7111
7.	89C51 不具有全双工串行口。（　　）		1	1	7111
8.	字符间隔不固定不是数据异步传输的特点。（　　）		1	2	7111
9.	同步传输要求发送和接收双方必须保持完全同步。（　　）		1	2	7111
10.	89C51 不支持同时的双向数据同步传输。（　　）		1	3	7111
11.	同步传输方式的效率不高。（　　）		1	1	7111
12.	串口控制寄存器是 SCON。（　　）		1	2	7111
13.	串行控制寄存器中的 SM2=1 表示多机通信控制位。（　　）		2	2	7111
14.	串行控制寄存器中的 REN=0 表示接收允许位。（　　）		2	3	7111
15.	串行控制寄存器中的 TI 表示发送中断标志位。（　　）		1	2	7111
16.	串行控制寄存器中的 RI 表示接收中断标志位。（　　）		1	2	7111
17.	SM0=0，SM=1，表示串行口工作方式为方式 2。（　　）		2	2	7111
18.	PCON 表示串行控制寄存器。（　　）		1	2	7111
19.	串行控制寄存器 RB8 表示发送数据的第 9 位。（　　）		1	2	7111
20.	单片机采用异步传输方式较为简单。（　　）		1	1	7111
21.	串行通信的工作方式有 3 种。（　　）		1	1	7111
22.	SM2=0，TB8 为发送数据的奇偶标志位。（　　）		2	2	7111
23.	SM2=1，TB8=1，发送的是数据信息。（　　）		2	2	7111
24.	RB8=0，接收的是数据信息。（　　）		2	2	7111
25.	SMOD=0，波特率提高一倍。（　　）		1	1	7111
26.	SMOD=1，波特率提高一倍。（　　）		1	1	7111
27.	89C51 单片机中的 TXD 为数据发送引脚。（　　）		2	2	7111

题号	试题	答案	组卷代码		
			类别	难度	考点
28.	89C51 单片机中的 RXD 为数据接收引脚。（ ）		2	2	7111
29.	UART 方式 0 支持全双工。（ ）		1	2	7111
30.	采用 UART 方式 0 时，数据由 RXD 从高位开始收发。（ ）		1	2	7111
31.	采用 UART 方式 0 时，TXD 用来发送同步移位脉冲。（ ）		1	2	7111
32.	在串行通信中，数据发送完毕时，TI 位不置位。（ ）		1	2	7111
33.	在串行通信中，接收完 8 位数据时，RI 位将置位。（ ）		1	2	7111
34.	串行通信工作方式 0 为异步移位寄存器。（ ）		1	2	7111
35.	串行通信工作方式 1 为 10 位同步接收/发送。（ ）		1	2	7111
36.	串行通信工作方式 2 为 11 位异步接收/发送。（ ）		1	2	7111
37.	串行通信方式 0 的波特率是固定的。（ ）		1	2	7111
38.	串行通信方式 2 的波特率是可变的。（ ）		1	2	7111
39.	采用串行通信方式 1 时，SM2=0，RB8 接收到的是停止位。（ ）		1	2	7111
40.	采用串行通信方式 2 时，将接收到的第 9 位作为奇偶校验位。（ ）		1	2	7111
41.	电源控制寄存器可以寻址。（ ）		1	2	7111
42.	串行通信的第 9 位数据功能可以由用户自定义。（ ）		1	2	7111
43.	TMOD=0x20，表示定时器工作方法 2，初值自动装入。（ ）		2	2	7111
44.	PCON=0x00，表示波特率不倍增。（ ）		2	2	7111
45.	TH1 表示定时器 1 初值高位。（ ）		2	2	7111
46.	TL1 表示定时器 1 初值高位。（ ）		2	2	7111
47.	SCON=0x50，表示串行工作方式 0。（ ）		2	2	7111
48.	如果 P2=0xff 表示关 LED，说明 LED 是共阴极显示。（ ）		2	2	7111
49.	在编程中可以利用 TR1=1 来启动定时器。（ ）		2	2	7111
50.	在进行计算机操作的过程中一定要注意安全用电。（ ）		1	1	7111
51.	电路板通电前主要检查有无虚焊、漏焊、错装、短路等。（ ）		2	1	7111
52.	系统调试不用检查无误再通电。（ ）		2	1	7111
53.	定时器工作方式 2 是 8 位数据自动加载工作方式。（ ）		1	2	7111
54.	编写程序前不用绘制流程图，随便编程也行。（ ）		2	2	7111
55.	unsigned char 表示数据类型为有符号整型。（ ）		2	1	7111
56.	unsigned int 表示数据类型为有符号整型。（ ）		2	1	7111
57.	TH1=0xF4，TL1=0xF4，表示定时器的工作方式为 1。（ ）		2	2	7111
58.	下图中 1 脚是数据载波检测脚。（ ） 		2	2	7111
59.	下图中 2 脚是数据发送脚。（ ） 		2	2	7111
60.	下图中 9 脚是振铃指示脚。（ ） 		2	2	7111
61.	下图中 7 脚是请求接收脚。（ ） 		2	2	7111

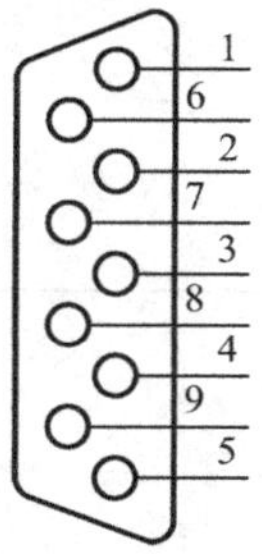

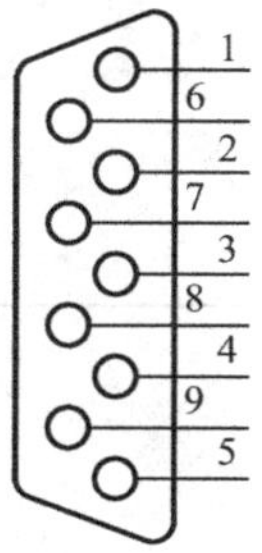

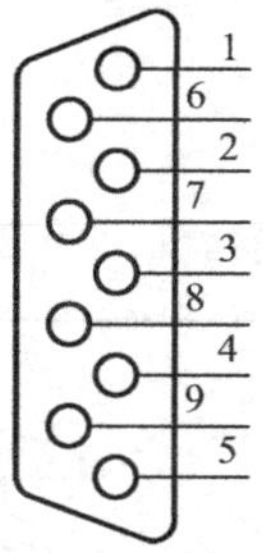

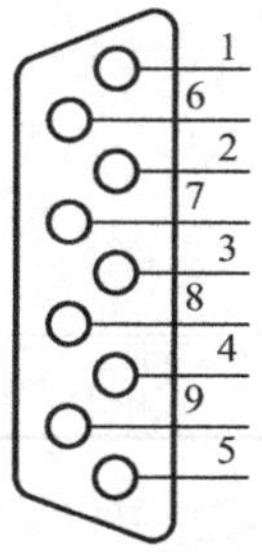

题号	试题	答案	组卷代码		
			类别	难度	考点
62.	下图中 6 脚是信号接地脚。（ 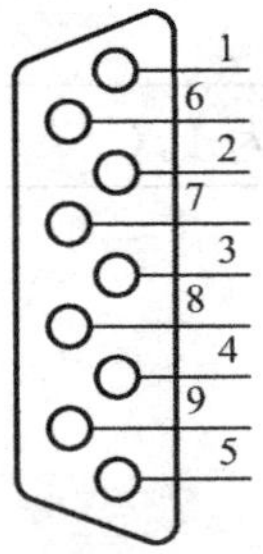　　）		2	2	7111
63.	下图中 4 脚是数据终端准备脚。（ 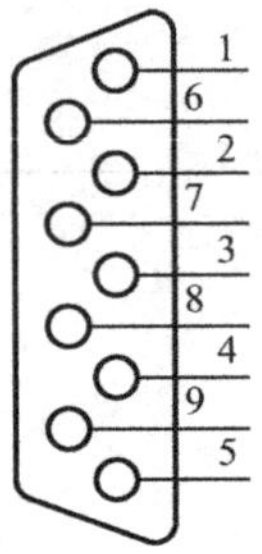　　）		2	2	7111
64.	下图中 5 脚是信号接地脚。（ 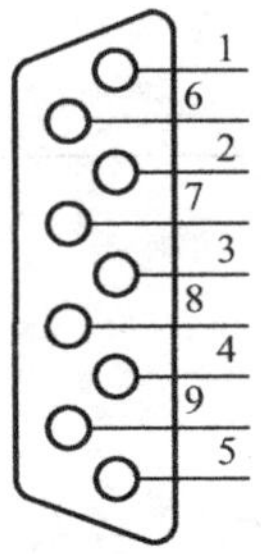　　）		2	2	7111
65.	下图中 8 脚是数据清除脚。（ 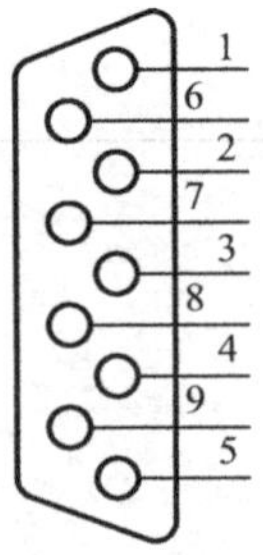　　）		2	2	7111
66.	下图中 3 脚是数据接收脚。（ 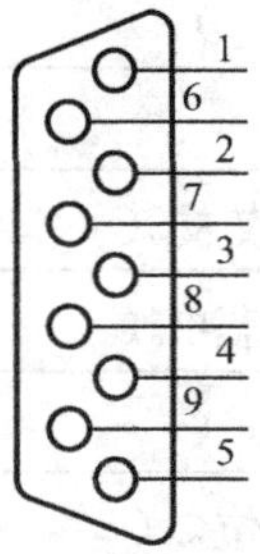　　）		2	2	7111

题号	试题	答案	组卷代码		
			类别	难度	考点
67.	下图表示串行口控制寄存器的工作方式选择位。（　　） SCON.7 / SCON.6 / SM0 / SM1		2	2	7111
68.	下图表示串行口控制寄存器的多机通信控制位。（　　） SCON.5 / SM2		2	2	7111
69.	下图表示工作方式1。（　　） SM0 / SM1 / 0 / 0		2	2	7111
70.	下图表示串行口控制寄存器的允许串行接收位。（　　） SCON.1 / T1		2	2	7111
71.	下图表示单片机串行口的 4 种工作方式。（　　） <table><tr><td>SM0</td><td>SM1</td><td>工作方式</td></tr><tr><td>0</td><td>0</td><td>方式0</td></tr><tr><td>0</td><td>1</td><td>方式1</td></tr><tr><td>1</td><td>0</td><td>方式2</td></tr><tr><td>1</td><td>1</td><td>方式3</td></tr></table>		2	2	7111
72.	串行口工作方式 3 的波特率是固定的。（　　）		1	2	7111
73.	TB8 在方式 2 或方式 3 中是发送数据的第 9 位，可以用软件规定其作用。（　　）		1	2	7111
74.	下图表示电源管理寄存器的波特率倍增位。（　　）		2	2	7111

题号	试题	答案	组卷代码		
			类别	难度	考点
	PCON.7 SMOD				
75.	RI 是接收中断标志位。（　）		1	2	7111
76.	串行通信发送时，指令把 TB8 位的状态送入发送 SBUF。（　）		1	2	7111
77.	串行方式 1 的波特率是可变的，通过定时/计数器的溢出设定。（　）		2	2	7111

78.	以下程序是中断子程序。（　）
	
	void Delay(int Time_ms)
	{
	    int i;
	    Unsigned char j;
	    for(i=0;i<Time_ms;i++)
	    {
	        for(j=0;j<150;j++)
	        {
	            }
	    }
	}
			2	2	7111

79.	以下程序用于设置电源管理寄存器。（　） SCON=0x50;		2	2	7111
80.	RI=1 时，向 CPU 发出中断申请。（　）		2	2	7111
81.	串行口工作方式 0 的波特率不加倍。（　）		2	2	7111
82.	串行口 4 种工作方式对应 4 种波特率。（　）		1	2	7111
83.	串行口工作方式 1 的波特率是可变的。（　）		1	2	7111
84.	方式 1 和方式 3 的波特率为($2^{SMOD}/32$)×(T1 溢出率)。（　）		1	2	7111
85.	A/D 转换的含义是数模转换。（　）		1	2	7111
86.	在进行系统调试时，一要在确保接线无误后通电，二要在程序调试过程中注意观察记录，分析单片机在电路板中的功能。（　）		2	2	7111
87.	以下集成电路为 A/D 转换芯片。（　）		2	2	7111

题号	试题	答案	组卷代码		
			类别	难度	考点
	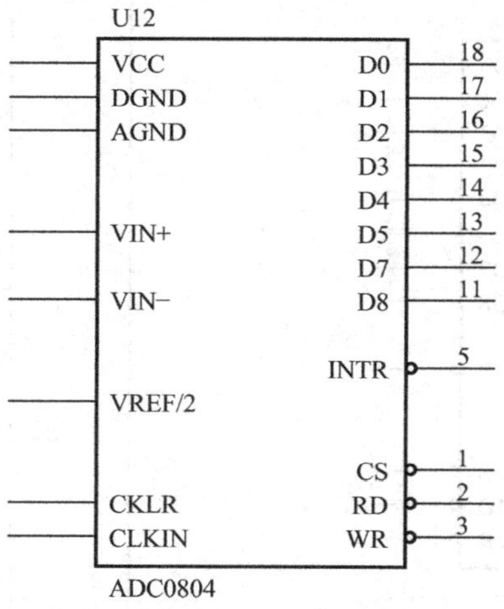				
88.	下图中的 2 脚接单片机的 P3.7 脚。（　） 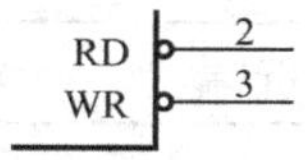		2	2	7111
89.	下图中的 20 脚是接地脚。（　） 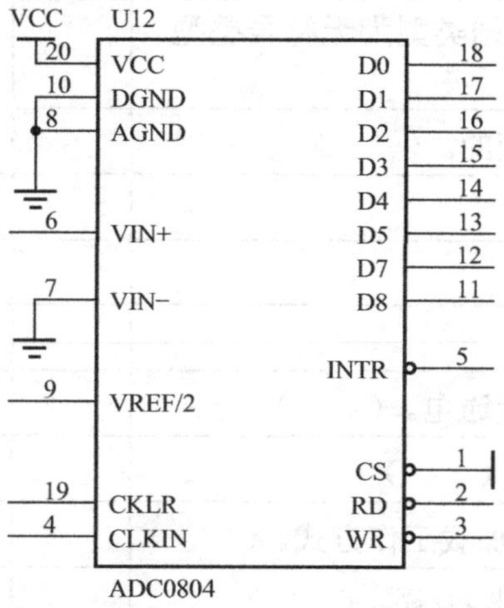		2	2	7111
90.	下图中的 10 脚和 8 脚接地。（　）		2	2	7111

题号	试题	答案	组卷代码		
			类别	难度	考点
91.	#define uchar unsigned char 定义数据类型为无符号字符型。( )		2	2	7111
92.	sbit cs=P3^0 表示 P3.0 脚接 ADC0804 芯片的片选端。( )		2	2	7111
93.	TH1 表示定时器初值低位。( )		1	2	7111
94.	ADC0804 芯片是数模转换芯片。( )		1	2	7111
95.	#define uchar unsigned char 定义数据类型为无符号整型。( )		2	2	7111
96.	串行通信方式 2 的波特率是固定不变的。( )		1	2	7111
97.	电源控制寄存器不可寻址。( )		1	2	7111
98.	89C51 具有全双工串行口。( )		1	2	7111
99.	串口控制寄存器是 TMOD。( )		1	2	7111
100.	电路板通电前不需要检查，可以直接通电。( )		1	2	7111
101.	系统必须检查无误后才能通电调试。( )		1	2	7111
102.	定时器工作方式 2 是 10 位数据自动加载工作方式。( )		1	2	7111
103.	串行通信工作方式 1 为 10 位异步接收/发送。( )		1	2	7111
104.	SMOD=0，波特率为原值。( )		2	2	7111
105.	sbit wr=p3.7 表示 P3.7 脚接 ADC0804 芯片的 WR 脚。( )		2	2	7111
106.	ADC0804 芯片的 RD 脚为数据写入脚。( )		2	2	7111
107.	ADC0804 芯片 WR=1 表示允许数据写入。( )		2	2	7111
108.	下图中的 $\overline{CS}$ 表示信号选取端。( )		2	2	7111

题号	试题	答案	组卷代码		
			类别	难度	考点
109.	下图中的 $\overline{WR}$ 表示数据读取端。( )		2	2	7111
110.	下图中的芯片可以将模拟信号转换为数字信号。( )		2	2	7111
111.	下图所示芯片的分辨率为 8 位。( )		1	2	7111
112.	下图中的芯片有 18 个引脚。( )		2	2	7111

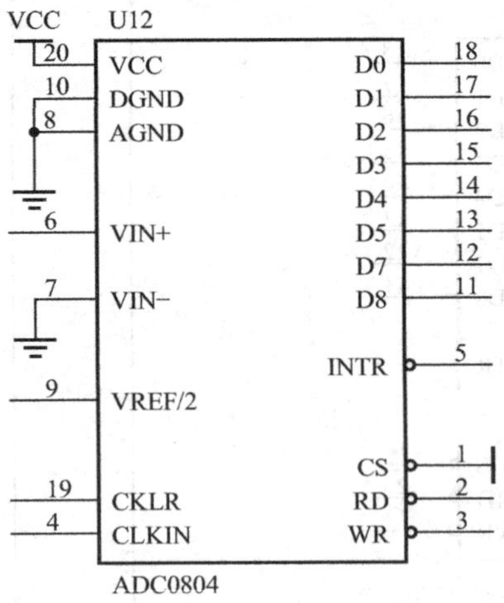

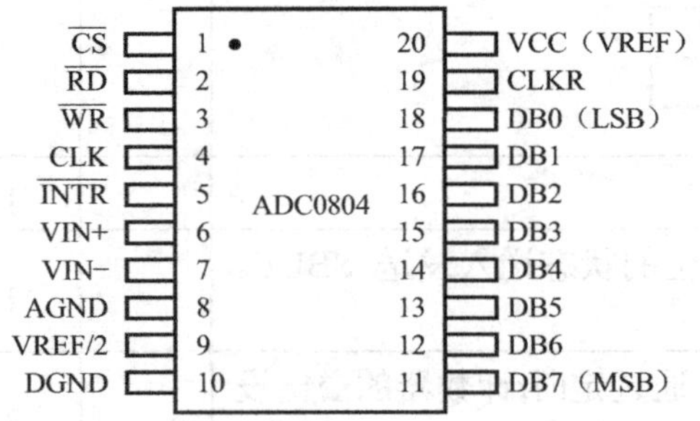

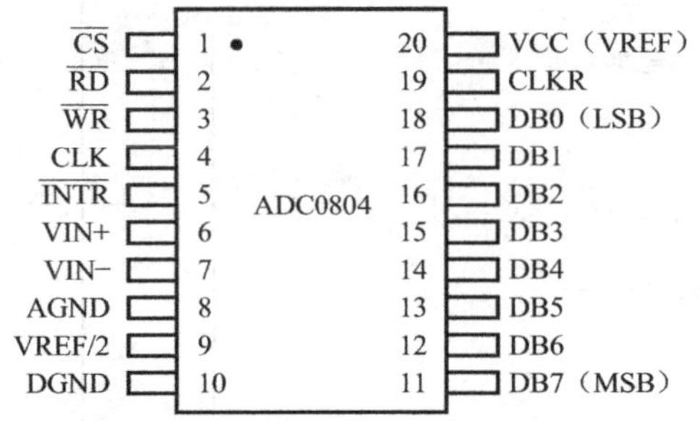

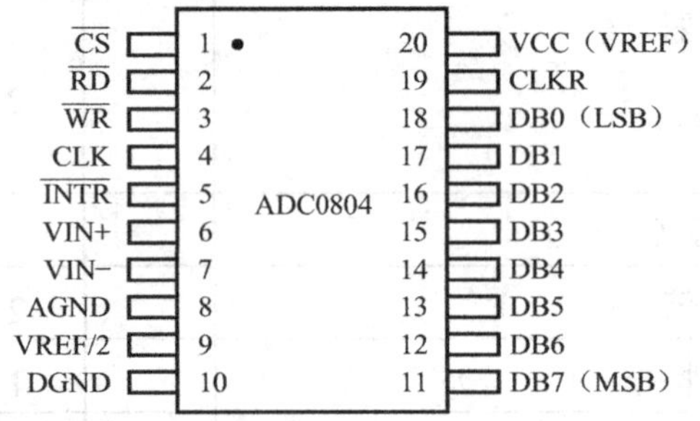

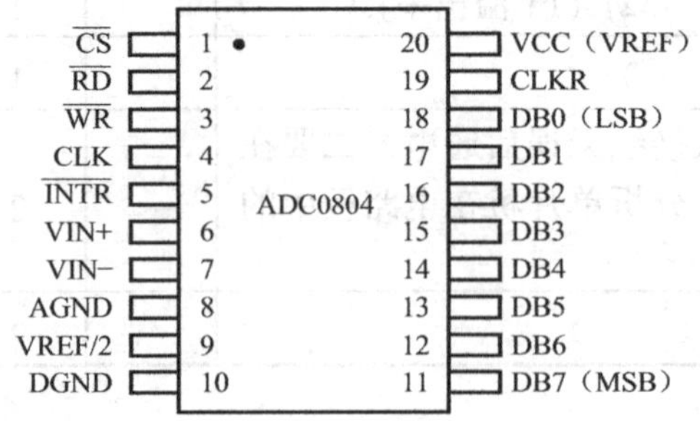

题号	试题	答案	组卷代码		
			类别	难度	考点
113.	量化误差是指由 A/D 转换器有限的分辨率引起的误差。（　　）		1	2	7111
114.	$\overline{INTR}$ 表示中断请求信号输出，高电平动作。（　　）		2	2	7111
115.	下图中的 20 脚接电源的负极。（　　）		2	2	7111
116.	下图中的 8 脚为模拟信号接地端。（　　）		2	2	7111
117.	量化误差就是绝对量化误差。（　　）		1	2	7111
118.	分辨率是指 A/D 转换器能够分辨的输入模拟电压的最小值。（　　）		1	2	7111
119.	当 WR=0，CS=1 时，ADC0804 关闭。（　　）		2	2	7111
120.	DAC0832 是数模转换芯片。（　　）		2	2	7111
121.	下图中的 20 脚接电源的正极。（　　）		2	2	7111

题号	试题	答案	组卷代码		
			类别	难度	考点
122.	下图中的 10 脚为数据写入端。（　　）		2	2	7111
123.	下图中的 3 脚为模拟信号接地端。（　　）		2	2	7111
124.	DAC0832 芯片的 20 脚可以接 20V 电压。（　　）		1	2	7111
125.	BLDC 是直流无刷电动机的英文缩写。（　　）		1	1	7111
126.	D/A 转换的主要参数只有分辨率一个。（　　）		1	2	7111
127.	从输入数字信号起，到输出电压或电流达到稳定值时所需要的时间称为转换时间。（　　）		1	2	7111
128.	D/A 转换器的转换误差是指输出模拟电压的实际值与理想值之间的误差。（　　）		1	2	7111
129.	下图中的 8 脚接电源的正极。（　　）		2	2	7111

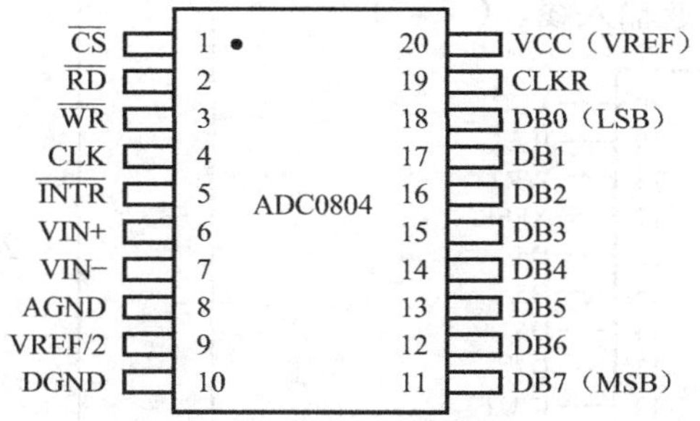

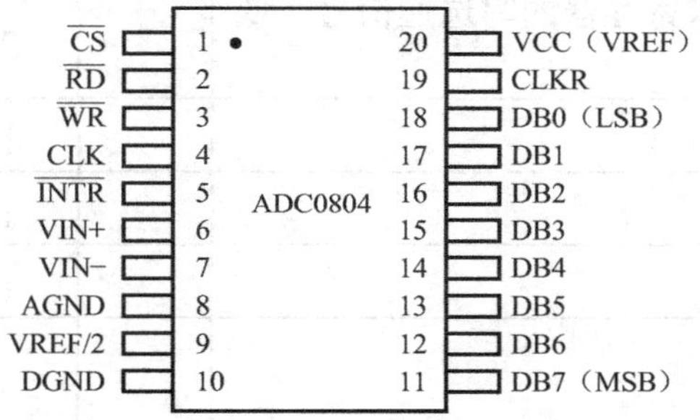

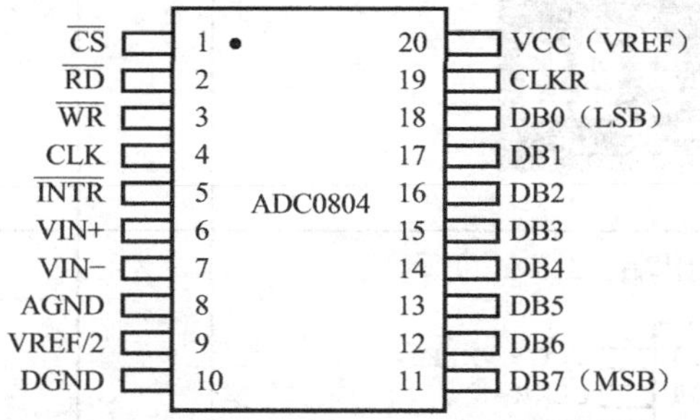

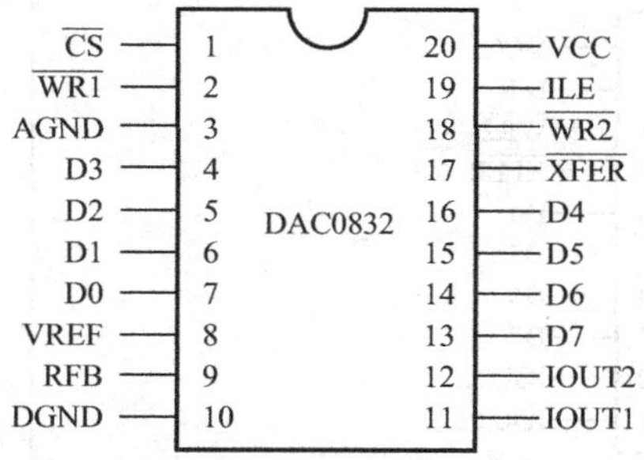

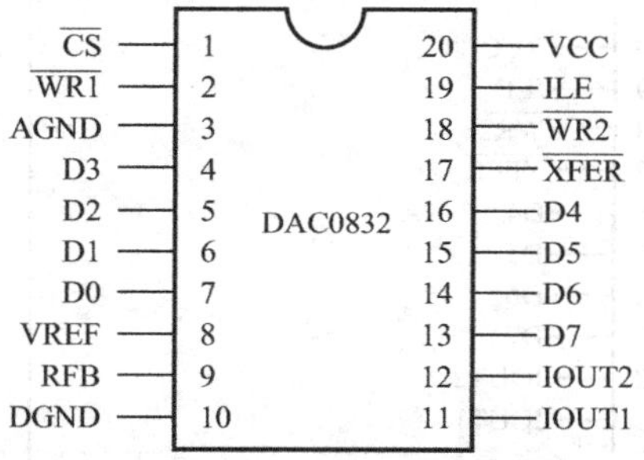

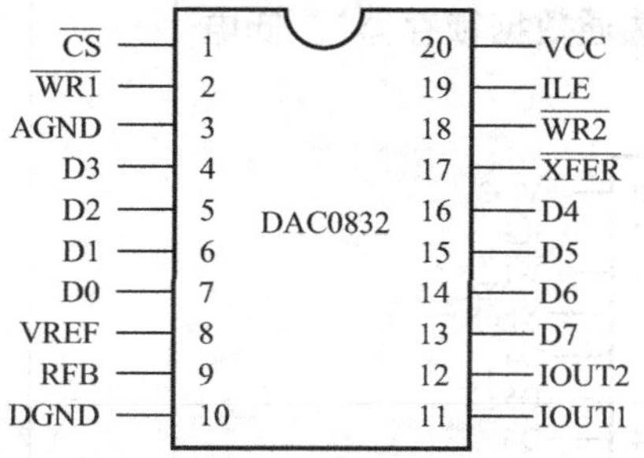

左表

题号	试题	答案	类别	难度	考点
	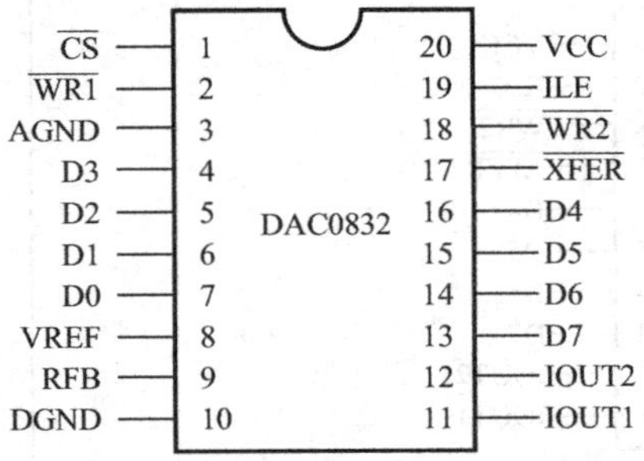 DAC0832 引脚图：1 $\overline{CS}$－20 VCC，2 $\overline{WR1}$－19 ILE，3 AGND－18 $\overline{WR2}$，4 D3－17 $\overline{XFER}$，5 D2－16 D4，6 D1－15 D5，7 D0－14 D6，8 VREF－13 D7，9 RFB－12 IOUT2，10 DGND－11 IOUT1				
130.	下图中的 2 脚为 DAC 寄存器选通输入线。（ 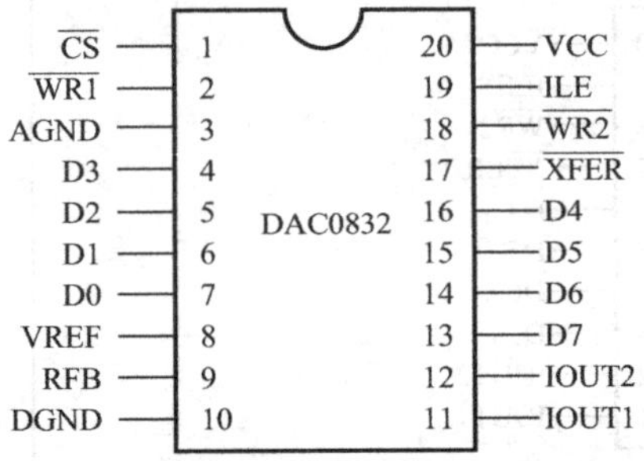　　）DAC0832 引脚图		2	2	7111
131.	DAC0832 芯片的分辨率为 16 位。（　　）		1	2	7111
132.	下图中的 1 脚为片选信号输入线（选通数据锁存器），低电平有效。（ 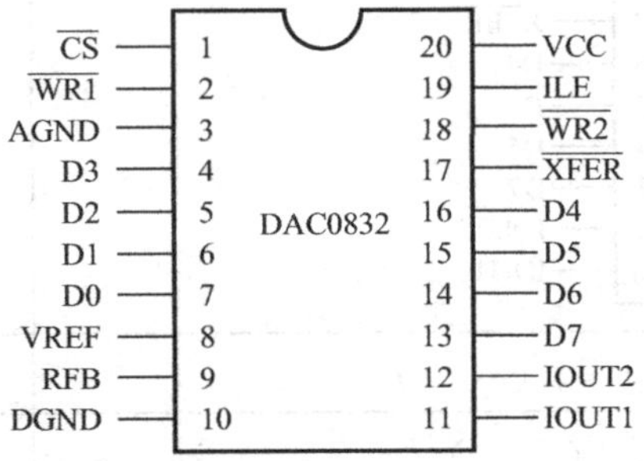　　）DAC0832 引脚图		2	2	7111
133.	下图中的 12 脚为电流输出端 1。（ 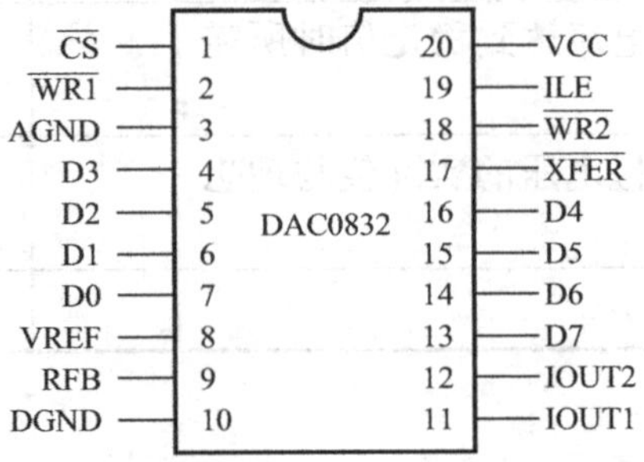　　）DAC0832 引脚图		2	2	7111

右表

题号	试题	答案	类别	难度	考点
134.	下图中的 18 脚为 DAC 寄存器选通输入线。（ 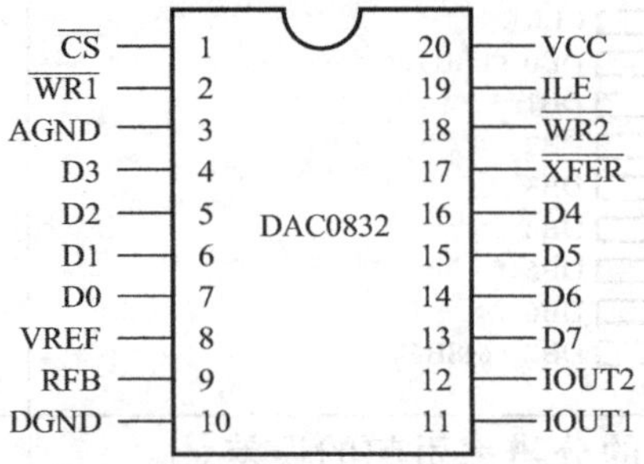　　）DAC0832 引脚图		2	2	7111
135.	DAC0832 芯片的 D0～D7 脚为模拟信号输入端。（　　）		2	2	7111
136.	DAC0832 芯片的 WR2 脚为 DAC 寄存器写选通输入线，高电平有效。（　　）		2	2	7111
137.	DAC0832 芯片的 WR1 脚为输入寄存器的写选通信号，低电平有效。（　　）		2	2	7111
138.	步进电动机属于直流无刷电动机。（　　）		1	1	7111
139.	磁阻电动机属于交流电动机。（　　）		1	1	7111
140.	ADC0804 属于分立元件。（　　）		1	1	7111
141.	下图为液晶显示模块。（　　） 		2	2	7111
142.	下图中的 5 脚为中断请求信号输出端。（ 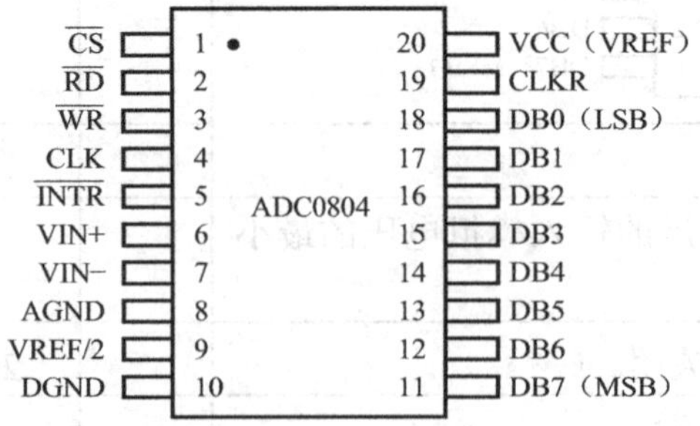　　）ADC0804 引脚图：1 $\overline{CS}$－20 VCC（VREF），2 $\overline{RD}$－19 CLKR，3 $\overline{WR}$－18 DB0（LSB），4 CLK－17 DB1，5 $\overline{INTR}$－16 DB2，6 VIN+－15 DB3，7 VIN−－14 DB4，8 AGND－13 DB5，9 VREF/2－12 DB6，10 DGND－11 DB7（MSB）		2	2	7111
143.	下图中的 11～18 脚为 8 位数字输出端。（　　）		2	2	7111

题号	试题	答案	组卷代码		
			类别	难度	考点
	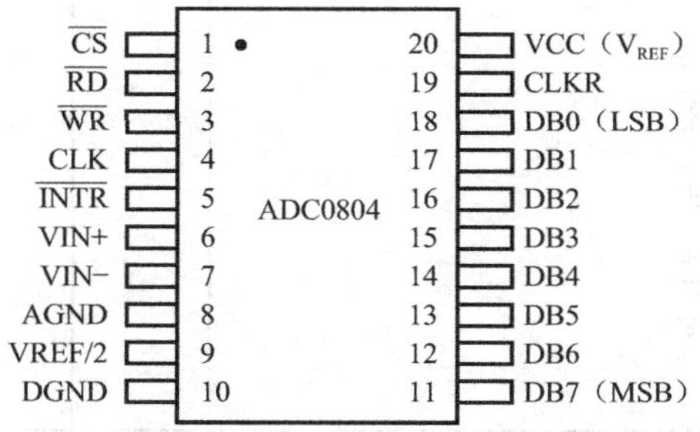				
144.	ADC0804 芯片的 $\overline{WR}$ 表示用来启动转换的控制输入。（ ）		2	2	7111
145.	ADC0804 芯片的 RD 脚为写信号输入端。（ ）		1	2	7111
146.	ADC0804 芯片的工作电压为 5V。（ ）		1	2	7111
147.	ADC0804 芯片的转换误差为±1LSB。（ ）		1	2	7111
148.	1876 年，贝尔发明了手机。（ ）		1	1	7111
149.	1844 年，美国人莫尔斯发明了莫尔斯电码。（ ）		1	1	7111
150.	1947 年，人类发明了半导体晶体管。（ ）		1	1	7111
151.	20 世纪 70 年代初，摩托罗拉设计出了第一台微处理器。（ ）		1	1	7111
152.	20 世纪 60 年代，人类发明了集成电路。（ ）		1	1	7111
153.	ET0=1 表示定时 1 的中断被允许。（ ）		2	2	7111
154.	TXD 为数据发送引脚。（ ）		2	2	7111
155.	SMOD=0 时，波特率提高一倍。（ ）		2	1	7111
156.	当向 SBUF 写入字节时，发送数据，数据发送完毕，TI 位置位。（ ）		1	1	7111
157.	D/A 转换特性为输出的模拟量与输入的数字量成正比。（ ）		1	2	7111
158.	SM2=1 时为单机通信。（ ）		2	2	7111
159.	串行口工作方式 0 支持全双工。（ ）		2	1	7111
160.	当 RI=0，SM2=0 时，接收到的数据装入 SBUF 和 RB8。（ ）		2	2	7111

7.2 选择题

题号	试题	答案	组卷代码		
			类别	难度	考点
1.	（ ）表示串口控制寄存器。 A．SCON B．SMOD C．PCON D．TCON		1	2	7112
2.	串行控制寄存器中的 TI 表示（ ）。 A．接收中断标志位 B．发送中断标志位 C．发送定时器标志位 D．接收定时器标志位		1	2	7112
3.	单片机的通信方式为（ ）。 A．串行通信 B．并行通信 C．串行与并行通信 D．以上说法都不对		1	1	7112
4.	为了降低成本，有效地远距离传输数据，人们通常采用（ ）方式。 A．并行通信 B．串行通信 C．总线通信 D．以上说法都不对		1	1	7112
5.	最早的单片机是（ ）位单片机。 A．4 B．8 C．10 D．16		1	1	7112
6.	通信的英语单词是（ ）。 A．common B．communications C．comfort D．condition		1	2	7112
7.	下列不属于操作安全的是（ ）。 A．人身安全 B．设备及仪器安全 C．电气火灾 D．财产安全		1	2	7112
8.	下列不属于通电前检查内容的是（ ）。 A．电路板有无虚焊 B．电路板有无漏焊 C．元器件有无错装 D．程序是否正确		2	2	7112
9.	下图中 1 脚的功能为（ 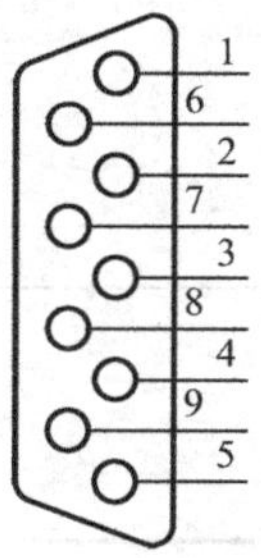 ）。 A．载波检测 B．接地 C．数据接收 D．数据发送		2	2	7112

题号	试题	答案	组卷代码		
			类别	难度	考点
10.	下图中 5 脚的功能为（ ）。 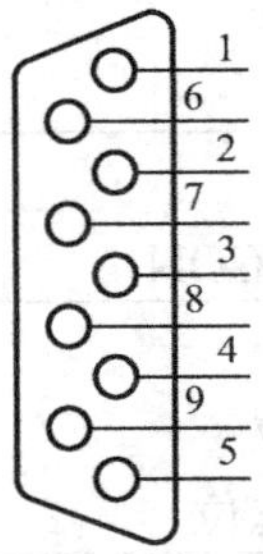 A．载波检测　　　　B．接地 C．数据接收　　　　D．数据发送		2	2	7112
11.	下图中 2 脚的功能为（ ）。 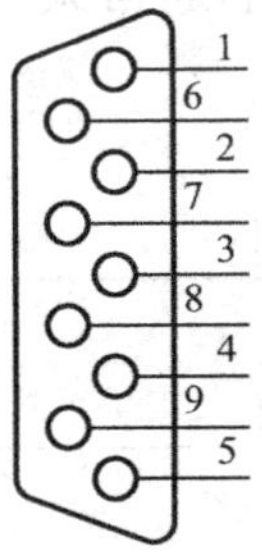 A．载波检测　　　　B．接地 C．数据接收　　　　D．数据发送		2	2	7112
12.	下图中 6 脚的功能为（ ）。 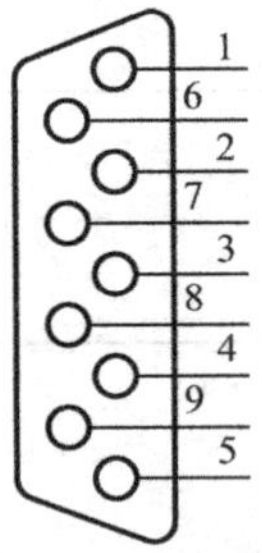 A．载波检测　　　　B．接地 C．数据接收　　　　D．数据设备准备		2	2	7112
13.	下图中 8 脚的功能为（ ）。 A．载波检测　　　　B．接地 C．数据接收　　　　D．清除发送		2	2	7112

题号	试题	答案	组卷代码		
			类别	难度	考点
14.	 下图中 9 脚的功能为（ 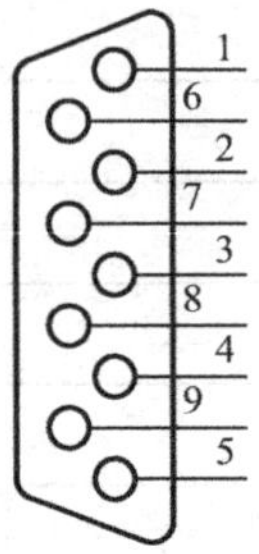 ）。 A．载波检测　　　　B．接地 C．振铃指示　　　　D．清除发送		2	2	7112
15.	下图中 3 脚的功能为（ ）。 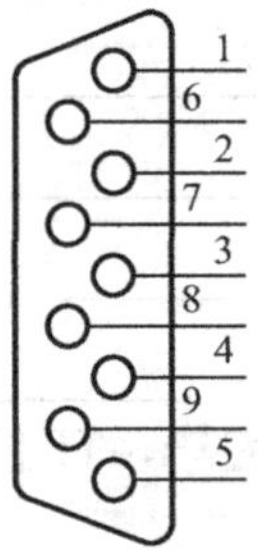 A．载波检测　　　　B．发送数据 C．数据接收　　　　D．清除发送		2	2	7112
16.	下图中 7 脚的功能为（ ）。 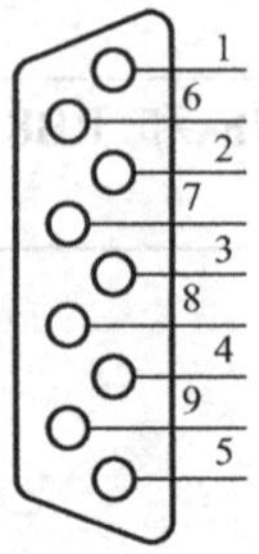		2	2	7112

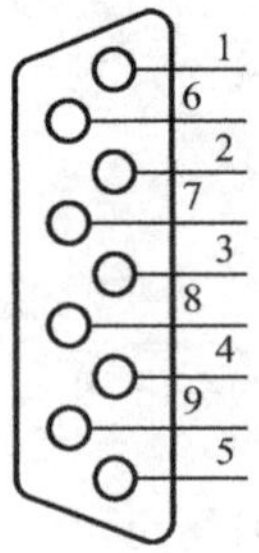

题号	试题	答案	组卷代码		
			类别	难度	考点
	A．载波检测　　　　B．发送数据 C．数据接收　　　　D．请求发送				
17.	串行口控制寄存器中接收中断请求的是（　　）。 A．RI　　B．TI　　C．RB　　D．REN		2	2	7112
18.	串行口控制寄存器中发送中断请求的是（　　）。 A．RI　　B．TI　　C．RB　　D．REN		2	2	7112
19.	电话的发明者是（　　）。 A．摩托罗拉　　　　B．爱迪生 C．托马斯　　　　　D．贝尔		1	1	7112
20.	当（　　）时，无论收到的 RB8 是 0 还是 1，均可使收到的数据进入 SBUF。 A．SM=0　　　　　B．SM=1 C．SM2=0　　　　　D．SM2=1		2	2	7112
21.	当 SM0=0，SM1=0 时，串行口的工作方式为（　　）。 A．工作方式 0　　　B．工作方式 1 C．工作方式 2　　　D．工作方式 3		2	2	7112
22.	串行口工作方式 1 是（　　）位异步通信方式。 A．8　　B．9　　C．10　　D．11		2	2	7112
23.	串行口工作方式 2 传输的数据是（　　）位。 A．8　　B．9　　C．10　　D．11		2	2	7112
24.	波特率为 2400bps，频率为 11.0592MHz，设 SMOD 为 0，则定时器的时间常数为（　　）。 A．FCH　　B．FEH　　C．F4H　　D．F2H		2	2	7112
25.	SCON=0x40 表示串行口（　　）。 A．工作方式 0　　　B．工作方式 1 C．工作方式 2　　　D．工作方式 3		2	2	7112
26.	TMOD=0x20 表示（　　）。 A．定时器 0　　　　B．定时器 1 C．定时器 2　　　　D．定时器 3		2	2	7112
27.	关于 REN，下列说法中正确的是（　　）。 A．允许串行接收位　　B．允许并行接收位 C．SCON 的第 7 位　　D．SCON 的第 8 位		1	2	7112
28.	SCON 的第 2 位表示（　　）。 A．REN　　B．RI　　C．TI　　D．TB		1	2	7112
29.	关于串行口通信工作方式 3，下列说法中正确的是（　　）。 A．SM0=0，SM1=1		2	2	7112

题号	试题	答案	组卷代码		
			类别	难度	考点
	B．SM0=0，SM1=0 C．SM0=1，SM1=0 D．波特率可变				
30.	当 RB8=1 时，下列说法中正确的是（　　）。 A．接收的数据进入 SBUF B．不允许接收数据 C．接收的数据进入寄存器 D．不允许激活 RI		2	2	7112
31.	下图中的 10 脚表示（　　）。 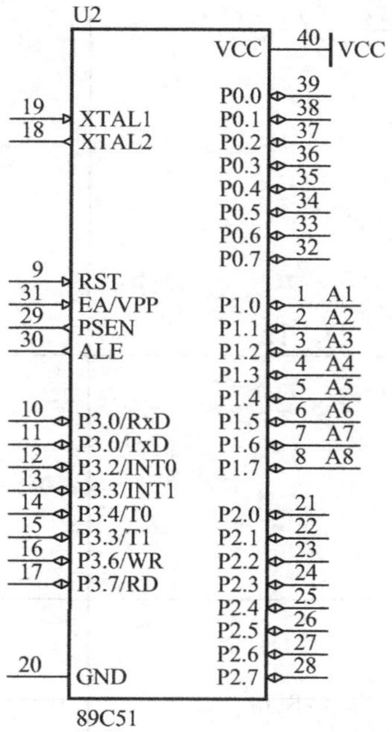 A．串行口接收端 B．串行口发送端 C．并行口写数据端 D．并行口读数据端		2	2	7112
32.	下图中表示串行口通信写数据的引脚是（　　）脚。		2	2	7112

题号	试题	答案	组卷代码 类别	组卷代码 难度	组卷代码 考点
	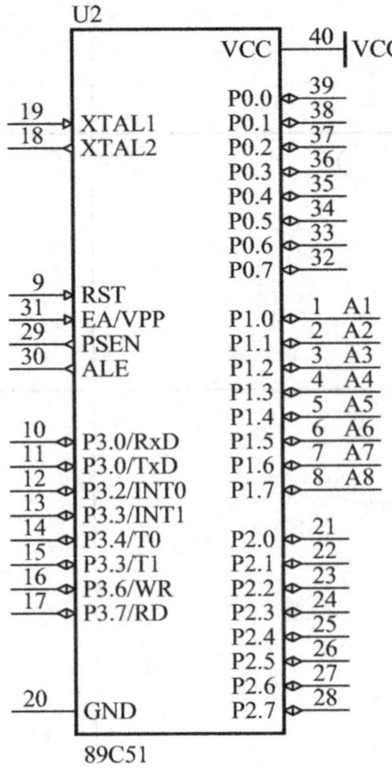 U2 单片机 89C51 电路图：VCC 40, XTAL1 19, XTAL2 18, P0.0 39, P0.1 38, P0.2 37, P0.3 36, P0.4 35, P0.5 34, P0.6 33, P0.7 32, RST 9, EA/VPP 31, PSEN 29, ALE 30, P1.0 1 A1, P1.1 2 A2, P1.2 3 A3, P1.3 4 A4, P1.4 5 A5, P1.5 6 A6, P1.6 7 A7, P1.7 8 A8, P3.0/RxD 10, P3.0/TxD 11, P3.2/INT0 12, P3.3/INT1 13, P3.4/T0 14, P3.3/T1 15, P3.6/WR 16, P3.7/RD 17, P2.0 21, P2.1 22, P2.2 23, P2.3 24, P2.4 25, P2.5 26, P2.6 27, P2.7 28, GND 20 A. 9　　B. 10　　C. 11　　D. 12				
33.	正确的 ADC0804 初始化程序是（　　）。 A. cs=1，wr=1 B. cs=0，wr=0 C. cs=1，wr=0 D. cs=0，wr=1		2	2	7112
34.	下图中芯片选取信号端是（　　）脚。 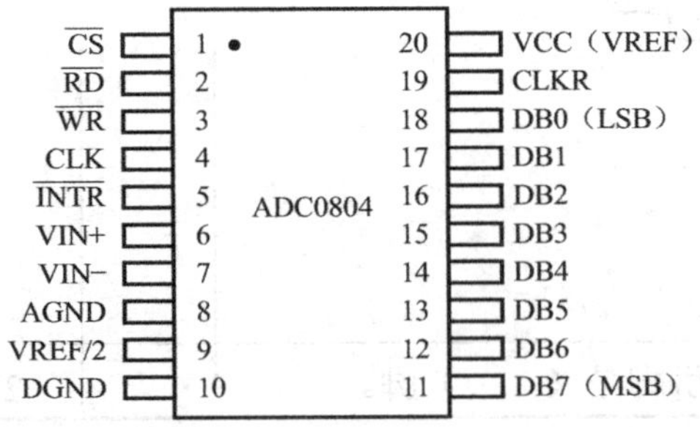 ADC0804：CS 1, RD 2, WR 3, CLK 4, INTR 5, VIN+ 6, VIN- 7, AGND 8, VREF/2 9, DGND 10, VCC（VREF）20, CLKR 19, DB0（LSB）18, DB1 17, DB2 16, DB3 15, DB4 14, DB5 13, DB6 12, DB7（MSB）11 A. 2　　B. 3　　C. 1　　D. 4		2	2	7112
35.	下图中模拟地是（　　）脚。		2	2	7112

题号	试题	答案	组卷代码 类别	组卷代码 难度	组卷代码 考点
	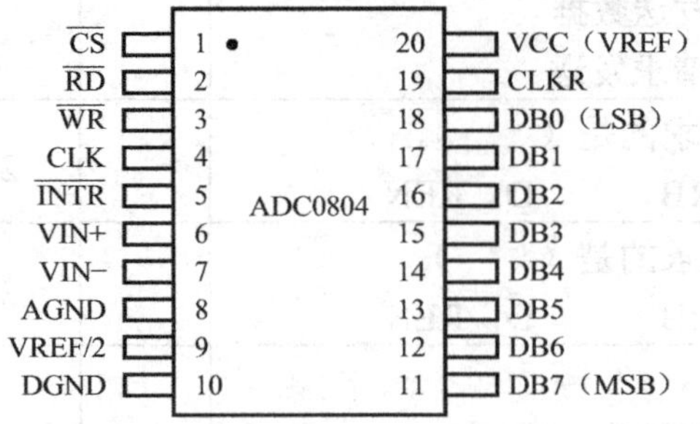 ADC0804：CS 1, RD 2, WR 3, CLK 4, INTR 5, VIN+ 6, VIN- 7, AGND 8, VREF/2 9, DGND 10, VCC（VREF）20, CLKR 19, DB0（LSB）18, DB1 17, DB2 16, DB3 15, DB4 14, DB5 13, DB6 12, DB7（MSB）11 A. 5　　B. 6　　C. 7　　D. 8				
36.	下图中表示中断请求信号输出端的是（　　）脚。 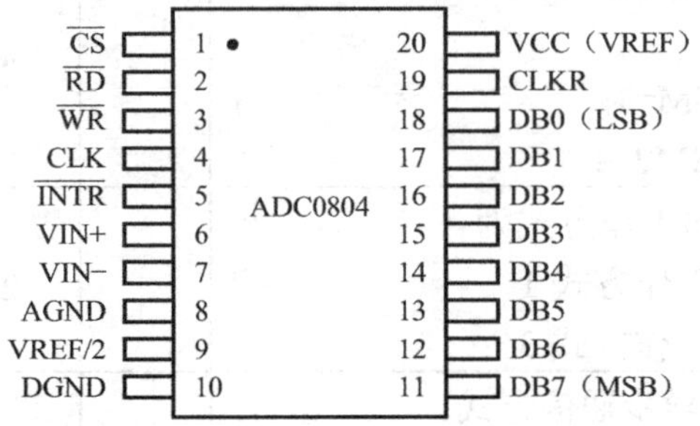 ADC0804：CS 1, RD 2, WR 3, CLK 4, INTR 5, VIN+ 6, VIN- 7, AGND 8, VREF/2 9, DGND 10, VCC（VREF）20, CLKR 19, DB0（LSB）18, DB1 17, DB2 16, DB3 15, DB4 14, DB5 13, DB6 12, DB7（MSB）11 A. 5　　B. 6　　C. 7　　D. 8	2	2	7112
37.	ADC0804 芯片的分辨率为（　　）位。 A. 5　　B. 6　　C. 7　　D. 8		1	2	7112
38.	ADC0804 芯片的 6 脚为（　　）。 CLK　　B. VIN(+)　C. VIN(-)　D. VCC		1	2	7112
39.	ADC0804 芯片的 20 脚为（　　）。 A. CLK　　B. VIN(+)　C. VIN(-)　D. VCC		1	2	7112
40.	ADC0804 芯片为（　　）芯片。 A. 模数转换　　　　B. 数模转换 C. 数据传输　　　　D. 信号处理		1	1	7112
41.	下图中数字地为（　　）脚。 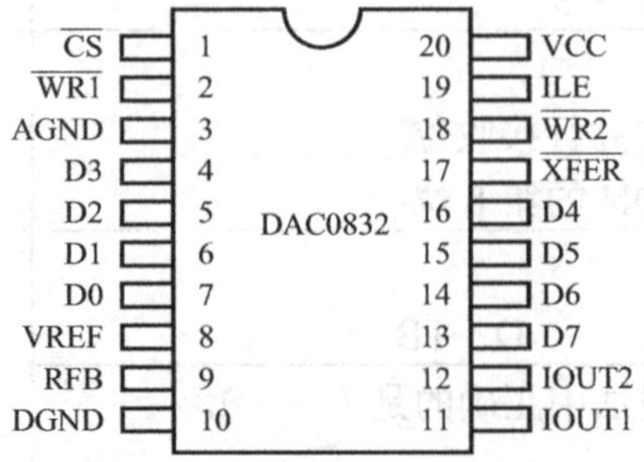 DAC0832：CS 1, WR1 2, AGND 3, D3 4, D2 5, D1 6, D0 7, VREF 8, RFB 9, DGND 10, VCC 20, ILE 19, WR2 18, XFER 17, D4 16, D5 15, D6 14, D7 13, IOUT2 12, IOUT1 11	2	2	7112

题号	试题	答案	组卷代码		
			类别	难度	考点
	A. 9 B. 10 C. 7 D. 8				
42.	关于下图中的 1 脚，说法正确的是（ 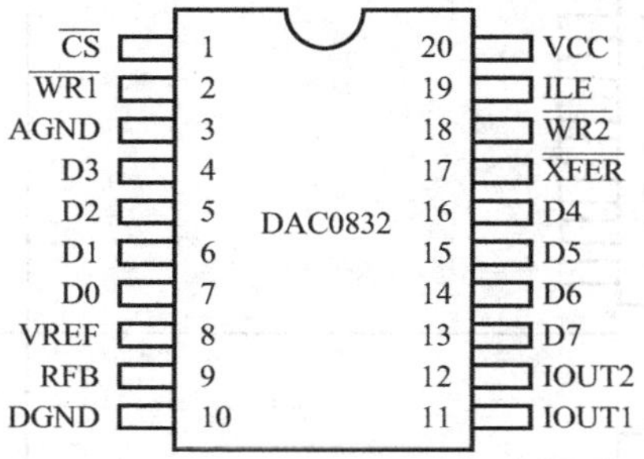 ）。 CS̄ 1 WR̄1 2 AGND 3 D3 4 D2 5 DAC0832 D1 6 D0 7 VREF 8 RFB 9 DGND 10 20 VCC 19 ILE 18 WR̄2 17 XFER̄ 16 D4 15 D5 14 D6 13 D7 12 IOUT2 11 IOUT1 A. 高电平触发 B. 低电平触发 C. 接地端 D. 电压正端		2	2	7112
43.	绝对量化误差的计算公式是（ ）。 A. $\varepsilon=\frac{\Delta}{2}$ B. $\varepsilon=\frac{\Delta}{3}$ C. $\varepsilon=\frac{\Delta}{4}$ D. 以上都不对		1	2	7112
44.	相对量化误差的计算公式是（ ）。 A. $\varepsilon=\frac{1}{2^n}$ B. $\varepsilon=\frac{1}{2^{n-1}}$ C. $\varepsilon=\frac{1}{2^{n+1}}$ D. 以上都不对		1	2	7112
45.	TR0=1 时，下列说法中正确的是（ ）。 A. 定时器 0 开始工作 B. 定时器 0 停止工作 C. 定时器 1 开始工作 D. 定时器 1 停止工作		2	2	7112
46.	TH0=time/256，TL0=time%256 表示设定（ ）定时时间。 A. T2 B. T1 C. T0 D. 以上都不对		2	2	7112
47.	下列关于 DAC 的说法中正确的是（ ）。 A. 是一种将数字信号转换成模拟信号的装置 B. 是一种将模拟信号转换成数字信号的装置 C. 是一种数据传送装置 D. 以上都不对		1	1	7112
48.	关于 DAC 的计算效率，说法正确的是（ ）。 A. 采用 10MHz 的 PDA B. 采用 100MHz 的 PDA C. 采用 1GHz 的 PDA D. 以上都不对		1	1	7112
49.	D/A 转换器的分辨率用输入（ ）的有效位来表示。		1	1	7112

题号	试题	答案	组卷代码		
			类别	难度	考点
	A. 十进制 B. 十六进制 C. 二进制 D. 以上都不对				
50.	ET0=1 表示（ ）。 A. 定时器 0 中断被禁止 B. 定时器 0 中断被允许 C. 定时器 1 中断被允许 D. 定时器 1 被禁止		2	2	7112

7.3 填空题

题号	试题	答案	组卷代码		
			类别	难度	考点
1.	89C51 具有一个________串行口。		1	1	7113
2.	串行口传输方式分为________传输方式和同步传输方式。		1	1	7113
3.	________表示串行口控制寄存器。		1	2	7113
4.	SCON 有________个状态位。		1	2	7113
5.	当 SM0=0，SM1=1 时，为串行口工作________。		2	2	7113
6.	当 SM2=0 时，RB8 为接收数据的________标志位。		2	2	7113
7.	PCON 的第 8 位为________。		1	2	7113
8.	在编程中要设置波特率为原值，可以用 SMOD=________来完成。		2	2	7113
9.	RXD 为串行口数据________引脚。		2	2	7113
10.	TXD 为串行口数据________引脚。		2	2	7113
11.	串行口工作方式 1 为________位数据的异步通信口。		2	2	7113
12.	89C51 的________脚为串行口通信的接收数据引脚。		2	2	7113
13.	89C51 的________脚为串行口通信的发送数据引脚。		2	2	7113
14.	当 REN=________时，允许接收数据。		2	2	7113
15.	单片机串行口工作方式有________种。		1	1	7113
16.	定时/计数器 1 为工作方式 2，则 TMOD=________。		2	2	7113
17.	串行口通信工作方式 3 的波特率________。		1	2	7113
18.	以下集成电路的 20 脚为________。 		2	2	7113
19.	以下集成电路的 10 脚为________。 		2	2	7113
20.	以下集成电路的 3 脚为________。 		2	2	7113
21.	以下集成电路的 1 脚为________。 		2	2	7113
22.	当 WR=0，CS=1 时，ADC0804________。		2	2	7113
23.	编程语句 sbit cs=p3^0 表示 ADC0804 的片选端 CS 接________。		2	2	7113
24.	89S51 的晶振频率为________MHz。		1	1	7113
25.	以下芯片的 1 脚为________。		2	2	7113

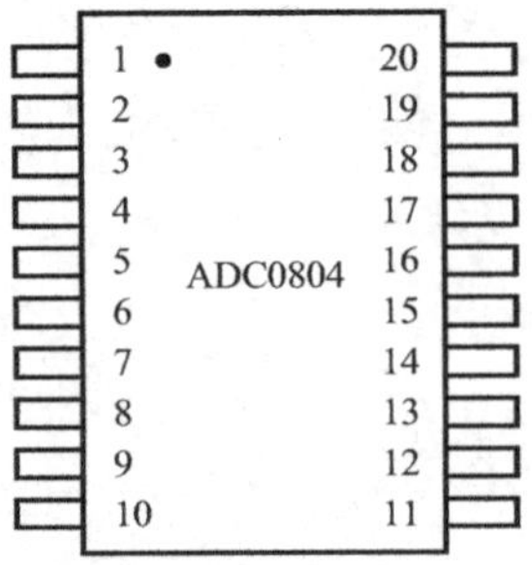

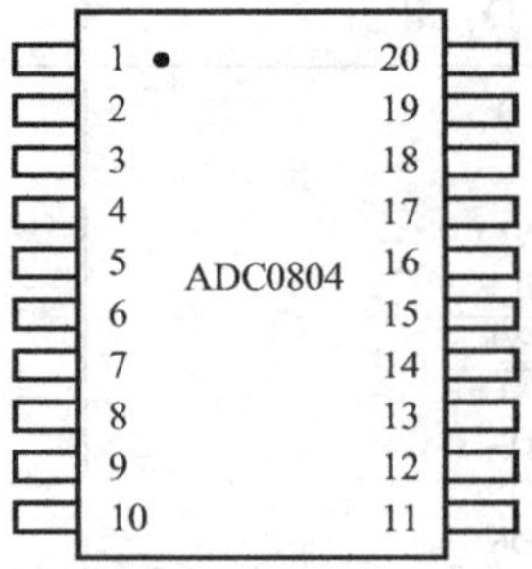

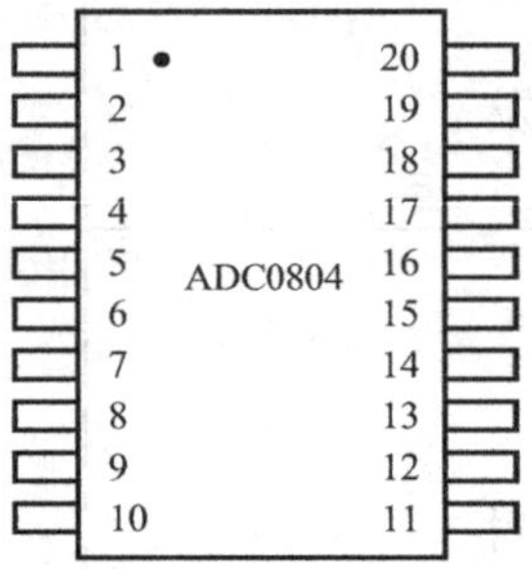

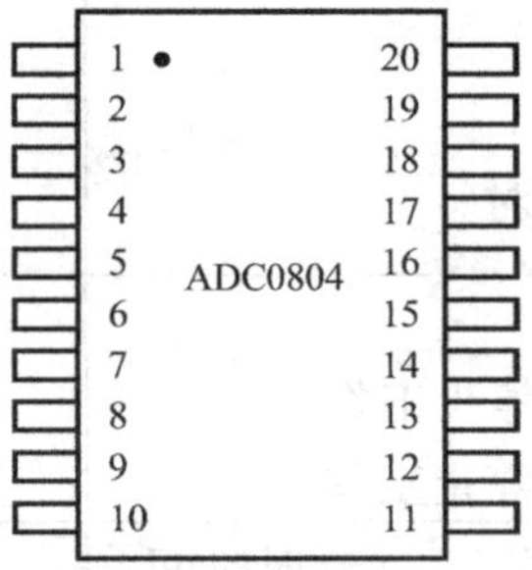

题号	试题	答案	组卷代码		
			类别	难度	考点
26.	以下芯片的 3 脚为________。 		2	2	7113
27.	以下芯片的 2 脚为________。 		2	2	7113
28.	以下芯片为________转换芯片。 		1	2	7113
29.	用单片机做数字电压表可以选用________集成电路。		1	2	7113
30.	用单片机做正弦波产生器可以选用________集成电路。		1	2	7113

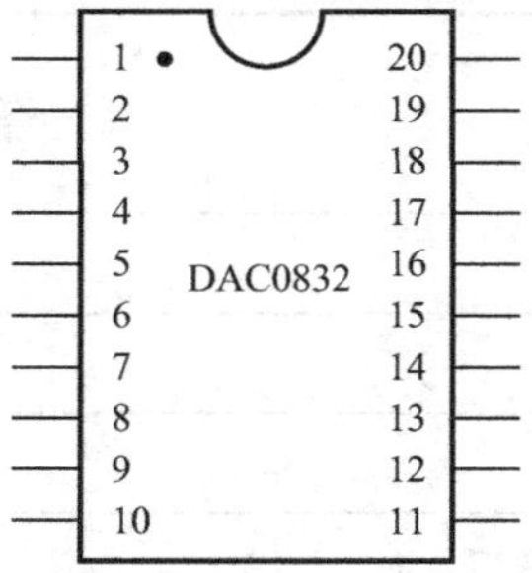

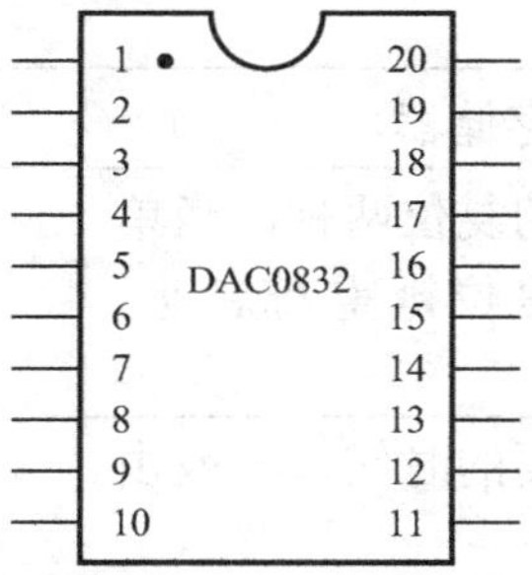

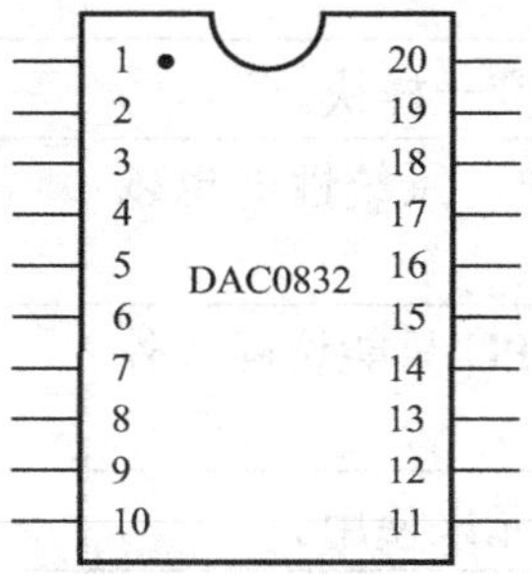

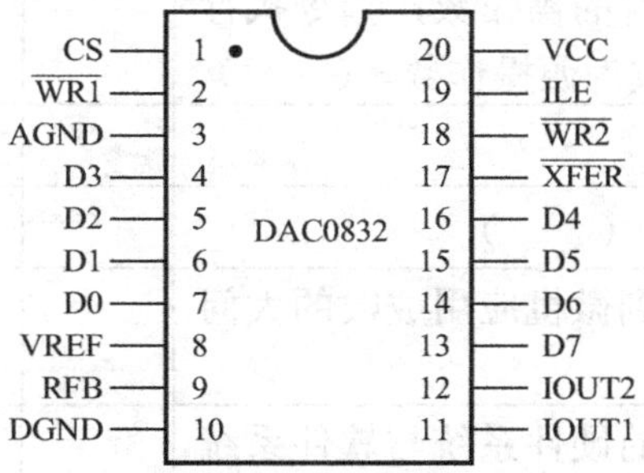

题号	试题	答案	组卷代码		
			类别	难度	考点

31.	以下程序可以实现________初始化。
	`void Init_Timer0(void)`
	`{`
	`TMOD = (TMOD & 0XF0)|0X01;`
	`TH0 = 0xff;`
	`TL0 = 0xff;`
	`TR0 =1;`
	`ET0 =1;`
	`}`
			2	2	7113

32.	串行口通信 4 种工作方式对应________种波特率。		1	1	7113
33.	D/A 转换器的________特性是输出模拟量与输入数字量之间的转换关系。		1	1	7113
34.	理想 D/A 转换器的输入量与输出量应成________。		1	1	7113
35.	D/A 转换器的主要参数为________、转换时间和转换误差等。		1	1	7113
36.	DAC0832 芯片有________个引脚。		2	2	7113
37.	计算机把声音信号转换为数字信号分两个步骤，即________和转换。		1	2	7113
38.	BLDC 的中文含义为________电动机。		1	1	7113
39.	串行口控制寄存器的第 5 位是________。		1	2	7113
40.	________传输方式效率高，但硬件电路复杂。		1	1	7113

模块8

综合控制操作实例

组卷代码说明

- 试题类别

  1—理论、2—技能
- 试题难度系数

  1—较容易、2—容易、3—较难
- 考点代码：四位数字

  第一位数字：模块名称代码，模块1～8分别为1、2、3、4、5、6、7、8

  第二位和第三位数字：任务代码

  第四位数字：题型代码，1—判断题、2—选择题、3—填空题

答案解析说明

- 请扫描二维码查阅本模块试题答案

- 试题解析请登录华信教育资源网（www.hxedu.com.cn）下载查阅

8.1 判断题

题号	试题	答案	组卷代码		
			类别	难度	考点
1.	十进制数89化成二进制数为10001001。（　　）		1	1	8111
2.	十进制数89的BCD码可以记为89H。（　　）		1	1	8111
3.	0的补码是0。（　　）		1	1	8111
4.	将二进制数11010111转换成八进制数是327。（　　）		1	1	8111
5.	机电一体化就是机械技术、电子技术、控制技术和计算机技术相结合的综合技术。（　　）		1	2	8111
6.	单片机的CPU从功能上可分为运算器和存储器。（　　）		1	2	8111
7.	单片机的复位有上电自动复位和按钮手动复位两种，当单片机运行出错或进入死循环时，可按复位键重新启动。（　　）		2	2	8111
8.	单片机的指令周期是执行一条指令所需要的时间，一般由若干机器周期组成。（　　）		2	2	8111
9.	单片机的晶振频率为12MHz时，ALE地址锁存信号端输出频率为2MHz的方脉冲。（　　）		2	2	8111
10.	CPU对内部RAM和外部RAM的读写速度一样快。（　　）		2	2	8111
11.	外加晶振频率越高，系统运算速度就越快，系统性能也越好。（　　）		2	2	8111
12.	当8051单片机的EA引脚接低电平时，CPU只能访问片外ROM，而不管片内是否有程序存储器。（　　）		2	2	8111
13.	特殊功能寄存器可以当作普通的RAM单元来使用。（　　）		1	2	8111
14.	单片机系统上电后，其内部RAM的值是不确定的。（　　）		2	2	8111
15.	数据传送指令是把源操作数传送到目的操作数，指令执行后，源操作数改变，目的操作数修改为源操作数。（　　）		2	2	8111
16.	离散信号都是数字信号。（　　）		1	1	8111
17.	在A/D变换时，抽样频率越高越好。（　　）		1	1	8111
18.	微机控制系统的抗干扰问题是关系到微机应用成败的大问题。（　　）		2	1	8111
19.	人们常说的计算机实质上是计算机的硬件系统与软件系统的总称。（　　）		1	1	8111
20.	MCS-51单片机上电复位时，SBUF=00H。（　　）		2	1	8111

题号	试题	答案	组卷代码		
			类别	难度	考点
21.	在 MCS-51 系统中，一个机器周期等于 1.5μs。（　）		2	2	8111
22.	MCS-51 单片机的时钟最高频率是 18MHz。（　）		2	1	8111
23.	AT89S51 是一种高性能的 16 位单片机。（　）		2	1	8111
24.	有符号正数的符号位是用 1 表示的。（　）		1	1	8111
25.	MSC-51 单片机具有 4 个并行输入/输出端口，其中 P0 口可分时输出外部存储器的低 8 位地址和传送数据，而 P1 口是 I/O 口，常用于第二功能的是 P3 口。（　）		2	1	8111
26.	MCS-51 单片机的程序存储器只能用来存放程序。（　）		2	1	8111
27.	对于 MCS-51 单片机，若希望程序从片内存储器开始执行，EA 引脚应接低电平。（　）		2	1	8111
28.	89S51 单片机中，外部 RAM 与 I/O 口是统一编址的。（　）		2	2	8111
29.	51 单片机内部寄存器都是 8 位的。（　）		1	2	8111
30.	在 MCS-51 系统中，一个机器周期等于 1μs。（　）		1	2	8111
31.	当 AT89C51 的 EA 引脚接低电平时，CPU 只能访问片外 ROM，而不管片内是否有程序存储器。（　）		2	1	8111
32.	扩展 I/O 口占用片外数据存储器的地址资源。（　）		2	1	8111
33.	MCS-51 系统可以没有复位电路。（　）		2	1	8111
34.	单片机复位后不影响片内 RAM 单元的数据，仅影响特殊功能寄存器中的内容。（　）		2	1	8111
35.	程序计数器 PC 不能在用户编程时直接使用，因为它没有地址。（　）		1	2	8111
36.	8051 单片机必须使用内部 ROM。（　）		1	2	8111
37.	8051 是一种 8 位单片机。（　）		1	2	8111
38.	MCS-51 单片机的 CPU 能同时处理 8 位二进制数据。（　）		1	2	8111
39.	AT89S51 单片机采用的是哈佛结构。（　）		1	3	8111
40.	AT89S51 单片机共有 4 个 8 位并行 I/O 口，其中 P2 口既可用作地址/数据口，又可用作一般的 I/O 口。（　）		2	1	8111
41.	对于 8051 单片机，程序存储器和数据存储器扩展的最大范围是一样的。（　）		2	2	8111
42.	当 8051 单片机的晶振频率为 12MHz 时，ALE 地址锁存信号端输出频率为 2MHz 的方脉冲。（　）		2	2	8111
43.	在 51 系列的单片机系统中，机器周期是固定的。（　）		1	2	8111
44.	#include<reg51.h>的作用是调用头文件。（　）		2	1	8111

题号	试题	答案	组卷代码		
			类别	难度	考点
45.	for(i=0;i<8;i++)语句的作用是循环 10 次。（　）		2	1	8111
46.	while(1)是一个死循环。（　）		2	1	8111
47.	在 C51 程序中，特殊功能寄存器的名字全部大写。（　）		2	2	8111
48.	在 C 语言中，函数可以根据需要随便调用，前面的函数可以调用后面的函数，后面的函数也可以调用前面的函数，无须声明。（　）		2	1	8111
49.	若一个函数的返回值类型为 void，则表示其没有返回值。（　）		2	2	8111
50.	#include <reg51.h>与#include"reg51.h"是等价的。（　）		2	1	8111
51.	在 C 语言中，所有定义在主函数之前的函数无须进行声明。（　）		2	1	8111
52.	采用 C 语言开发单片机时，只能利用 C51 语言书写程序，不能嵌套汇编语言。（　）		2	1	8111
53.	单片机中断系统中，只要有中断源申请中断即可中断。（　）		1	2	8111
54.	在 AT89S51 单片机中，若同一中断优先级的外部中断 0 和定时器 T0 同时产生中断信号，则系统会首先响应外部中断 0。（　）		2	2	8111
55.	TCON 是一个既可以位寻址又可以字节寻址的特殊功能寄存器。（　）		2	2	8111
56.	必须有中断源发出中断请求，并且 CPU 打开中断，CPU 才可能响应中断。（　）		2	2	8111
57.	sbit KEY=P3^2;语句的作用是定义控制位。（　）		2	1	8111
58.	定时器的中断标志由硬件清零。（　）		2	1	8111
59.	采用软件延时可以消除按键抖动，延时时间超过 10ms 即可。（　）		2	2	8111
60.	A/D 转换器的作用是将数字量转换为模拟量。（　）		1	2	8111
61.	在使用按键时要消除按键抖动，可以通过改进硬件或软件编程的方法来实现。（　）		1	2	8111
62.	4×4 矩阵键盘需要 16 根数据线进行连接。（　）		2	1	8111
63.	int i=0;定义数据类型为字符型。（　）		2	1	8111
64.	DS1302 是美国 DALLAS 公司推出的一种高性能、低功耗、带 RAM 的实时时钟电路。（　）		1	3	8111
65.	DS1302 内部有一个 31×8 的用于临时存放数据的 RAM 寄存		1	3	8111

题号	试题	答案	组卷代码		
			类别	难度	考点
	器。（ ）				
66.	DS1302 与单片机的连接仅需要 3 条线：时钟线 SCLK、数据线 I/O 和复位线 RST。（ ）		2	3	8111
67.	为了提高测量精度，可在 LM35 传感器和 A/D 转换器之间接入一级放大电路。（ ）		2	3	8111
68.	LM35 温度传感器是电压输出式精密集成电路温度传感器，它可以精确到 1 位小数，且体积小、成本低、工作可靠，广泛用于工业场合及日常生活中。（ ）		2	1	8111
69.	单片机对 LM35 芯片的读写是按照时序协议进行信息交换的，编写软件程序时应特别注意高、低电平的保持时间。（ ）		2	3	8111
70.	通过三总线对 DS18B20 进行如下操作：初始化、ROM 操作命令、存储器操作命令、数据处理。（ ）		2	2	8111
71.	unsigned char kk 对整数 kk 进行定义。（ ）		2	1	8111
72.	DS18B20 的核心为数字温度传感器，它的分辨率可设为 9、10、11 或 12 位，对应的温度值分辨率分别为 0.5℃、0.25℃、0.125℃和 0.0625℃，出厂默认分辨率为 12 位。（ ）		2	2	8111
73.	DS18B20 引脚封装如下图所示。（ ）		2	1	8111
74.	DS18B20 是 DALLAS 半导体公司生产的一种单总线数字式温度传感器，该传感器提供 9～12 位摄氏温度测量功能，而且有由高、低电平触发的可编程且不因电源消失而改变的报警功能。（ ）		2	2	8111
75.	DS18B20 的引脚 DQ 是数据输入/输出引脚。（ ）		2	1	8111
76.	DS18B20 的引脚 VDD 是电源引脚。（ ）		2	1	8111
77.	磁传感器利用磁性物体的磁性来实现对物体的感应。（ ）		2	1	8111

题号	试题	答案	组卷代码		
			类别	难度	考点
78.	下图表示闪光型信号灯。（ ）		2	1	8111
79.	下图表示电铃。（ ）		2	1	8111
80.	下图表示光电开关动合触点。（ ）		2	1	8111
81.	下图表示磁铁接近动作的接近开关动合触点。（ ）		2	1	8111
82.	传感器是一种物理装置或生物器官，能够探测、感受外界的信号、物理条件（如光、热、湿度）或化学组成（如烟雾），并将探知的信息传递给其他装置或器官。（ ）		2	1	8111
83.	连接气管时气管切口应平整，切面与气管轴线垂直。（ ）		2	1	8111
84.	关系运算符的优先级低于算术运算符，高于赋值运算符。（ ）		1	3	8111
85.	||（逻辑或）相当于其他语言中的 OR。（ ）		1	2	8111
86.	&&（逻辑与）相当于其他语言中的 AND。（ ）		1	2	8111
87.	switch 语句是一种用于多分支选择的语句，用该语句编写的程序简洁、易懂，而且其执行效率比具有同样功能的阶梯式 if-else if-else 语句高得多。（ ）		2	2	8111
88.	break 语句只能用在 switch 结构或循环结构中，而不能用于其他结构中。但用在循环结构中时，只能跳出（或终止）它所在的循环，而不能同时跳出（或终止）多层循环。（ ）		2	2	8111

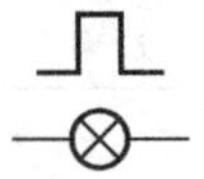

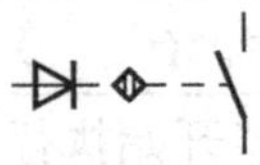

8.2 选择题

题号	试题	答案	组卷代码		
			类别	难度	考点
1.	将十进制数 215 转换成对应的二进制数是（　　）。 A. 11010111　B. 11101011 C. 10010111　D. 10101101		1	1	8112
2.	将十进制数 98 转换成对应的二进制数是（　　）。 A. 1100010　B. 11100010 C. 10101010　D. 1000110		1	1	8112
3.	将二进制数 1101001 转换成对应的八进制数是（　　）。 A. 141　B. 51　C. 131　D. 121		1	1	8112
4.	十进制数 126 对应的十六进制数可表示为（　　）。 A. 8F　B. 8E　C. FE　D. 7E		1	1	8112
5.	二进制数 110110110 对应的十六进制数可表示为（　　）。 A. 1D3H　B. 1B6H　C. DB0H　D. 666H		1	1	8112
6.	在计算机中“A”用（　　）来表示。 A. BCD 码　B. 十进制 C. 余三码　D. ASCII 码		1	1	8112
7.	十六进制数 4F 对应的十进制数是（　　）。 A. 78　B. 59　C. 79　D. 87		1	1	8112
8.	单片机在调试过程中，通过查表将源程序转换成目标程序的过程叫（　　）。 A. 汇编　B. 编译 C. 自动汇编　D. 手工汇编		1	1	8112
9.	MCS-51 单片机 CPU 的主要组成部分为（　　）。 A. 运算器、控制器　B. 加法器、寄存器 C. 运算器、加法器　D. 运算器、译码器		1	2	8112
10.	单片机能直接运行的程序叫（　　）。 A. 源程序　B. 汇编程序 C. 目标程序　D. 编译程序		1	1	8112
11.	P0 口作为数据线和低 8 位地址线时（　　）。 A. 应外接上拉电阻　B. 不能作为 I/O 口 C. 能作为 I/O 口　D. 应外接高电平		2	2	8112
12.	寻址方式就是（　　）的方式。 A. 查找指令操作码　B. 查找指令 C. 查找指令操作数　D. 查找指令操作码和操作数		2	2	8112
13.	若单片机晶振频率为 12MHz，则一个机器周期等于（　　）μs。 A. 1/12　B. 1/2　C. 1　D. 2		2	2	8112
14.	MCS-51 单片机的数据指针 DPTR 是一个 16 位的专用地址指针寄存器，主要用来（　　）。 A. 存放指令 B. 存放 16 位地址，作为间址寄存器使用 C. 存放下一条指令地址 D. 存放上一条指令地址		2	3	8112
15.	ALU 表示（　　）。 A. 累加器　B. 程序状态字寄存器 C. 计数器　D. 算术逻辑部件		1	3	8112
16.	8051 单片机的 XTAL1 和 XTAL2 引脚是（　　）引脚。 A. 外接定时器　B. 外接串行口 C. 外接中断　D. 外接晶振		2	1	8112
17.	单片机的 VSS（20）引脚是（　　）引脚。 A. 主电源+5V　B. 接地 C. 备用电源　D. 访问片外存储器		2	1	8112
18.	单片机的 VCC（40）引脚是（　　）引脚。 A. 主电源+5V　B. 接地 C. 备用电源　D. 访问片外存储器		2	1	8112
19.	单片机（　　）口是一个 8 位漏极开路型双向 I/O 口。 A. P0　B. P1　C. P2　D. P3		2	1	8112
20.	单片机中，输入/输出端口中用于专门的第二功能的端口是（　　）口。 A. P0　B. P1　C. P2　D. P3		2	1	8112
21.	单片机 P1 口的功能是（　　）。 A. 可用作通用双向 I/O 口 B. 可用作一般 I/O 口 C. 可用作地址/数据总线 D. 可用作通用 I/O 口		2	1	8112
22.	单片机应用程序存放在（　　）中。 A. RAM　B. ROM　C. 寄存器　D. CPU		1	1	8112
23.	单片机的主要组成部件为（　　）。 A. CPU、内存、I/O 口　B. CPU、键盘、显示器 C. 主机、外部设备　D. 以上都是		1	1	8112

题号	试题	答案	组卷代码		
			类别	难度	考点
24.	8051 单片机是（　　）位单片机。 A. 16　B. 4　C. 8　D. 准 16		1	1	8112
25.	提高单片机的晶振频率，则机器周期（　　）。 A. 不变　B. 变长　C. 变短　D. 不定		2	1	8112
26.	（　　）不是构成单片机的部件。 A. 微处理器（CPU） B. 存储器 C. 接口适配器（I/O 口电路） D. 打印机		1	2	8112
27.	在寄存器间接寻址方式中，指定寄存器中存放的是（　　）。 A. 操作数　B. 操作数地址 C. 转移地址　D. 地址偏移量		1	3	8112
28.	单片机在同一级别里除 INT0 外，优先级最高的中断源是（　　）。 A. 外部中断 1　B. 定时器 T0 C. 定时器 T1　D. 外部中断 0		1	2	8112
29.	中断是一种（　　）。 A. 资源共享技术　B. 数据转换技术 C. 数据共享技术　D. 并行处理技术		1	2	8112
30.	单片机为定时工作方式（计数器为 L 位）时，其定时工作方式的计数初始值 X=（　　）。 A. $X=2^L-f_{osc}$　B. $X=2^L+f_{osc}$ C. $X=2^L-f_{osc}\times t/12$　D. $X=2^L-f_{osc}\times t$		2	2	8112
31.	波特率的单位是（　　）。 A. 字符/秒　B. 位/秒　C. 帧/秒　D. 字节/秒		1	2	8112
32.	中断查询的是（　　）。 A. 中断请求信号　B. 中断标志位 C. 外中断方式控制位　D. 中断允许控制位		1	2	8112
33.	C51 语言提供的合法的数据类型关键字是（　　）。 A. Float　B. int　C. integer　D. Char		2	1	8112
34.	C51 程序中，函数参数通过寄存器传递时速度快，参数的个数不能超过（　　）。 A. 1　B. 2　C. 3　D. 4		2	2	8112
35.	若执行 IP=0x0A，则优先级最高的是（　　）。IP 的定义：×，×，×，PS，PT1，PX1，PT0，PX0。 A. 外部中断 1　B. 外部中断 0 C. 定时/计数器 1　D. 定时/计数器 0		2	2	8112
36.	51 系列单片机至少有 5 个中断，Keil C51 软件最多支持（　　）个中断。 A. 8　B. 16　C. 32　D. 64		2	2	8112
37.	C51 语言中通用指针变量占用（　　）字节存储。 A. 1　B. 2　C. 3　D. 4		1	2	8112
38.	关于 C51 语言支持的指针，说法正确的是（　　）。 A. 只支持一般指针，即标准 C 语言的指针 B. 只支持存储器指针 C. 和标准 C 语言一样，同时支持一般指针和存储器指针 D. 同时支持一般指针和存储器指针，但标准 C 语言不支持存储器指针		1	3	8112
39.	对于 51 系列单片机，现有 4 种语言支持程序设计，它们是（　　）。 A. 机器语言、汇编语言、Pascal 语言、BASIC 语言 B. 汇编语言、C 语言、BASIC 语言、机器语言 C. 汇编语言、PL/M 语言、BASIC 语言、C 语言 D. VC++语言、汇编语言、Pascal 语言、BASIC 语言		1	2	8112
40.	单片机程序设计中需要在主程序中设计死循环来防止程序跑飞，在 C51 语言中实现死循环采用语句（　　）。 A. while(1); B. for(;;); C. while(1);和 for(;;); 都可以 D. 以上语句都不行		2	2	8112
41.	单片机程序设计中，关于 C51 程序说法错误的是（　　）。 A. 程序总是从 main()开始 B. 程序总是在 main()中的死循环中结束 C. 程序总是从 main()开始，可以在合适的任何子程序中结束 D. main()中没有死循环部分，也要在最后加 while(1);或 for(;;);进入死循环		2	2	8112
42.	编写外部 0 中断程序时要在函数说明部分写（　　）。 A. interrupt 0　B. interrupt 1 C. interrupt 2　D. interrupt 3		2	2	8112
43.	编写定时器 0 中断程序时要在函数说明部分写（　　）。 A. interrupt 0　B. interrupt 1		2	2	8112

题号	试题	答案	组卷代码		
			类别	难度	考点
	C．interrupt 2　　D．interrupt 3				
44.	编写外部 1 中断程序时要在函数说明部分写（　　）。 A．interrupt 0　　B．interrupt 1 C．interrupt 2　　D．interrupt 3		2	2	8112
45.	编写定时器 1 中断程序时要在函数说明部分写（　　）。 A．interrupt 0　　B．interrupt 1 C．interrupt 2　　D．interrupt 3		2	2	8112
46.	编写串口中断程序时要在函数说明部分写（　　）。 A．interrupt 1　　B．interrupt 2 C．interrupt 3　　D．interrupt 4		2	2	8112
47.	在 C51 语言的所有数据类型中，可以直接支持机器指令的是（　　）。 A．bit 和 unsigned int　　B．bit 和 unsigned char C．sbit 和 unsigned short　　D．指针和 int		2	2	8112
48.	不大适合用汇编语言编程，更适合用 C 语言编程的情况是（　　）。 A．对时序要求较严格的产品 B．对程序代码空间有严格要求的产品 C．对软件开发的进度有所要求的场合 D．对实时性要求较高的应用场合		2	1	8112
49.	单片机 C51 语言程序设计中，定义单片机的 I/O 口可用关键字（　　）。 A．sbit　　B．bit C．unsigned char　　D．unsigned int		2	1	8112
50.	单片机 C51 语言中改变寄存器组用关键字（　　）。 A．interrupt　　B．unsigned C．using　　D．define		2	1	8112
51.	下列语句中，用于设置定时器 0 的中断并使能的是（　　）。 A．EX0=1;　B．ET0=1;　C．ES=1;　D．EX1=1;		2	2	8112
52.	与开启定时器 1 中断无关的是（　　）。 A．TR1=1;　B．ET1=1;　C．EX1=1;　D．EA=1;		2	2	8112
53.	C51 函数声明中扩展了标准 C 格式，下列选项中不正确的是（　　）。 A．small/compact/large 定义函数模式选择 B．reentrant 定义函数是否可以重入 C．interrupt n 定义函数中断序号		1	2	8112

题号	试题	答案	组卷代码		
			类别	难度	考点
	D．using n 变量 n 是可用的				
54.	启动定时器 1 开始定时的指令是（　　）。 A．TR0=0　B．TR1=0　C．TR0=1　D．TR1=1		2	2	8112
55.	计算机能识别的语言是（　　）。 A．汇编语言　　B．自然语言 C．机器语言　　D．高级语言		1	1	8112
56.	MCS-51 单片机外扩存储器芯片时，4 个 I/O 口中用作数据总线的是（　　）。 A．P0 和 P2 口　　B．P0 口 C．P2 和 P3 口　　D．P2 口		1	2	8112
57.	使用定时器 T1 时，有（　　）种工作模式。 A．1　B．2　C．3　D．4		1	2	8112
58.	在 MCS-51 系统中，若晶振频率为 8MHz，则一个机器周期等于（　　）μs。 A．1.5　B．3　C．1　D．0.5		2	1	8112
59.	MCS-51 单片机的时钟最高频率是（　　）。 A．12MHz　B．6MHz　C．8MHz　D．10MHz		1	2	8112
60.	下列选项中（　　）不是单片机总线。 A．地址总线　　B．控制总线 C．数据总线　　D．输出总线		1	1	8112
61.	十进制数 0.625 转换成二进制数是（　　）。 A．0.101　B．0.111　C．0.110　D．0.100		1	1	8112
62.	在下列选项中，不正确的赋值语句是（　　）。 A．++t　　B．n1=(n2=(n3=0)) C．k=i=j　　D．a=b+c=1		2	1	8112
63.	表达式 10!=9 的值是（　　）。 A．true　B．非零值　C．0　D．1		2	1	8112
64.	C 语言程序的基本单位是（　　）。 A．程序行　B．语句　C．函数　D．字符		1	1	8112
65.	一个 C 语言程序的执行是从（　　）。 A．本程序的主函数开始，到本程序的主函数结束 B．本程序的第一个函数开始，到本程序的最后一个函数结束 C．本程序的主函数开始，到本程序的最后一个函数结束 D．本程序的第一个函数开始，到本程序的主函数结束		1	2	8112

题号	试题	答案	组卷代码		
			类别	难度	考点
66.	以下叙述不正确的是（　　）。 A．一个 C 语言源程序可由一个或多个函数组成 B．一个 C 语言源程序必须包含一个 main()函数 C．C 语言程序的基本组成单位是函数 D．在 C 语言程序中，注释说明只能位于一条语句的后面		1	2	8112
67.	C 语言规定：在一个源程序中，main()函数的位置（　　）。 A．必须在最开始 B．必须在系统调用的库函数的后面 C．可以任意 D．必须在最后		1	2	8112
68.	C 语言规定：else 子句总是与（　　）配对。 A．缩排位置相同的 if　　B．之前最近的 if C．之后最近的 if　　D．同一行上的 if		2	2	8112

69.	以下程序段（　　）。
	x= -1;
	do
	{x=x*x;}
	while(!x);
	A．是死循环　　B．循环执行两次
	C．循环执行一次　　D．有语法错误
			2	2	8112

70.	以下描述中正确的是（　　）。 A．由于 do-while 循环中循环体语句只能是一条可执行语句，所以循环体内不能使用复合语句 B．do-while 循环由 do 开始，用 while 结束，在 while（表达式）后面不能写分号 C．在 do-while 循环体中，一定要有能使 while 后表达式值变为零（“假”）的操作 D．do-while 循环中，根据情况可以省略 while		2	2	8112
71.	下面有关 for 循环的正确描述是（　　）。 A．for 循环只能用于循环次数已经确定的情况 B．for 循环先执行循环体语句，后判断表达式 C．在 for 循环中不能用 break 语句跳出循环体 D．for 循环的循环体语句中可以包含多条语句，但必须用花括号括起来		2	2	8112
72.	for(表达式 1;;表达式 3)可理解为（　　）。 A．for(表达式 1;0;表达式 3) B．for(表达式 1;1;表达式 3) C．for(表达式 1;表达式 1;表达式 3) D．for(表达式 1;表达式 3;表达式 3)		2	2	8112
73.	以下正确的描述是（　　）。 A．continue 语句的作用是结束整个循环的执行 B．只能在循环体内和 switch 语句体内使用 break 语句 C．在循环体内使用 break 语句或 continue 语句的作用相同 D．从多层循环嵌套中退出时，只能使用 goto 语句		2	2	8112
74.	在 C 语言中引用数组元素时，其数组下标的数据类型允许是（　　）。 A．整型常量 B．整型表达式 C．整型常量或整型表达式 D．任何类型的表达式		1	2	8112
75.	下面描述正确的是（　　）。 A．两个字符串所包含的字符个数相同时，才能比较字符串 B．字符个数多的字符串比字符个数少的字符串大 C．字符串“STOP-”与“STOP”相等 D．字符串“That”小于字符串“the”		2	2	8112
76.	下述对 C 语言字符数组的描述中，错误的是（　　）。 A．字符数组可以存放字符串 B．字符数组的字符串可以整体输入、输出 C．可以在赋值语句中通过赋值运算符“=”对字符数组整体赋值 D．不可以用关系运算符对字符数组中的字符串进行比较		2	2	8112
77.	建立函数的目的之一是（　　）。 A．提高程序的执行效率　　B．提高程序的可读性 C．减少程序的篇幅　　D．减少程序文件所占内存		2	1	8112
78.	在 C 语言程序中（　　）。 A．函数的定义可以嵌套，但函数的调用不可以嵌套 B．函数的定义不可以嵌套，但函数的调用可以嵌套 C．函数的定义和函数的调用均不可以嵌套 D．函数的定义和函数的调用均可以嵌套		2	2	8112
79.	8031 单片机的（　　）口还具有外中断、串行通信等第二功能。 A．P0　　B．P1　　C．P2　　D．P3		1	2	8112

题号	试题	答案	组卷代码		
			类别	难度	考点
80.	CPU 的主要组成部分为（ ）。 A. 运算器、控制器 B. 加法器、寄存器 C. 运算器、寄存器 D. 运算器、指令译码器		1	1	8112
81.	1101 表示的是（ ）。 A. 二进制数 B. 八进制数 C. 十进制数 D. 十六进制数		1	1	8112
82.	在计算机的存储设备中，ROM 中存储的信息在计算机关机后（ ）。 A. 完全丢失 B. 部分丢失 C. 可能丢失，也可能不丢失 D. 不会丢失		1	1	8112
83.	AT89S51 单片机采用的内部程序存储器的类型是（ ）。 A. EPROM B. SFR C. Flash D. 掩膜 ROM		1	1	8112
84.	下列语言中，CPU 能直接识别的是（ ）。 A. 自然语言 B. 高级语言 C. 汇编语言 D. 机器语言		1	1	8112
85.	80C51 基本型单片机内部程序存储器容量为（ ）。 A. 16KB B. 8KB C. 4KB D. 2KB		1	1	8112
86.	AT89S51 单片机使用外部存储器时，P0 口是一个（ ）。 A. 传输低 8 位地址/数据总线口 B. 传输低 8 位地址口 C. 传输高 8 位地址/数据总线口 D. 传输高 8 位地址口		1	2	8112
87.	在 AT8951 单片机的 4 个并口中，需要外接上拉电阻的是（ ）。 A. P0 口 B. P1 口 C. P2 口 D. P3 口		1	2	8112
88.	计算机使用中断方式与外界交换信息时，保护现场的工作应该（ ）。 A. 由 CPU 自动完成 B. 由中断服务子程序完成 C. 在中断响应中完成 D. 在主程序中完成		1	3	8112
89.	MCS-51 系列单片机中片内 RAM 的大小是（ ）。 A. 128MB B. 128KB C. 256KB D. 64KB		1	2	8112
90.	MCS-51 系列单片机属于（ ）体系结构。 A. 冯·诺依曼 B. 普林斯顿		1	2	8112
	C. 哈佛 D. 图灵				
91.	AT8951 单片机的 4 个 I/O 口中，内部不带上拉电阻，在应用时要求外加上拉电阻的是（ ）。 A. P0 口 B. P1 口 C. P2 口 D. P3 口		2	1	8112
92.	假设 51 单片机的晶振频率为 8MHz，则其对应的机器周期为（ ）。 A. 0.5μs B. 1μs C. 1.5μs D. 2μs		2	1	8112
93.	单片机的堆栈区设置在（ ）中。 A. 片内 ROM 区 B. 片外 ROM 区 C. 片内 RAM 区 D. 片外 RAM 区		1	2	8112
94.	P0、P1 口作输入用途之前必须（ ）。 A. 相应端口先置 1 B. 相应端口先置 0 C. 外接高电平 D. 外接上拉电阻		2	1	8112
95.	8031 单片机的 ALE 引脚（ ）。 A. 输出高电平 B. 输出矩形脉冲，频率为 f_{osc} 的 1/6 C. 输出低电平 D. 输出矩形脉冲，频率为 f_{osc} 的 1/2		1	2	8112
96.	MCS-51 单片机的复位信号是（ ）有效。 A. 高电平 B. 低电平 C. 上升沿 D. 下降沿		1	2	8112
97.	在访问片外扩展存储器时，低 8 位地址和数据由（ ）口分时传送，高 8 位地址由（ ）口传送。 A. P0 P1 B. P1 P0 C. P0 P2 D. P2 P0		1	2	8112
98.	下列数据类型中，（ ）是 51 单片机特有的类型。 A. char B. int C. bit D. float		2	1	8112
99.	使用单片机软件调试 C 语言程序时，首先应新建文件，其扩展名是（ ）。 A. .c B. .asm C. .bin D. .hex		2	1	8112
100.	下列指令中，定时器 T0 未计满数就原地等待的是（ ）。 A. while(T0==1) B. while(TF0==0) C. while(T0==0) D. while(TF0==1)		2	1	8112
101.	C 语言中最简单的数据类型包括（ ）。 A. 整型、实型、逻辑型 B. 整型、实型、字符型 C. 整型、字符型、逻辑型		1	2	8112

题号	试题	答案	组卷代码		
			类别	难度	考点
	D．整型、实型、逻辑型、字符型				
102.	以下能正确定义一维数组的选项是（　　）。 A．int a[5]={0,1,2,3,4,5} B．char a[ ]={0,1,2,3,4,5} C．char a={'A','B','C'} D．int a[5]="0123"		2	2	8112
103.	51 单片机在同一优先级的中断源同时申请中断时，首先响应（　　）。 A．外部中断 0　　　　　B．定时器 0 中断 C．外部中断 1　　　　　D．定时器 1 中断		1	2	8112
104.	外部中断请求标志位是（　　）。 A．IT0 和 IT1　　　　　B．TR0 和 TR1 C．TI 和 RI　　　　　　D．IE0 和 IE1		2	2	8112
105.	ADC0809 是（　　）A/D 转换器。 A．4 通道 8 位　　　　　B．8 通道 8 位 C．4 通道 12 位　　　　D．8 通道 12 位		2	2	8112
106.	要使一个共阴极的 8 段 LED 数码管显示数字 6 的字形，则其字形码为（　　）。 A．FDH　　B．02H　　C．7DH　　D．82H		2	2	8112
107.	可以将 P1 口的低 4 位全部置高电平的表达式是（　　）。 A．P1&=0x0f　　　　　B．P1|=0x0f C．P1^=0x0f　　　　　D．P1=~P1		2	1	8112
108.	程序状态字寄存器 PSW 中的 AC=1，表示（　　）。 A．计算结果有进位 B．计算结果有溢出 C．累加器 A 中的数据有奇数个 1 D．计算结果低 4 位向高位进位		2	2	8112

8.3 填空题

题号	试题	答案	组卷代码		
			类别	难度	考点
1.	A/D 转换器的作用是将_____量转换为数字量。		1	2	8113
2.	波特率的含义为每秒传二进制的位数，其单位为_____。		1	2	8113
3.	对于 12MHz 时钟频率，其机器周期为_____。		2	3	8113
4.	LED 数码管有_____显示和动态显示两种显示方式。		1	2	8113
5.	中央处理器（CPU）是单片机的核心，它完成_____和控制功能。		1	2	8113
6.	RS232C 是_____通信总线标准。		1	1	8113
7.	P2 口通常用作_____地址线，也可作为通用 I/O 口使用。		1	1	8113
8.	定时器中断请求发生在定时_____。		1	1	8113
9.	单片微型计算机由 CPU、存储器和_____三部分组成。		1	1	8113
10.	A/D 转换器的三个重要指标是转换速度、分辨率和_____精度。		1	2	8113
11.	计算机的系统总线有地址总线、控制总线和_____总线。		1	2	8113
12.	半导体存储器最重要的两个指标是存储容量和_____速度。		1	2	8113
13.	MCS-51 单片机有_____个中断源，可分为两个中断优先级。		2	2	8113
14.	MCS-51 单片机上电复位时外部_____中断源的中断级别最高。		2	2	8113
15.	十进制数 29 转换为二进制数是_____。		1	1	8113
16.	_____设备是计算机与外部世界交换信息的载体。		1	1	8113
17.	一个机器周期等于_____个状态周期。		1	2	8113
18.	十进制数 255 转换为二进制数是_____。		1	1	8113
19.	十进制数 127 转换为十六进制数是_____。		1	1	8113
20.	单片机将 CPU、_____、特殊功能寄存器、定时/计数器、输入/输出接口电路、相互连接的总线等集成在一块芯片上。		1	2	8113
21.	二进制数 101000 转换为十进制数是_____。		1	1	8113
22.	AT89S51 单片机共有_____个 8 位并行 I/O 口，其中既可用作地址/数据口，又可用作一般 I/O 口的是 P0 口。		2	2	8113
23.	AT89S51 单片机字长是 8 位，有_____个引脚。		2	1	8113

题号	试题	答案	组卷代码		
			类别	难度	考点
24.	AT89S51 单片机是 8 位单片机，其 PC 计数器是_____位。		2	2	8113
25.	AT89S51 单片机用_____V 电源供电。		2	1	8113
26.	堆栈在内部数据 RAM 区中，数据按_____的原则出入栈。		1	3	8113
27.	单片机有 26 个特殊功能寄存器，其中_____个具有位寻址功能。		1	3	8113
28.	当单片机系统需要外部扩展存储器时，P2 和_____作为地址总线。		2	2	8113
29.	在进行单片机硬件设计时，31 脚一般要接_____，晶振在 PCB 设计中应靠近 51 芯片。		2	1	8113
30.	在 AT89S51 单片机中，RAM 是数据存储器，ROM 为_____存储器。		1	1	8113
31.	单片机的复位方式主要有_____复位和按键复位两种。		2	1	8113
32.	AT89S51 单片机内部 RAM 的寻址空间为 256B，而内部 ROM 的寻址空间为_____KB。		2	1	8113
33.	#include<reg52.h>的作用是调用_____。		2	1	8113
34.	以下图形符号的意义是_____信号灯。 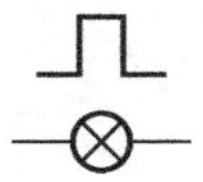		2	1	8113
35.	以下图形符号的意义是_____。 		2	1	8113
36.	以下图形符号的意义是_____。 		2	1	8113
37.	以下图形符号的意义是_____开关。 		2	1	8113
38.	以下图形符号的意义是_____开关动合触点。 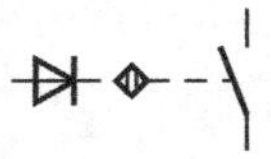		2	1	8113

题号	试题	答案	组卷代码		
			类别	难度	考点
39.	以下图形符号的意义是_____。 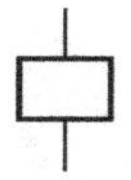		2	1	8113
40.	以下图形符号的意义是_____触点。 		2	1	8113
41.	以下图形符号的意义是具有动合触点且自动复位的_____开关。 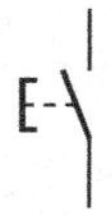		2	1	8113
42.	以下图形符号的意义是具有正向操作的动断触点且有保持功能的_____开关。 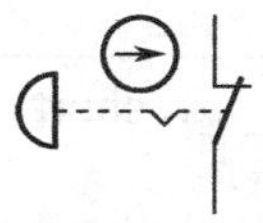		2	1	8113
43.	以下图形符号的意义是_____触点。 		2	1	8113
44.	以下元件 3 脚的作用是_____。 		2	2	8113
45.	以下元件 1 脚的作用是电源_____。		2	2	8113

题号	试题	答案	组卷代码		
			类别	难度	考点
46.	以下元件 2 脚的作用是________。		2	2	8113
47.	DS1302 与单片机的连接仅需要 3 条线：时钟线 SCLK、数据线 I/O 和________。		2	2	8113
48.	C 程序的执行是从________函数开始的。		2	1	8113
49.	在标准 C 语言中基本数据类型为 char、________、short、long、float 和 double。		1	2	8113
50.	C 语言规定：标识符只能由________、数字和下划线 3 种字符组成。		2	1	8113
51.	运算符可分为单目运算符、________运算符和三目运算符。		2	1	8113
52.	C 语言是一种表达式语言，表达式后面加________就构成了表达式语句。		2	1	8113
53.	j=++i，i 的值先变成 4，再赋给 j，j 的值为________。		2	1	8113
54.	基本程序结构有顺序结构、选择结构和________结构。		2	2	8113
55.	在 C 语言中实现选择结构的语句有两大类：________语句和 switch 语句。		2	1	8113
56.	C 语言提供了循环控制的 3 种语句：while 语句、do-while 循环语句和________循环语句。		2	1	8113
57.	int a[10]={1,2,3,4,5}只初始化前 5 个元素，后 5 个元素为________。		2	1	8113
58.	关系运算符的优先级________算术运算符。		1	2	8113
59.	关系运算符的优先级________赋值运算符。		1	2	8113
60.	逗号运算符将两个表达式连接起来，又称________求值运算符。		1	2	8113